4차산업혁명,
'**머니슈머**'의 시대가 왔다

4차산업혁명 머니슈머의 시대가 왔다

MONEY + PROSUMER = MONEYSUMER

초판발행일 | 2018년 07월 20일

지 은 이 | 서미림
펴 낸 이 | 배수현
디 자 인 | 박수정
교   정 | 석근석
홍   보 | 배예영
제   작 | 송재호

펴 낸 곳 | 가나북스 www.gnbooks.co.kr
출 판 등 록 | 제393-2009-12호
전   화 | 031) 408-8811(代)
팩   스 | 031) 501-8811

ISBN 979-11-86562-86-4(03320)

4차산업혁명
"머니슈머"의

MONEY + PROSUMER = MONEYSUMER

시대가 왔다

서미림 지음

서미림 작가는 …

+ 　　필자는 '4차산업혁명과 함께 소비자가 진짜 주인공인 시대가 왔다'
며 세계 최초로 소비자 보호 및 소비자 권익 보호를 최우선으로 국민 행복
과 소비자주권을 회복함과 경제적 약자인 소비자들이 기업의 횡포와 과장
광고에 현혹되지 않고 기업의 불공정행위에 저항하는 현명한 소비 활동만
으로 다시 추가 수입으로 일부를 되돌려 받는 소비자 중심의 합리적 글로벌
유통시스템 '머니(Money)'와 '프로슈머(Prosumer)'의 합성어 '머니슈머(Moneysumer)'
의 창시자 국제언론진흥원 편집장이다.

　저자는 한국도 선진국처럼 가습기 살균제 사건 등 국민건강과 삶의 질을
저하하는 원인에 대한 제조물 책임법(PL법) 강화로 제조물에 대한 책임을 철
저히 하여 다수의 피해자 구제를 위해서는 집단소송제 도입이 절실하다고
주장하는 바이다.

　또한 국제희망제작소 전략연구소장, CEO 인터뷰 전문기자, 컨설팅 등 다
양한 분야에서 활동하며 개인과 기업의 성장과 변화를 위한 뛰어난 아이디
어와 세계적 모델을 제시해주고 있다.

　그리고 영국 공영언론 BBC방송 대표와 콘텐츠산업 발전의 양국 협력에
대한 중요 담화를 나눴던 2014 한·영 문화체육관광부 장관 참석, 〈한-영

창조산업 국제포럼〉에서 양국 간 협력을 통한 미디어산업 발전에 대한 아이디어를 나누면서 한류 콘텐츠의 잠재력과 발전 가능성을 발견했다.

당시 필자는 "한국도 영국의 선진화된 창조성을 본받아 한류 콘텐츠가 세계적으로 활성화되었으면 한다"는 희망이 담긴 인터뷰 내용이 BBC방송 대표에 이어 한국 대표로 KTV(한국정책방송) 뉴스에 보도되었다. KBS 및 미래창조과학부 주요 인사와 함께한 자리에서도 공개질의를 통해 "국내 기업의 해외 진출 마케팅 활성화 전략"에 대한 저자의 아이디어를 제시했다.

그리고 정세균 국회의장 및 국회의원, 금융위원장과 주요 금융관계자 참석한 〈2014 금융혁신과 금융산업 발전 방향〉 금융경제포럼에서 오프닝 사회와 공개질의를 통해 저자는 "금융은 한국경제의 심장"이며 "전 세계적으로 전자상거래의 시장이 급성장 중인데 중국인들이 천송이 코트를 사려고 국내 쇼핑몰 구매를 할 때 전자결제시스템의 불필요한 복잡성으로 결제 전 이탈률이 높다"면서 "국회입법조사처와 IT기업 관계자와 함께한 자리에서 현장의 목소리를 직접 들어보니 일부 결제시스템의 기존 전자보완 관련 기득권세력의 이해관계가 얽힌 문제가 원인"이었다는 사실을 발견했다.

4차산업혁명과 같이 급변하는 시대에 국가를 이끌어가는 각 분야 리더와의 원활한 '소통'은 생명을 이어주는 산소통이며, '불통'은 망조의 지름길이라고 주장한다. 저자는 다년간 각 산업 분야의 대기업과 중소기업, 벤처기업의 경영시스템을 분석해오면서 유통산업의 세계적인 흐름과 기업의 사업 트렌드를 연구해왔다. 이를 통해 향후 디지털미디어와 소셜네트워크, IT 환경에 적응하지 못한 기업은 생존하기 어렵다는 결론을 내렸다.

앞으로는 거센 세계화의 물결과 제4차산업으로 요동치는 격변의 시대엔 전 기업과 개인이 IT 결합 신유통의 시대 흐름은 결코 거스를 수 없고, 이미 다수의 대기업도 준비 중이며 네트워크마케팅의 본질을 표방한 '머니슈머'

의 본질을 제대로 이해하고 준비해야 글로벌시대 한국이 뒤처지지 않는 골든 타이밍이 도래했다고 주장한다.

세계화의 거센 물결에서 대한민국 산업이 뒤처지지 않고 국가경쟁력을 높이고 기업의 적극적 해외 진출을 장려하기 위해서는 글로벌 환경에 걸맞은 법적인 재정비는 물론 기존 시스템의 리스크를 보완해줄 대단위 구조조정과 함께 전 국민의 올바른 인식교육과 글로벌 전문가 육성이 시급하다고 주장한다. 저자는 전 세계 수많은 이들의 삶을 이롭게 하는 삶을 꿈꾸며 활동 중이다.

저서로는 〈나는 어떤 사람으로 기억되고 싶은가〉 〈나는 하고 싶은 말 제대로 하고 싶다〉 〈벼랑 끝에서 당신을 구해줄 1% 마법의 기술〉이 있다.

[작가와의 소통] kmedia456@naver.com

PROLOGUE

제발 이 책이 팔려나가지
않기를 바랍니다

4차산업혁명 시대와 함께 다가올 세계화 시대를 준비하며 국가경쟁력을 향상시키기 위해서 이제는 세계화 시대에 걸맞게 신 유통 분야의 대단위의 법적 재정비와 구조 조정이 필요한 시기가 왔다고 생각해 본 연구주제로 책을 집필하게 되었습니다.

특히, 다음의 존경하는 클린턴 대통령의 미국경제와 일자리 문제 해결을 위한 방안이 담긴 연두교서 전문이 이 책을 집필하게 된 핵심적인 역할을 했습니다. 실제로 클린턴 대통령이 장려한 직접 판매로 전 세계적으로 3000만 명이 취업난을 피했습니다. 이처럼 한 명의 현명한 리더가 국가경쟁력을 높이는데 핵심적인 역할을 할 수 있습니다. 대한민국도 경제를 살려낼 많은 유능한 리더가 탄생하기를 바랍니다.

"미국 경제 성장의 역군이자 아메리칸 드림을 가능케 하는 여러분께 말할 기회를 얻게 돼서 기쁩니다. 여러분은 세계 경제운동의 주역입니다. … 미국에서는 규칙을 준수하면서 열심히 일하고 자신과 가족에 대한 의무를 기꺼이 지키는 사람들 모두에게 밝은 미래에 대한 기회가 제공됩니다. 저도 그렇게 해서 대통령이 되었으며 그것은 직접 판매가 추구하는 목표이기도 합니다.

여러분 개인의 성공은 경제와 나라를 튼튼히 할 뿐 아니라 다른 이들에게 기회를 제공합니다. 여러분은 세계 경제운동의 주역들인 것입니다. 직접 판매는 이미 전 세계에서 비약적인 성공을 거둔 바 있습니다."

　"미국에서는 지난해 700만 명 이상이 이 업계에서 활동했으며 매주 7만 명이 신규 디스트리뷰터로 새롭게 참가하고 있습니다. 이는 여러분들에게 새로운 공동체를 만들어가고 있습니다. 직업과 인종, 신념을 초월해서 모두 이러한 기회를 잡으려 하고 있습니다. 그중에는 30만 명 이상이 65세가 넘는 노인입니다. 각종 장애인도 50만 명이 넘습니다. 또한 3/4은 여성입니다. 이들은 모두 가족을 부양하고 자녀를 양육하면서도 역경을 헤치면서 전진하고 있는 것입니다. 미국 경제 회생의 주역인 여러분들을 자랑스럽게 생각합니다."

　"여러분은 미국의 보편적 가치를 전 세계에 전파했습니다. 현재 50개국에서 3,000만 명이 디스트리뷰터로 활동하고 있습니다. 업계의 수년간 성장 속도를 본 저는 놀랄 수밖에 없었습니다. … 여러분들은 지난 4년 동안 미국경제를 회생시켰으며 그런 여러분들을 자랑스럽게 생각합니다. 물론 여러분들의 성공에도 도움이 되었죠. 1,000만 개가 넘는 새 일자리가 창출되었으며, 재정적자가 60% 삭감되었습니다. … 180만 명이 최저연금 수혜자에서 벗어났습니다. 아동복지 기금은 40% 증대했으며 지난 3년간 계속 성장기록을 갱신 중입니다. 저는 특히 많은 자영업자가 생긴다는 사실이 자랑스럽습니다. 정부도 최대한 지원할 것이며 백악관도 모든 지원 방안을 강구 중입니다."

　"… 하지만 아직도 여러분들에게 더 많은 기회가 제공되어야 합니다. 그것이야말로 아메리칸 드림입니다. 여러분들께서 사람들에게 꿈을 심어 주고 보다 많은 사람에게 꿈을 갖게 한 것에 감사드립니다. 여러분의 노고를 치하하며 미국과 여러분들에게 축복이 있기를 기원합니다."

　책에 나온 모든 내용이 상식이 되어 책이 더 이상 팔리지 않는 날이 오기를 바랍니다. 지식이 없으면 망한다는 말처럼 정보가 사람을 죽이기도 살리기도 합니다. 우리는 항상 지식과 진실에 목말라 하고 있습니다. 저는 항상 여러 분야에 대해 연구를 할 때는 "본질"에 대해 파악하려고 무던히 애를 씁니다. 우리가 아무리 진실을 들여다보려고 해도 가려진 허상만을 바라보고 바보처럼 알면서도 껍데기의 허상을 보면서 속을 때도 많습니다.

우리는 지금 인류의 종착역을 향해 급박하게 달려가고 있는 역사적인 시간에 마주하고 있습니다. 앞으로 전 세계적인 경제적, 사회적, 영적인 혼란의 시기가 닥쳐올 것입니다. 분명한 것은 영적인 시각을 중심으로 세계를 바라보지 않는다면 세상의 모든 본질을 제대로 바라보고 판단할 수 없는 시대입니다. 장님이 코끼리의 한 부분만 만지고 판단하는 실수와 같습니다.

영적인 전쟁은 시작되었음을 분명 체감하고 있습니다. 우리 눈에 보이는 세계는 전부가 아닙니다. 보이는 세계는 극히 일부분입니다. 앞으로 경제적인 대혼란과 영적인 싸움이 본격적으로 시작될 것입니다. 대혼란의 쓰나미가 오기 전에 스스로 중심을 잡고 준비를 해야 합니다. 이 말이 어떤 뜻인지는 시대 흐름을 긴밀하게 파악하고 영적으로 예민하신 소수의 분은 잘 아실 것입니다. 반드시 특별히 선택된 자여야만 가능할 것입니다. 그 날이 닥쳐오기 전에는 이해하시기 어려울 것입니다. 그러나 비가 오기 전에는 반드시 징후가 있습니다. 그 징후는 아주 오래 전부터 책에 기록되어 있습니다. 하나도 틀림없이 그대로 현재 진행 중입니다. 미래는 이미 예견되어 있습니다.

어쨌거나 이 책은 부담 없이 편하게 읽으시면 됩니다. 사업을 권유하기 위한 리쿠르팅이나 컨택용으로 쓰인 마케팅용 책이 결코 아니며 순수 연구한 내용을 담은 연구용 책입니다. 그래서 보기 좋게 꾸며내고 미화시키고 어두운 면은 가리고 애써 가공할 필요가 전혀 없었습니다.

필자는 사업과는 이해관계가 전혀 얽히지 않았기에 3자의 눈으로 연구자의 시각으로 최대한 객관적으로 바라볼 수 있습니다. 번잡한 정보의 홍수 속에서 진정한 1% 본질에 대한 강한 탐구 정신과 목마름, FACT(사실)에 대한 갈망이 온전히 이 책을 출간이라는 종착역으로 이끌어온 유일한 에너지입니다. 그저 불나방처럼 뇌리에 스쳐 지나가는 베스트셀러라는 명예보다 단 한 명의 독자의 인생에 큰 영향력이 끼쳐지는 하나의 놀라운 기적이 일어나면 의미가 있을 것 같습니다. 지식공유 차원에서 제가 시대 흐름과 유통산업을 연구하면서 보고 느낀 부분을 소소하게 담아낸 결과물이 책으로 엮어졌습니다.

본 저서를 기획하게 된 직접적인 계기는 약 7년 전 유통과 마케팅 트렌드에 대해 한참 흥미를 갖고 다양한 기업사례를 분석하며 연구하고 있었을 때 시작되었습니다. 각 기업의 프랜차이즈시스템을 분석하면서 우연히 저의 호기심을 끌었던 흥미로운 한 사건을 목격했습니다. 이 신기한 일을 바라보며 아무리 세계에서 검증된 성공적인 글로벌시스템이 국내에 들어와도 국민들이 '기본'과 '정도'를 지키며 '올바른 마인드'로 사업을 하지 않는다면 결코 성공할 수 없다는 것을 깨달았습니다. 결국 '시스템'보다 '사람'이 가장 큰 문제였습니다. 이것이 국제화 시대 대한민국의 성장을 가로막는 치명적인 아킬레스건이라고 확신하게 됐습니다. 당시 이 사례를 분석하여 해외 유통과 마케팅 사례를 연구하시는 EMBA 경영대학원 교수님께 신유통시스템을 분석해 리포트작성 주제가 되었던 참 흥미로운 주제이기도 합니다.

당시 연 매출 3조7000억이 넘는 글로벌 기업이 한국에 진출했다가 얼마 안 있어 걸음아 나 살려라 하고 한국에서 두 손을 들고 즉각 철수하고 사업을 정리하고 나간 안타까운 상황이 일어났을 때였습니다. 그들의 "한국 사람들은 결코 믿을 수 없다"는 본사 현지의 반응은 참 많은 생각을 하게 했습니다. "대체 우리가 뭘 잘못한 걸까?" 약간은 황당하기도 하면서 원인이 뭘까 호기심과 궁금증이 생겼습니다.

그때 왓슨, 올리브영과 같이 약국과 결합한 드러그스토어의 급성장 중이었는데 프랜차이즈와 드러그스토어 그리고 네트워크마케팅이 결합한 신유통 글로벌 기업이었습니다. 한류의 확산과 함께 동남아시아와의 비즈니스 교류가 늘어나는 가운데 말레이시아 재계 5위 버자야(Berjaya) 그룹이 한국진출을 한 것이었습니다.

버자야 그룹은 동남아시아·몰디브·세이셸제도 등에 호텔, 리조트, 쇼핑몰을 소유·운영하고 있으며 소매 유통 사업을 포함해 항공, 통신 등 다양한 영역에서 사업을 확대해 나가고 있었습니다. 우리에게 익숙한 스타벅스, 세븐일레븐, 크리스피크림도넛 등을 비롯한 다수의 프랜차이즈 사업 운영권을 갖고 있었는데 상장기업 16개를 포함해 120개가 넘는 자회사를 거느리고 있으며 연 매출 3조7000억 원, 직원 수 1만6000여 명에 이르는 규모가 큰 곳이었습니다. 한국과의 인연은 2008년 2조5000억 원 투자 규모의 '버자야 제주 리조트' 프로젝트의 투자 계약을 맺으면서 시작됐는데 제주도 서귀포시 중문단지 서쪽의 예래단지(중문골프클럽 옆)에 74만4000㎡ 규모로 호텔, 콘도, 쇼핑몰, 카지노 등을 포함한 휴양 단지가 지어져 2015년 준공 및 운영을 앞두고 있었던 때였습니다.

그들은 점포와 관련된 비용은 본사가 대고 회원 운영만 전 세계에서 쌓은 유통·프랜차이즈 노하우를 바탕으로 한국 시장에 진출하겠다는 생각이었습니다. 이미 포화 상태인 국내 백화점, 할인점 분야가 아닌 신개념 네트워크 판매 전문 회사인 자사를 통해 새로운 시장을 개척하겠다는 원대한 비전을 품고 있었습니다. 이곳은 아시아, 미국, 호주 등에 1700여 개의 매장을 운영하는 글로벌 네트워크 마케팅 기업으로, 홍콩 법인 코스웨이(Cosway)는 홍콩 증시에 상장(기업 코드: 00288)돼 있었습니다. 시가총액은 약 2조8000억 원에 달했습니다. 한국에는 2009년 5월 1호점 개점을 시작으로 100여 개의 매장을 통해 친환경 콘셉트로 건강기능식품· 화장품, 세제류, 자동차용품,

아이디어 상품 등 400여 개에 달하는 생활용품을 판매하고 있었습니다. 2010년에는 미국, 일본, 뉴질랜드 등에 진출했고 중국 매장 오픈을 앞두고 있었습니다.

이곳은 '프랜차이즈와 네트워크의 장점을 혼합한 신개념 마케팅(Network Retailing)'을 접목한 회사였기에 흥미를 갖고 관심 있게 지켜봤습니다. 올리브영과 왓슨스처럼 프랜차이즈에 가깝지만 네트워크 판매도 병행하기 때문에 직접 판매업으로 등록된 곳이었습니다. 그런데 이곳의 독특한 운영 방식은 매장 개설에 필요한 모든 자금을 회사가 지출한다는 점이었습니다. 보증금, 임차료, 권리금, 인테리어 비용, 초기 재고 확보, 관리비 등의 비용을 회사가 부담하고 점주는 운영만 책임지는 '프리 스토어(Free Store)'는 국내에서 처음 선보이는 방식이었습니다.

이처럼 원대한 비전을 갖고 한국 시장에 뛰어들었다가 정착하지 못하고 철수하게 된 속내를 뒤에서 전해 듣기로는 정상적인 사업이 진행되지 않았고 일부 베팅과 사재기라는 무리한 사업 진행을 하다가 결국 본사에서 임대료를 지원해주는 시스템이었는데 실제적인 판매수익이 이뤄지지 않고 무리해서 사재기로 구매한 제품을 나중에 판매하여 본사에서 지원해주는 월세만 나가서 정상적인 사업이 이뤄지지 않은 부분으로 본사에서 한국을 신뢰하지 못한다는 그들의 답변이었습니다.

과거에서 배우지 않는다면 똑같은 실수를 반복하게 된다는 말이 있습니다. 내 대한민국이 세계 속에서 반드시 우뚝 설 수 있는 능력을 갖춘 유능한 민족이라는 것을 저는 확신합니다. 과거의 실수에서 배우고 혁신하고 변화하고자 하는 노력이 있다면 반드시 변화할 수 있다고 생각합니다. 이미 한강의 기적을 이뤄낸 대단한 민족이기 때문입니다.

무엇보다 본 저서를 통해 앞으로 4차산업혁명과 함께 요동치는 세계화 시대에 대한민국의 경제성장에 있어서 과거의 시행착오를 개선하여 발전하고 네트워크마케팅의 선진국의 우수한 시스템을 적용하는 데 걸림돌이 되는 잘못된 규제와 법안을 바로잡기 위해서 어떤 노력이 필요한지 함께 모색해 보는 시간을 갖고 대한민국의 경제발전과 중소기업의 성장 및 돌파구를 찾기 위해 책을 집필했습니다.

그동안 다년간 각 분야 CEO와 현장실무자들, 전문연구자들을 만나 대화하면서 여러 산업 분야의 대기업과 중소기업, 벤처기업의 경영시스템을 다각적으로 분석해오면서 유통산업의 세계적인 흐름과 기업의 사업 트렌드를 연구해왔습니다. 이를 통해 앞으로는 디지털미디어와 소셜네트워크, IT에 적응하지 못한 기업은 생존하기 어렵다는 사실을 직감했습니다. 그리하여 앞으로 더욱 거센 세계화의 물결과 제4차산업으로 요동치는 격변의 시대에는 모든 기업과 개인이 아무리 4차산업혁명을 피하고 싶어도 피할 수 없듯이 네트워크마케팅에 대한 흐름을 거스를 수 없으며, 이를 올바르게 이해하고 미리 준비해야 글로벌시대 대한민국이 시대에 뒤처지지 않는다고 생각합니다.

지식과 지혜가 없으면 망합니다. 소통의 부재, 제대로 된 교육의 부재, 글로벌스탠더드에 걸맞은 기본마인드의 부재가 대한민국이 세계무대에서 성장을 가로막기에 철저히 극복해야 할 3가지입니다.

아모 쪼록 전문적인 신 유통에 대한 올바른 교육과 전문가육성을 위해 본 저서가 작은 첫걸음이 되기를 바랍니다.

또한 세계화 시대의 수준에 걸맞은 제대로 된 법적 재정비로 국내 유망 중소기업이 비좁은 내수시장을 벗어나 세계화 무대로 쭉 뻗어 나가서 이제는 전 세계에 우수한 우리 국내 상품이 활발히 유통되어 청년과 장년, 노년의 일자리 문제가 해결되고 국가경쟁력 강화와 대한민국 경제발전에 큰 기여가 되는 계기가 되기를 소망합니다.

- 연구소에서

'머니슈머'의 출현과 정의

오늘날 국제사회는 80년 만에 불어 닥친 경제 위기로 모든 나라가 힘겨운 몸살을 앓고 있다. 이러한 격한 경제위기 속에서도 국제적인 신용평가 기관들이 대한민국에 대한 전망을 밝게 내놓고 있다. 그중에서도 눈에 띄는 것은 세계 최대 투자은행 골드만삭스(Goldmansachs)가 발표한 한국의 미래 보고서다. 의외로 우리에게 낙관적인 전망을 뛰어넘어 가슴이 뛰기까지 하는 이례적인 내용을 담고 있다.

그 내용을 요약하면 2050년 한국의 경제는 1인당 국민소득 81,000달러로 세계 2위의 경제 대국이 된다는 말이다.

그러나 정작 지금 우리 현실은 어떠한가? 단순히 핑크빛 희망 사항에 지나지 않는 것 같은가? 그러나 그렇지 않다. 이러한 전망에는 명확한 근거가 있다. 정작 당사자인 우리만 그러한 기회를 올바르게 인식하지 못하고 있는 것뿐이다.

지금의 혼란스러운 분위기를 유발하는 분단의 현실과 다소 빈약한 지하자원, 시장구조의 한계성 등 객관적인 시각으로만 볼 때는 사실로 믿기 어려울 수도 있다. 과거에는 부의 기준이 생산자원과 자연자원이 주였다. 그러나 한 나라의 부를 창출하는 기준이 빠르게 변하고 있다.

미래에는 무형의 자원이 부의 한 중심에 자리 잡게 될 것이다. 이미 이런 변화의 물결은 시작이 되었다. 기존의 1차산업(농·축·수산업), 2차산업(제조, 중화학), 3차산업(유통, 서비스)의 시대는 가고 4차산업(IT), 5차산업(관광, 문화), 6차산업(환경, BIO)이 경제의 주도권을 휘어잡는 시대로 들어섰다.

그렇다면 과연 대한민국은 무엇으로 세계 2위의 경제 대국으로 거듭날 수 있을까? 기존에 있던 1, 2, 3차산업은 벌써 비교적 값싼 노동력이 풍부한 인도, 중국, 동남아 국가들로 그 축이 대거 이동되고 있다. 그리고 우리의 경쟁력이라고 할 수 있는 지식기반의 4차산업에 의한 로열티(royalty) 경제, 문화와 결합한 5차산업의 시스템(system) 경제, 그리고 친환경 생명공학의 6차산업에 의한 안티에이징(antiaging) 경제가 될 것이다.

우리는 지금 급변하는 거대한 흐름(trend)의 전환기의 물결 그 한 가운데에 서 있는 것이다. 기존에는 대중 중심의 메가트랜드(Megatrend)가 주축을 이뤘다. 그러나 이제는 개인(Prosumer)의 접속지향에 의한 마이크로트랜드(Micritrend)로 그 핵심축이 서서히 이동하고 있다. 이제는 대중보다 개인의 파워와 파급력이 향상되는 시대가 오고 있다.

이런 변화에 대해서 미래학자 앨빈 토플러는 이미 그의 저서 '미래 쇼크, Future Shock, 1970'에서 그 변화의 쇼크를 예견했다. 한층 나아가 이러한 쇼크의 진원지에 프로슈머(Prosumer)가 중심을 이루며, 이들의 출현은 단순한 변화가 아닌 거대한 물결을 이루어 힘차고 거대한 물결로 밀려온다고 '제3의 물결, The Third Wave, 1980'에서 예견한 바 있다.

그리고 이런 프로슈머 개인들이 서로 결합하여 적극적인 활동을 통한 거대한 권력을 형성함으로써, 권력 이동의 핵심적인 주체로 떠오른다는 것을 '권력 이동, Power shift, 1990'에서 설명한다. 그 이후 '부의 미래. Revolutionary Wealth, 2006'에서 미래경제는 이들 프로슈머에 의한 프로슈밍(Prosuming)이 없이는 경제가 정상적으로 존립할 수 없을 것이라고 예견하고 있다.

이처럼 앞으로는 변화를 주도하는 프로슈머 1%가 일으킨 트랜드가 미래 경제를 완전히 주도하며 장악하게 될 것이다. 삶의 전반적인 모든 영역에서 이들의 선택권과 발언권이 폭발적으로 증가할 것이기 때문이다. 이러한 변화의 주체 세력인 프로슈머에 의한 프로슈밍이 향후 경제를 이끌어갈 새로운 동력으로 정착하게 될 것이다.

대내외적 어지러운 환경변화에 의한 거대한 지각변동으로 우리 사회도 여러 도전에 직면해 오면서 사회 곳곳에 충격을 받는 것이 현실이다. 이 같은 현실에 대해서 단순히 '위기상황'이라는 인식도 깔려있다. 하지만 항상 위기(危機)는 위험과 기회라는 두 얼굴을 가진 사나이다. 그래서 이 같은 위기를 어떻게 대처하느냐에 따라, 어떤 사람은 눈에 보이는 위험요소(risk)에만 발목 잡혀 단 순간에 침몰하는가 하면, 어떤 이는 이러한 위기상황이야말로 성공을 위한 절호의 찬스(chance)라고 노래를 부르며 새로운 도약의 발판으로 삼는 지혜로운 사람이 있다.

필자가 세계 최초로 창시한 '머니슈머'는 앨빈 토플러가 말한 컨슈머 'consumer'의 개념에 '정신적'인 부분을 강화한 것이다. 즉, 컨슈머의 개념을 기본 바탕으로 높은 의식 수준 등 정신적인 부분이 한 층 업그레이드된 수준의 소비자를 말하는 것이다. 가령 밀어내기, 갑질, 인체 유해 식품 제조 등 온갖 불공정기래를 히는 비윤리적 기업의 제품 구매를 거부하면서 기업의 사회적 책임을 묻는 수준 높은 의식 수준을 갖춘 소비자가 바로 '머니슈머'이다.

또한 갑질과 사내 임직원을 파트너가 아닌, 노예로 부리는 이상한 나라의 이상한 기업에는 가차 없이 구매거부를 통해 보이콧을 날려주며 혼쭐을 내는 기업의 이윤추구에 대해서 당당히 그에 걸맞은 기업의 사회적 책임을 물을 수 있는 깨어있는 소비자가 바로 '머니슈머'이다.

머니슈머의 바탕이 되는 '프로슈머'는 원래 '생산자'를 뜻하는 영어 'producer'와 '소비자'를 뜻하는 영어 'consumer'의 합성어로, 생산에 참여하는 소비자를 의미한다. 이 말은 1980년 미래학자 앨빈 토플러의 저서 《제3의 물결》에서, 21세기에는 생산자와 소비자의 경계가 허물어질 것이라 예견하면서 처음 사용했다. 원래 프로슈머 소비자는, 소비는 물론 제품 생산과 판매에도 직접 관여하여 해당 제품의 생산 단계부터 유통에 이르기까지 소비자의 권리를 행사하게 된다. 단순히 시장에 나온 물건을 선택하여 소비하는 수동적인 소비자가 아니라 자신의 취향에 맞는 물건을 스스로 창조해나가는 매우 적극적이고 능동적 소비자의 개념에 가깝다.

그리고 프로슈머의 의미는 상품은 물론 문화 전반에 나타나는 하나의 경향으로 이해할 수도 있다. 과거 스타들을 맹종하기만 했던 대중들이 그들을 평가하고 비판하는 적극적인 행동을 보여주는 상황은 스타와 대중들의 역전된 관계를 드러낸다. 단순한 감상자에게만 머물기를 거부하며 TV 드라마의 결말을 좌지우지하는 드라마 팬들은 무시할 수 없는 프로슈머로써의 거대한 영향력을 직접 보여준다.

프로슈머의 개념에 정신적인 성숙함이 더해져 업그레이드된 개념인 '머니슈머'는 '깨어있는 소비자'를 뜻한다. 선진국과 같은 높은 의식 수준을 갖춤과 소비생활을 통한 노후준비를 할 수 있는 이익까지 얻는 일거양득의 합리적인 소비자를 말한다.

이는 앞으로 소비자의 권익향상은 물론 국민 행복과 국가경쟁력발전, 세계화 시대 대한민국의 미래를 좌우할 매우 중요한 핵심요소가 바로 소비자의 '의식 수준'이 핵심이라는 결론에 도달했기에 머니슈머를 창시했다.

대한민국에서는 앨빈 토플러의 컨슈머 개념만으로는 부족하다. 이 부족한 부분에 인성, 의식 수준, 수준 높은 시민의식 등 '정신'적으로 결여된 중요한 부분을 완벽하게 보완하여 세계시민으로써의 당당한 소비문화를 즐길 수 있게 만든 것이 바로 '머니슈머'이다. 앞으로 '머니슈머'는 깨어있는 소비자로서 수준 높은 의식 수준으로 기업의 사회적인 책임을 묻고 불공정한 기업과 인체 유해한 제품을 만드는 기업을 거부하고 올바른 양심을 요구하는 현명한 소비자로서 당당히 소비자의 권리를 요구할 것이다. 그렇기에 그에 앞서 소비자 스스로 갖춰야 할 인성과 높은 수준의 의식 수준을 갖추기 위해 노력해야 할 것이다. 한발 더 나아가 합리적인 소비를 통해 사회에 봉사하고 국가경쟁력 향상에 기여하는 진정한 애국자로 거듭날 수 있는 일타쌍피의 진정한 의미를 현실화 할 수 있는 것이 바로 '머니슈머'이다.

이처럼 머니슈머는 정신적으로 의식 수준이 매우 높은 소비자를 말한다. 비즈니스적인 측면에서 보면 아무리 선진국에서 이미 성공이 검증된 마케팅시스템이 들어와도 과거의 잘못을 개선하지 않고 비즈니스를 한다면 성공적으로 뿌리내릴 수 없다. 우리는 이미 버자야그룹의 이코스웨이 같은 글로벌 대기업이 들어와도 탄탄하게 정착할 수 없다는 사실을 이미 경험했다. 만일 선진국에서 이미 성공이 검증된 시스템을 이상하게 회사 대표자나 대표 사업자들이 기형적으로 변형하여 자기 마음대로 기형적으로 악용한다면 결과는 참담할 게 뻔하다. 국내는 물론 해외에 나가서는 이 같은 의식 수준으로 글로벌에 나가서는 가차 없이 깨질 게 뻔하다.

그렇기 때문에 정신을 바짝 차려야만 모두가 살 수 있다. 세계화 시대가 개막하여 우리 동네 안에서의 문제가 아니라 잘못하면 국제 망신, 심지어 더 이상 신뢰를 잃은 한국의 기업이 설 자리가 없게 될 것이다. 그런 날이 오기 전에 자체적으로 깨어 혁신해야만 한다. 이 같은 '머니슈머'가 잘 정착이 된다면 고령화 시대 심각한 노인빈곤 문제, 청년실업 문제, 경력단절 여성 재취업 문제 등을 해결할 수 있는 한국 사회가 가지고 있는 정부도 해결하기 벅찬 문제의 대안으로 떠올라 수천만 명에게 새로운 일자리를 제공할 미래 모습을 상상하면 가슴이 뛴다. 또한 국내 유수의 중소기업의 고품질 제품이 전 세계로 쭉쭉 뻗어 나가 국가경쟁력 향상에 든든한 기반이 될 것이다.

필자가 오랜 기간의 연구 활동과 시장을 관찰한 결과, 선진국에서 이미 검증된 훌륭한 시스템이 국내에 들어와도 소비자들의 의식 수준이 선진국형으로 업그레이드되지 않는다면 국내에 정착이 힘들다는 결론을 내리게 되었다. 현명한 소비자, 깨어있는 소비자인 머니슈머로써 청산해야 할 또 하나의 대표적인 문제는 바로 갑질 문화, 성차별, 권위주의, 이기주의, 군대 문화, 소통하지 못하는 문화, 인격존중이 없는 고질적인 문화 등이다. 이러한 고질적인 문제를 해결하지 못한다면 대한민국이 '머니슈머'를 통해 국가경쟁력 향상과 소비자 행복과 물질적인 풍요를 되찾을 수 없다.

옛날처럼 상명하복 관계로는 이젠 한계가 있다. 지금은 시대가 빛의 속도로 변하고 있다. 지금은 4차산업혁명으로 요동치는 급변하는 시대이다. 이제는 나이 무관하게 변화에 적응해야 한다. 세대를 초월해 원활한 대화와 소통을 위해 노력해야만 한다.

과거처럼 수직적인 사고는 지금 현실에 맞지 않는다. 수평적인 사고로 상호 존중으로 대하지 않는다면 이 사회는 발전하지 못할 것이다. 그러나 아직도 대학에서는 수직적인 사고로 가르치고 있다. 세상은 100km로 달리고 있는데 대학은 30km로 달리고 있다. 지금처럼 대학에서 교수와 학생 간의 갑을관계가 익숙해져 갑을 문화가 몸소 체화되어 교육된 상태로 사회의 고질적인 갑질 문화를 청산할 수 있을까? 갑질도 결국 사회에서 학습의 결과이다. 이제는 '나이가 벼슬'이라는 생각을 버려야 한다. 이는 지금 시대와 맞지 않기 때문이다. 젊은 '금빛 세대'와 눈높이를 맞춰서 상호 간에 소통하지 못하면 이 급변하는 시대에 경제적인 손실이 엄청날 것이다.

지금은 100세 시대이기에 나이와 무관하게 다양한 연령과 함께 협업해야 하는 시대가 왔다. 그렇기에 세대를 뛰어넘어 상호 간에 파트너십을 갖고 존중하고 소통하고 원만하게 협업을 하기 위해 노력해야 한다. 과연 미래 산업을 주도할 핵심인 디지털시스템을 50대 이상이 올바르게 이해할 수 있는 비율이 얼마나 될까? 현실적으로도 상사가 자신보다 더 어린 경우가 훨씬 많을 것이고, 연배가 더 많은 분과 함께 협업하여 좋은 결과를 도출해야 하는 경우가 많을 것이다. 그렇기 때문에 우리는 수직적인 사고를 버리고 좀더 유연하고 서양과 같이 수평적이고 합리적인 사고를 받아들여야 한다. 이게 결국엔 국가경쟁력을 좌우하게 될 것이기 때문이다. 세계시민으로써 국제화 시대에 걸맞은 의식 수준을 갖춰야 하는 것은 당연한 일이기 때문이다.

100년 전 요즘, 1919년 3월 1일 우리 어르신들은 이 땅을 처참하게 짓밟아온 일제에 용감하게 맞서 어른과 아이, 언니와 아우가 내남없이 손에 태극기를 들고 목청을 높여 "대한 독립 만세"를 외쳤다. 100년이 지난 오늘, 이 땅에 사는 우리는 암흑의 시절에 앞다퉈 나라를 되고자 나섰던 어르신들 그리고 20대 꽃다운 나이에 일면식도 없는 타국을 위해 한국전쟁에 참전해 목숨을 바쳐 용감하게 싸워준 전 세계 참전용사 분들께 당당하게 얼굴을 들 수 있는 사람이 과연 얼마나 될까? 필자도 터키에 가서 직접 참전용사 할아버지를 뵌 적이 있었는데 이상하게 얼굴을 들기 무척 어려웠던 기억이 있다.

해방을 맞은 우리는 온 국민이 흘린 피와 땀에 힘입어 경제발전을 이루고 민주주의를 이뤄냈다고 기뻐한 것도 잠시다. 그 속내를 조금만 들춰보면 서로 감사하며 인격을 존중하면서 살지 못하고 지독한 집단과 개인 이기주의에 빠져, 내 편 네 편으로 나뉘어 내 것만 챙기느라 '우리'를 조각조각 나누었고 결론적으로는 경제까지 죽이고 있다. 그 결과로 빈부격차와 지역갈등

골이 깊어졌고 OECD 회원국 노인 자살률 1위라는 오명 등 치욕적인 순위를 기록했다. 또한 봇물 터지듯 연이어 터져 나오는 대기업의 지독한 갑질과 불공정거래로 눈살을 찌푸리게 만드는 기사는 이제는 지겨울 정도이다. 각종 약자에 대한 언어적 성적 폭력, 성희롱, 하대하는 문화, 약간의 권력을 갖고 있으면 이를 어떻게든 악용해 자신의 욕심을 채우는 도구로 사용하는 악행 등을 보여 줬다. 인간으로서의 기본적으로 갖춰야 할 인성과 사고의 결여는 과연 동물과 인간을 구분 짓는 것이 무엇일까 고민하게 만든 적도 있다. 가진 자와 덜 가진 자 할 것 없이 모두가 오로지 자기 이익만을 챙기기 위해 눈에 쌍불을 켜고 혈안이 되어 있다. 조국의 미래와 모두를 위한 행복은 안중에도 없다. 예로부터 아전인수(我田引水)란 말이 있다. 자기 논에 물을 댄다는 말이다. 자기 이익을 마다할 사람이 어디 있는가. 당연하다. 자기 논에 물 대는 것은 당연하지만, 자기 논에 댈 물을 포기하면서까지 남의 논에 물을 대는 경우는 없다.

과연 대한민국에 노블레스 오블리주, 메디치 가문의 예술가 후원 등 서양에서 볼 수 있는 아름다운 문화가 상식으로 통하는 날이 올까? 투자의 귀재 워런 버핏 버크셔 해서웨이 회장은 마이크로소프트의 빌 게이츠, 아마존의 제프 베조스 등과 세계 최고의 부자로 꼽히지만, 그는 고향인 오마하에서 세계적 갑부가 되기 이전인 1958년에 3만 달러를 주고 산 2층 단독주택에서 60년째 살고 있다. 그는 "돈을 많이 버는 게 행복이 아니라 돈을 버는 과정을 즐기고, 의미 있게 돈을 쓰는 것이 행복"이라는 훌륭한 말을 남겼다. 얼마나 버느냐보다 어떻게 벌고 무엇을 위해 쓸 것이냐가 더욱 중요 하다는 뜻이다.

또한 버핏은 돈을 잘 쓰기로도 유명하다. 최근 세계에 기부한 금액이 31억 700만 달러, 자신의 재산을 사회에 환원하겠다는 버핏이 2006년부터 현재까지 기부한 돈은 무려 275억 달러, 우리 돈으로 약 30조 원을 기부했다.

앞으로도 그만큼의 재산을 더 사회에 환원할 계획이라고 한다. 돈을 기부하면서도 자신의 이름이 생색나게 하지 않는다. 미국의 갑부들은 사회공헌에 이처럼 적극적이다. 한국의 대한항공 땅콩회항 사건. 대기업 오너들의 경비원 폭행 사건, 대기업 일감 몰아주기 등과는 너무 대조적인 모습이다.

과연 우리에게 무엇이 결여되어 있었기에 물질적인 풍요 속에서도 이 같은 비극을 낳는 것일까? 바로 '정신적인 의식'이다. 이러한 고민이 '머니슈머'를 창시하게 만든 계기가 되었다. 올바른 인성, 선진화된 의식 수준 등 '정신적인 가치'가 고갈된 사회를 일으키고 재생시키는 기적을 일으킬 도화선이 될 것이 바로 '머니슈머'이다.

특히 다 빈치, 보티첼리, 미켈란젤로 등 수많은 인물을 키워낸 메디치 가문 350년간의 흥미로운 메디치 가문 이야기는 메디치의 역사와 업적을 통해 중세시대를 마감하고, 르네상스 시대를 열 수 있던 기반이 되었다. 역사 속에서 장수한 가문이나 기업들을 보면 그만의 비결이 있다. 단지 재력과 권모술수만으로 명가가 되기는 결코 쉽지 않다. 메디치 가문은 탁월한 국정 수행 능력을 보였고, 시민들을 귀족의 압제에서 보호하며 노블레스 오블리주를 몸소 실천했던 위대한 가문이다. 이로써 피렌체 시민들의 마음을 단박에 사로잡을 수 있었다. 이러한 모습을 살펴보면서 시대가 바뀌어도 불변하는 지도력의 진정한 본질이 무엇인지 배우게 된다. 수많은 천재 예술가들의 재능이 메디치 가문을 토대로 꽃피울 수 있었다는 사실은 우리에게 놀라운 비전을 보여준다. 사람과 교육에 투자하는 것이 가장 가치 있는 최고의 투자라고 생각한다.

그렇기에 '머니슈머'가 지향하는 인성교육과 자기발전 훈련은 메디치 가문을 능가하는 엄청난 힘을 발휘할 것으로 예상한다. 머니슈머의 비전은 바로 '교육'과 '훈련'에 있다.

인간성의 핵심은 인정(人情)이다. 인간이 인간답기 위해서는 무엇보다도 인정, 즉 사람과 사람 사이의 따뜻한 마음이 전제돼야 함은 마땅하다. 그게 인간으로서 도리가 아닌가. 남이야 죽든 말든 나 한 사람만 잘살면 그만이라는 이기주의까지 맞물리면서 우리 사회는 몹시 야박하고 살벌해졌다. 이대로 간다면 겉으로는 인간사회의 탈을 쓴 지옥으로 변할 것이다. 정도를 크게 벗어난 과당경쟁이 이런 사태를 불러왔고, 급기야는 남의 불행이 곧 나의 행복이라는 고약한 풍조는 인간으로서의 포기한 것이나 마찬가지다. 참으로 안타까운 일이 아니다.

물론 경쟁도 경쟁 나름이다. 합리적인 경쟁이라고 볼 수 있는 선의의 경쟁이 아닌, 누군가를 해치면서 누군가를 짓밟고 일어서려는 경쟁은 동물의 세계에서 전개되는 약육강식 또는 정글의 법칙과 다를 바 없다. 따라서 경쟁이 치열해지면 치열해질수록 인정은 메마르게 마련이다. 인간사회가 아닌 동물의 세계로 변화하고 있다. 이와 함께 인간성이 퇴화할 수밖에 없고, 결과적으로는 인간사회가 험악해질 수밖에 없는 것이다. 결국 동물의 왕국에서 산다면 풍요롭고 행복해야 할 인간의 삶이 피폐해지고 묻지마 살인과 같은 사회를 증오하는 범죄로 이어져 모두가 범죄의 타깃이 될 것이다.

지금도 지구촌 곳곳에는 빈곤으로 고통받는 사람들이 넘쳐나는 것을 보면 모두가 절대빈곤에 시달렸던 시절에 비하면 우리는 지금 과분한 물질적 풍요를 누리고 있다. 우리는 지난 시절 우리는 오로지 앞만 보고 숨 가쁘게 달려왔다. 무엇이든 '빨리빨리' '얼른얼른' 밀어붙였다. 많은 사람이 권력과 자본을 향해 묻지마 질주(疾走)를 했다. 그 결과 우리는 얻은 것도 많지만 너무 많은 것을 잃었다. 그 가운데서 가장 심각한 것으로 인간성 상실을 꼽지 않을 수 없다. 물질적으로 풍요롭지만 세대 간의 깊은 갈등과 국민 행복지수가 낮고 노인 빈곤율과 자살률이 높은 나라의 국민이 과연 행복할 수 있을까? 행복도 전염되고, 우울증과 불행도 전염된다. 지금과 같은 비극은 오로지 자신만 생각하는 이기주의의 결과이다.

권력과 자본이 성공의 기준으로 자리매김하면서 결과적으로 인간 중심의 인문 관련 분야는 설 자리를 잃고 뒷전으로 한참 밀려났다. 각 대학에서 인문 관련 학과는 퇴조했고, 문화예술 분야도 총총 뒷걸음질 쳤다. 그중에서도 심각한 것은 문학은 밑바닥까지 곤두박질쳐 거의 아사 직전? 빈사 상태에 이르렀다고 볼 수 있다. 산업화 과정에서 많은 사람이 이미 문학의 위기를 예고했다. 그러나 생생한 현실로 다가왔다. 그 결과 우리는 그 가혹한 현실의 뭇매를 맞으며 한복판에서 매우 허덕이고 있다. 정신적 산물인 문학이야말로 인생의 내면을 살찌우는 최고의 자양분이다. 인문학의 소멸은 결국 인간성 소멸을 가져왔다. 하지만 학교와 직장 등 사회 모든 부문에서 오로지 생존하기 위한 무한 경쟁이 요동치는 동안 세상 사람들이 문학에는 관심을 둘 여유가 없었다. 사실 문학작품을 읽을 만큼 여유를 부릴 사람이 어디 있겠는가? 결과적으로 출판사들이 문학 서적 출판을 기피하고 전국의 서점들이 줄줄이 문을 닫았다.

이는 지금도 현재 진행 중이다. 따라서 문학은 벼랑 끝에 몰려있고, 그 결과로 지금 우리 사회는 인간성 황폐화도 심각한 수준이다. 그동안 숨죽이며 당하기만 했던 갑질의 폭로와 미투 운동으로 밝혀진 그동안의 비인간적인 인간의 민낯이 실시간으로 드러나고 있다. 교수, 대기업 오너 등 지식인이라고 할 수 있는 사람들의 숨겨진 또 다른 얼굴이 만천하에 여실히 드러난다. 그렇다면 이제는 인간성 회복을 진지하게 논의할 때가 되었다. 이 땅이 지옥, 동물 왕국으로 변화하기 전에 말이다. 호랑이, 치타, 원숭이와 함께 살아야 한다면 누가 기분이 좋을까? 올바른 인격을 갖추고 인간으로 사고할 수 있는 지성인과 함께 살고 싶지 짐승과 동물과 함께 살기를 원하는 사람은 아무도 없을 것이다. 괴테가 말하기를, 눈물 젖은 빵을 먹어보지 않은 사람은 인생을 논하지 말라고 했던가.

문학을 모르고서는 진짜 인생이 무엇인지를 헤아릴 길이 없다고 한다. 권력도 자본도 결국 인생을 위한 것이다. 인간이 기껏 권력과 자본을 위해 부수적으로 존재하는 것은 아니다. 우리 사회가 무한경쟁을 잠시 접고 숨 고르기를 하면서 인정 넘치는 행복한 세상으로 나아갈 수만 있다면 국민의 행복지수는 더 높아질 것이다. 우리의 근본적인 문제는 산업화 민주화의 그늘에서 독버섯으로 끝없이 자라난 우리 사회의 극단적인 눈먼 이기주의다. 싹을 잘라내야 한다. 만일 공무원 안전점검은 형식적 눈가림으로 하고 시간만 보내고 근무시간 채웠으니 약속된 월급 타면 그만이라는 생각이라면 우리 사회가 어떻게 될 것인가?

만일 소화기 유효기간 같은 것은 모르는 일이다. 정부 고위 공직자는 대통령 눈치나 살살 보면서 하는 척 자리보전이나 하면 우리 사회는 어떻게 될 것인가? 만일 국회의원이 선거철에 서민 팔이 해가면서 밑창이 거의 닳은 낡은 구두를 신고(당연히 넥타이핀은 에르메스) 편의점에서 바코드를 찍는 모습을 드러내며 서민경제를 이해하는 척을 하고 적당히 사진이나 찍어 의정 보고서에 올려 다음에 또 당선되면 된다는 생각을 하면 우리 사회는 어떻게 될 것인가? 이처럼 극단적 눈먼 이기주의가 판치는 세상에 대형 참사의 뿌리는 뽑히지 않는다. 극단적인 집단 이기주의는 국가파산, 묻지마 범죄의 씨앗으로 자라나 모두를 죽일 것이다. 너 나 없이 눈먼 이기적 눈을 뜨고 깨어 각성하여 인간 본성을 회복하고 따뜻한 공동체를 가꾸어야 한다. 이처럼 삭막하고 험한 세상을 지키는 등불은 다 함께 행복하게 생존할 수 있는 따뜻한 인정이다.

필자는 2018년 6월 24일 소비자의 권익증진과 행복을 위해 다음과 같은 '머니슈머 권리장전'을 제정했다.

⊘ '머니슈머 권리장전'

01. 당신은 소비자의 삶을 풍요롭게 만드는 회사를 선택할 권리가 있습니다.
02. 당신은 현명한 소비자로서 저품질의 인체 유해한 제품을 거부할 권리가 있습니다.
03. 당신은 가격 거품을 뺀 가성비 좋은 제품을 선택할 권리가 있습니다.
04. 당신은 소비에 대한 수익 배분에 대한 권리가 있습니다.
05. 당신은 양성평등과 기업의 사회적 책임을 다하는 기업 제품을 선택할 권리가 있습니다.
06. 당신은 머니슈머로서 날로 행복해지고 정신적, 영적인 성장을 할 권리가 있습니다.
07. 당신은 머니슈머로서 전문가로 성장할 권리가 있습니다.
08. 당신은 머니슈머로서 인생의 즐거움과 인센티브를 함께 할 권리가 있습니다.
09. 당신은 머니슈머로서 정년 없는 평생 활동을 통해 노후준비를 할 권리가 있습니다.
10. 당신은 탁월한 비즈니스 성과에 대한 해외여행(크루즈 여행) 보상을 받을 권리가 있습니다.
11. 당신은 현명한 소비를 통해 사회에 봉사하며 국가경쟁력 향상에 기여할 권리가 있습니다.
12. 당신은 지속해서 공정한 대우를 받을 권리가 있습니다.
13. 당신은 머니슈머의 최초 계약을 유지할 권리가 있습니다.
14. 당신은 진정한 소유권에 대해 보호받을 권리가 있습니다.
15. 당신은 변화된 보상플랜을 확인할 권리가 있습니다.
16. 당신은 정확한 설명과 합당한 공지를 받을 권리가 있습니다.

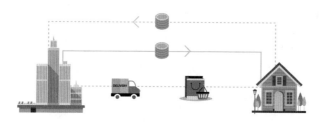

C O N T E N T S

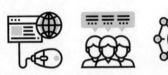

4차산업혁명
시대,
생존을
대비하라

Part 01

빌 게이츠 같은
세계 저명인사가 추천하는 이유

이건희

대기업 삼성 회장

앞으로 1인 기업 시대가 올 것이다. 그리고 일반 시장은 없어질 것이다.

이영권

미래경제학자

한국은 선진국으로 반드시 진입한다. 따라서 네트워크 마케팅은 최고의 사업기회이다.

앨빈 토플러
(Alvin Toffler)
'부의 미래' 저자

앞으로 프로슈머 경제가 폭발적으로 증가함에 따라 새로운 백만장자들이 수두룩하게 나타날 것이다.

도널드 트럼프

2013 포브스
세계 가장 영향력 있는
유명인사 100인,
부동산재벌 1위

평범한 사람들에게 성공의 기회를 가져다줄 수 있는 네트워크마케팅이야말로 인생을 역전시킬 수 있는 최고의 기회다.

레스 브라운

국제적 연설가,
백만장자, 기업가

인류 역사상 다른 어느 산업보다 더 많은 백만장자를 만들어 낸 사업이 네트워크마케팅이다.

**브라이언
트레이시**

컨설턴트,
백만장자, 기업가

네트워크마케팅의 미래는 무한하다, 끝이 안 보인다. 더욱 우수한 인재들이 몰려들고 있어 계속 성장할 것이다. 세계에서 가장 존경받는 사업의 수단이 될 것이다.

짐 론 철학가, 백만장자	네트워크마케팅은 사람들이 가장 작은 자본, 즉 자기 시간으로 꿈을 이루는 것을 가르쳐주는 풀뿌리 자본주의의 가장 큰 원천이다.
데이비드 마크 현대미술 거장, 교수	포춘지 매거진에서 억만장자 투자자 워런 버핏이 네트워크마케팅에 투자한다는 것을 읽었을 때, 내가 무엇인가 놓치고 있음을 깨달았다.
빌 클린턴 제42대 미국 대통령	누구에게나 밝은 미래에 대한 기회를 주고 자영업을 통해서 새 일자리를 창출하는 네트워크마케팅 종사자들은 세계 경제 회생의 주역이다.
토니 블레어 전 영국 총리	네트워크 마케팅은 경제가 전반적으로 발전하는데 막대한 공헌을 하는 비즈니스다.
로버트 기요사키	힘을 가진 것은 제품이 아니라, 진짜 힘은 네트워크에 있다. 부자의 74%는 네트워크 시스템을 소유하고 있다.
미래경제학자 **앨빈 토플러**의 부의 미래 내용 중	미래의 유통은 프로슈머 시대입니다. 소비자가 소비는 물론 제품 개발, 유통 과정에까지 직접 참여하는 (생산적 소비자)로 거듭나는 의미다.
빌 게이츠 마이크로소프트	내가 컴퓨터 사업을 시작하지 않았더라면 네트워크마케팅을 했을 것이다. 마이크로소프트사를 능가하는 회사가 있다면 아마도 네트워크마케팅 회사일 것이다.

4차산업혁명과 함께 '소비자가 진짜 주인공'인 시대가 왔다. 이제는 모든 주권이 소비자에게 달려있다. 과거처럼 대기업의 거대자본 광고로 현혹되어 거품이 가득한 비싼 물품을 구매하는 소비자는 줄어들고 있다. 당당히 가

성비를 따지며 돈으로 발려진 광고보다 제품 후기와 SNS상의 잘 아는 주변인들의 추천으로 꼼꼼히 비교해보고 구매하는 소비자가 늘고 있다. 단순히 소비자는 구매하는 단순한 개체에서 벗어나 직접 제품개발과 마케팅에 참여하는 주체적인 역할로 떠오르고 있다.

과거에는 TV 광고나 신문과 같은 단순한 매스미디어가 지배하는 시대였기에 진실을 감추고 소비자를 적당히 속일 수 있었다. 그러나 지금과 같은 소셜미디어(SNS)가 주도하는 시대에는 절대로 소비자를 기만하거나 속이게 된다면 금방 들통나게 된다. 소비자는 이미 SNS라는 무서운 수단으로 한 기업을 살리고 죽일 수 있는 주권을 가진 주인공이 됐다. 이제는 소비자를 무시해서는 결코 대기업도 살아남을 수 없다. 이제는 직접 소비자가 제품개발은 물론 유통과 마케팅에 참여하기에 소비자는 곧 기업과 한 몸이 되었기 때문이다.

필자는 이러한 시대 흐름을 오랜 시간 바라보며 세계 최초로 소비자 보호 및 소비자 권익 보호를 최우선으로 국민 행복과 소비자주권을 회복함과 경제적 약자인 소비자들이 기업의 횡포와 과장 광고에 현혹되지 않고 기업의 불공정행위에 저항하는 현명한 소비 활동만으로 다시 추가수입으로 일부를 되돌려받는 소비자 중심의 합리적 글로벌 유통시스템 '머니(Money)'와 '프로슈머(Prosumer)'의 합성어 '머니슈머(Moneysumer)'라는 용어를 창시하게 된 계기가 됐다.

원래 이 말은 1980년 미래학자 앨빈 토플러가 그의 저서 《제3의 물결》에서, 21세기에는 생산자와 소비자의 경계가 허물어질 것이라 예견하면서 처음 사용된 '프로슈머'라는 어원에서 영감을 얻게 된 말이다. 생산자'를 뜻하는 영어 'producer'와 '소비자'를 뜻하는 영어 'consumer'의 합성어로, 생산에 참여하는 소비자를 의미한다. 프로슈머 소비자는, 소비는 물론 제품 생산과 판매에도 직접 관여하여 해당 제품의 생산 단계부터 유통에 이르기까지 소비자의 권리를 행사한다. 시장에 나온 물건을 선택하여 소비하는 수동적인 소비자가 아니라 자신의 취향에 맞는 물건을 스스로 창조해나가는 능동적 소비자의 개념에 가깝다고 할 수 있다.

특히, 앨빈 토플러의 의견에 덧붙여 필자는 국내 가습기 살균제 사건과 같은 비양심적인 제조업체의 행동으로 인한 불특정 다수의 소비자가 피해를 보지 않고 불공정행위에 저항하는 현명한 선진국수준의 의식 수준을 갖춘 영적, 정신적으로 건강함을 겸비한 한 층 더 업그레이드된 개념이다. 소비 활동을 통한 정신적, 영적인 성장은 물론 행복을 추구할 권리까지도 만끽할 수 있는 이상적인 모습을 꿈꾸는 최상의 모델을 제시했다.

필자는 한국도 선진국처럼 가습기 살균제 사건 등 국민건강과 삶의 질을 저하하는 원인에 대한 제조물 책임법(PL법) 강화로 제조물에 대한 책임을 철저히 하여 다수의 피해자 구제를 위해서는 집단소송제 도입이 절실하다고 주장하는 바이다.

아무쪼록 네트워크 마케팅은 전 세계 백만장자들이 추천하는 4차산업혁명 시대환경과 맞아떨어지는 사업이다. 그러나 현실적으로 대한민국에서는 초기 네트워크 마케팅이 일부 비윤리적인 행동으로 의해 변질하여 시장 분위기가 흐려져 잘못 뿌리내려진 것은 사실이다.

그러나 이제는 희망의 물줄기를 바라볼 수 있는 시대가 왔다. IT와 소셜 네트워크(SNS)를 중심으로 요동치고 올라오는 4차산업혁명과 같은 최적의 시대 흐름을 타고 들어와 세계무대로 국내 유망 중소기업이 활약할 기회가 온 것이다. 세계적인 유통시장이 점점 무점포, 디지털시대로 접어드는 현대와 같이 디지털 기반으로 급변하는 추세에는 네트워크 비즈니스는 피할 수 없는 시대적인 운명이다. 저명한 앨빈 토플러가 예견한 프로슈머의 시대가

오고 있는 것을 확실히 이해해야 이 생존경쟁에서 이 나라가 살아남을 수 있다. 그저 편견으로 눈과 귀를 닫고 시대적인 거센 흐름을 무시해서는 절대 대한민국이 성장할 수 없다. 국제화 시대 당당히 세계적인 큰 눈으로 깨어 있어야 세계화 시대의 급물살에서 밀려나지 않고 시대 흐름을 거스를 수 있고 도약할 수 있을 것이다.

지금 이 시대는 어떻게 흘러가는지 시대적 흐름을 읽고 미래의 부는 어디로 흘러가는지 내다봐야 대한민국이 부를 거머쥘 수 있다. 지금 우리는 시대적인 변화의 흐름에 눈 떠야만 한다. 이는 절대로 필자 개인적인 의견이 아니다. 수많은 세계적인 경제학자들이, 많은 경제학 서적들이 네트워크 마케팅에 주목하라고 권고하고 있다. 또한 국내, 외의 저명한 석, 박사들이 조만간 네트워크 마케팅 시대를 예견하고 있다.

마이크로소프트의 회장 빌 게이츠도 자신이 컴퓨터 사업을 하지 않았더라면 네트워크 비즈니스를 했을 것이라고 단언했다. 그는 "네트워크 비즈니스야말로 21세기 가장 강력한 변화의 물결로서 유통산업을 이끌어 갈 것이며 개인이 성공할 수 있는 최고의 기회"라 했다. 세계 최고의 주식투자자인 워런 버핏 역시 "네트워크 사업 분야야말로 내가 아는 최고의 투자"라고 말하며 실제로 네트워크 비즈니스에 대한 투자를 했다. 또한 폴 게티, 로버트 기요사키와 같이 저명한 인물들도 "네트워크 비즈니스야말로 평범한 사람들이 부자가 될 수 있는 유일한 비즈니스"라고 말했다.

그리고 전 세계에서 가장 많이 팔린 경제 책을 쓴 로버트 기요사키는 평범한 사람이 부자가 되려면 네트워크 마케팅을 하라고 했다. 도널드 트럼프 역시 네트워크 마케팅에 투자했음이 잘 알려졌다. 이 사람들은 분명 우리보다 전문가이다. 그 누구보다 돈과 시대 흐름에 가장 민감한 이들이 네트워크 비즈니스를 좋은 사업이라고 말한 이유는 과연 무엇일까? 우리는 시대적인 흐름과 선진국을 비롯한 전 세계적인 변화의 흐름을 주시해야 한다.

세계적인 석학 앨빈 토플러는 그의 책 '부의 미래'에서 다음과 같이 네트워크 마케팅을 언급했다. "추적되지도 측정되지도 않고 대가도 없이 대대적으로 경제 활동이 벌어지는 숨은 경제가 있다. 그것은 바로 비화폐의 프로슈머 경제(prosumer economy)이다. 제품, 서비스 또는 경험을 화폐 경제 인에서 팔고자 하는 사람들을 '생산자(producer)'라고 부르며 그 과정은 '생산 (production)'이라 칭한다.

그러나 비공식적 경제, 즉 비화폐 경제 안에서 벌어지는 활동에 해당하는 단어들은 존재하지 않는다. 나는 '3의 물결: The Third Wave'에서 판매나 교환을 위해서라기보다 자신의 사용이나 만족을 위한 제품, 서비스 또는 경험을 생산하는 이들을 가리켜 '프로슈머(prosumer)'라는 신조어로 지칭했다. 개인 또는 집단들이 스스로 생산(produce)하면서 동시에 소비(consume)하는 행위를 '프로슈밍(prosuming)'이라고 한다." 이처럼 토플러 박사는 프로슈머라는 신(新)용어를 사용하고 있는데 이는 네트워크 마케팅과 유사하게 쓰이는 말이고 같은 개념이다.

아마 주변 사람들은 대부분 네트워크 마케팅을 정확히 알지 못하면서 다단계나 피라미드라고 편견을 가진 사람도 있을 것이다. 그러나 시대를 잘못 만나서 이 땅에 잘못 뿌려진 과거를 분석하여 법적, 교육적으로 재정비하지 않는다면 과거와 같은 정체만 있을 뿐이다. 당장 네트워크마케팅을 시작하지 않더라도 일단 시대 흐름에 걸맞은 정보이기에 받아들이기는 해야 할 것이다. 어떤 사업이든 성공하려면 전문가의 조언을 듣는 것은 당연하다. 당신은 평범한 옆집 사람이나 지인에게 당신의 인생을 맡길 것인가? 회원 직접 판매는 국가가 인정하고, 세계적 석학들이 미래의 트렌드로 천명하고, 법으로 인정한 합법적인 비즈니스임이 틀림없다.

유명한 브랜드의 명품이 있으면 꼭 짝퉁이 있기 마련이다. 일부 한국에서 초기에 잘못 뿌리를 내렸던 변질한 모습만을 보고 성급하게 판단하면 오산이다. 짝퉁을 보고 진정한 명품의 가치를 함부로 판단하면 소중한 기회를 놓칠 수 있다.

전통적인 백만장자는 나이가 지긋하며 부동산이나 증권 등이 주 수입원이다. 그러나 정보사회의 백만장자는 네트워크 마케팅 종사자들이 주를 이루며 그들은 젊다.

지금은 프로슈머 시대다. 미국과 같은 선진국에서는 트렌드를 예측하고 준비한 1세대 네트워커는 이미 천만장자 반열에 들어섰다. '변화할 것인가, 변화 당할 것인가?' 3종류의 사람이 있다. 변화의 냄새를 맡고 미리 준비하는 사람이 있고 눈앞에 변화가 밀려와야 뒤늦게 아는 사람이 있으며 변화가 지나고 난 다음에야 알아채는 우둔한 사람이 있다.

농경사회에서 산업사회로 이전될 때, 자본은 도시와 공장에 몰렸다. 산업사회에서 서비스 사회로 이전할 때는 서비스업에 자본이 몰린다. 트렌드를 읽고 미리 길목을 지키면 기회를 잡는다. 미래사회는 자본이 네트워크 마케팅으로 몰린다는 것이 전문가들의 공통된 의견이다. 앨빈 토플러나 빌 게이츠 같은 선구자들이 네트워크 시대를 선언하고 네트워크 마케팅이 기회가 된다고 하지만 한 치 앞도 모르는 평범한 주변인들은 무조건 반대한다. 그들은 자신이 무엇을 모르는지도 모르는 경우도 많기에 잘 판단해야 한다. 이런 사람들에게 함부로 판단을 맡기는 것이 과연 현명한 일일까?

실제로 초등학교 4학년 사회 교과서에는 직거래유통방식의 효율성을 소개하고 있으며, 고등학교 도덕 교과서에는 프로슈머의 등장에 관해 설명할 정도로 현실로 가까이 다가와 있다. 바로 지금이 성공을 준비하기에 좋은 최적의 타이밍이다.

세계적인 석학들은 입을 모아 부자가 되려면 인적자원인 회원을 모집하여 시간을 버는 일을 하라고 한다. 조만간 한국 네트워크 시장은 100조 원 규모가 될 것으로 예견된다. 100조 원 시장으로 성장한 후에 네트워크 마케팅을 시작하면 늦다. 한국에는 1991년에 네트워크 마케팅이 시작됐다. 벌써 23년이 됐다. 사람으로 보자면 청년이 되었지만, 아직 뭐가 뭔지 제대로 모르는 사람이 너무 많다. 그저 초기에 잘못 뿌리내린 네트워크 마케팅의 잔재로 인한 편견으로 가득한 것은 맞다.

그러나 놀랍게도 세계적인 프랜차이즈의 원조인 맥도날드조차도 사업 초기에는 마피아로 고발당했다. 미국에서 네트워크 마케팅도 초기에 美 연방통상위원회에 고발당했지만, 결국 '가장 합리적이고 효과적인 마케팅'으로 판결을 받았다. 모든 성공은 타이밍이다. 비가 올 때는 우산을 팔고 날이 좋으면 짚신을 팔아야 당연히 돈을 번다. 흐름을 타면 일이 쉽고 거스르면 힘겨운 건 당연지사. 언론이나 이웃의 평가가 아니라 구체적 팩트가 무엇인지를 스스로 파악해야 한다. 흐름을 주도할 것인가? 사오정이 될 것인가? 당신의 선택이다.

Part 02

제4차산업혁명,
언제까지 과거에 머물 것인가?

우리는 '2020년 시대'를 눈앞에 둔 상황에서 4차산업혁명을 주도할 인공지능 로봇, 사물인터넷 등의 뉴스가 나올 때마다 사람들은 자신의 노후와 자녀의 미래를 걱정하며 불안감과 고민에 빠져든다. 2016년 다보스 포럼(Davos Forum)을 통해 4차산업혁명의 흐름을 인식한 인류는 과학기술이 불러올 기회와 위협적인 혁명을 예감했다. 얼마 후 이세돌이 인공지능 알파고와 펼친 세기의 바둑 대결이 세인의 엄청난 관심을 받았다. 대다수가 '다가오는 4차산업혁명에 어떻게 대비해야 하는가?' '변하는 시대에 생존을 위해 어떤 준비를 하는가?'를 두고 모두 예민하게 반응했다. 매스컴은 매일같이 미래 전망을 쏟아냈고 많은 사람이 4차산업혁명의 전조 현상이 본격적으로 드러나고 있다는 말을 들으며 '무엇을 어떻게' 준비해야 할지 몰라 우왕좌왕 불안 속에서 답답함을 느꼈다.

우리는 4차산업혁명 시대에는 소득 불균형과 소득 격차가 더욱 커진다는 사실을 빨리 알아차리고 미리 대비해야 한다. 놀랄 만큼 늘어나는 가계부채, 인공지능 로봇과 경쟁하려는 비정규직, 시간제 직업 환경 속에서 탈출할 새로운 대안을 마련해야 하지 않을까!

사실 한국은 산업 규모를 비춰볼 때 근로자 숫자가 많은 편이다. 여기에다 산업의 자동화와 로봇화, 사물 인터넷 기술 발달이 사물 간 정보교류 시스템화로 인해 신입 채용시장을 대폭 축소하고 있다. 이는 곧 갈수록 직업적인 충격이 커진다는 것을 의미한다.

청년층도 빠르게 변하는 시대 흐름을 읽고 사라질 직업군과 새로 등장할 직업군 정보를 면밀히 파악해야만 생존할 것이다. 정보에 뒤처지면 우리 생존마저 위태로울 수 있다. 그렇기에 4차산업혁명 시대가 요구하는 직업훈련에 참여하거나 스스로 직업을 창조해 시대에 맞는 직업의 전문성을 쌓아야할 것이다. 그러나 2019년을 코앞에 둔 2018년인 지금도 대다수의 사람은 여전히 과거의 패러다임에서 벗어나지 못하고 안일하게 하루하루를 근근이 버텨내고 있다. 분명 몇 년 안에 우리가 얼마나 시대착오적인 판단을 했는지 깨닫게 될 날이 올 것이다. 어쩌면 4차 사업혁명이 온다는 것 자체를 내심 부정하고 싶은 것이 우리의 진심일 것이다.

지금, 우리가 믿든 믿지 않든 4차산업혁명 시대가 열렸다. 이제 우리는 모든 사물과 사물을 연결해 빅 데이터로 저장 및 분석하고 이를 공유하는 사물인터넷 기반의 5G 시대를 살아간다. 즉 인간의 모든 생각, 지식, 행동을 저장하고 이를 전 세계가 공유하면서 우리의 삶은 더욱더 편리하게 발전하고 있다.

그런데 4차산업혁명은 금빛 찬란한 시대로 추앙받고 있는 것처럼 보이기도 한다. 아직 완벽하게 그 시대가 도래하지 않았기 때문이다. 우리는 지금부터라도 다가올 환경 변화에 휩쓸리지 않을 새로운 직업을 찾아 준비해야한다. 머지않아 우리는 폭풍 같은 시련을 겪으면서 4차산업혁명 시대에 걸맞은 직업을 제대로 준비하지 못했음을 한탄할지도 모른다. 나아가 위기를 기회로 전환해주는 새로운 방법을 모색해야 한다. 아무리 인공지능이 발달해도 인간의 손길이 필요한 직업이 있다. 우리에게 필요한 것은 도저히 기계화할 수 없는 사람만이 할 수 있는 일이다. 기계로 대체될 수 있는 인재가되기 위한 고민을 해야 한다.

사실 4차산업혁명을 선도하는 과학자들은 이미 인간이 삭막한 환경 속으로 내몰릴 것이라고 경고한 바 있다. 그러나 미래에 '나만은 어떻게든 되겠지'라는 안일한 생각을 벗어던지는 것이 미래의 지혜임을 깨달아야 한다.

설마 4차산업혁명 시대의 충격이 다가와도 정부가 국민의 삶의 질을 책임질 것이라고 자신도 모르게 착각하고 있는 것은 아닌가? 물론 4차산업혁명 시대에는 국민대표로 위임받은 정치인의 권한 및 역할이 비교적 약화하고 빅 데이터 정보를 활용하는 통치 시대로 바뀔 것이다. 그러나 미래 시대가 아무리 합리적 통치 형태를 추구한다고 해도 국민 모두의 삶의 질을 보장하기란 어려운 것이 현실이다. 결국 미래에도 우리의 삶은 자신의 선택과 변화에 대한 도전에 따라 삶의 수준이 달라질 것이다. 4차산업혁명 시대의 문턱을 살아가는 지금 우리들은 세상이 혁명적, 위협적이자 동시에 큰 기회를 얻고 있다는 현실을 깨달아야 한다.

분명 4차산업혁명 시대는 행복과 불행이 공존하는 이중적인 시대일 것이다. 그래서 시대적 흐름을 잘 이해하고 분별해야 한다. 혹시 개인적으로 네트워크 마케팅에 대해 편견을 갖고 좋지 않게 생각할지라도 시대적인 흐름이기에 현실 상황을 직시하고 미래의 의식 변화도 고려해 고민해 보는 것이 좋을 것이다.

4차산업혁명 시대에는 공동체라는 인간 중심 가치를 소유한 개인 및 집단과의 교류를 기반으로 세계무대에서 활약하는 깨어있는 사람들이 부자가 되어 풍요와 행복을 누릴 것이다. 4차산업혁명 시대에는 인간의 진실성, 인간과의 교류, 인간의 소속감 추구가 매우 중요한 행복의 요소가 될 것이다. 그래서 4차산업혁명으로 인해 머지않아 오직 사람만이 할 수 있는 직업은 계속 수요가 따를 것이다. 사람이 구성원이자 시스템인 직업은 더욱더 번창할 수밖에 없다. 물론 기본적인 데이터와 수요 예측처럼 분석이 필요한 일은 기계가 할 것이다.

그러나 사람과 사람이 만나 비즈니스를 구축하는 일은 오직 사람만이 할 수 있다. 그래서 인적교류를 바탕으로 하는 네트워크마케팅은 4차산업혁명 시대에는 더욱 번창할 것이다.

예를 들어 마케팅 전문가나 네트워커는 시대가 변해도 기계로 대체될 수 없는 오직 사람만 할 수 있는 직업이다. 사람과 사람이 만나 일이 성사되고 수익이 발생하기 때문이다. 이러한 직업은 인공지능이나 로봇이 대신할 수 없으므로 영원히 존재할 것이다. 그렇기에 4차산업혁명 시대에 생존하려면 미래 준비에 네트워크 마케팅 직업군도 포함해서 고민해봐야 하지 않을까? 4차산업혁명 시대에는 인간의 커뮤니케이션을 기반으로 한 교류 마케팅이 세계적으로 더욱 성장할 것이다. 한국만 해도 2016년에 이미 시장 규모가 5조 1,500억을 훌쩍 넘어섰다. 과거의 잘못 뿌리 내린 모습만 보고 변질한 불법 다단계라고 폄하하면서 합법적인 네트워크 마케팅까지 무시할 수는 없다. 우리가 인정하지 않더라도 세계적으로 무서운 성장성을 보이는 분야이다. 분명 국내에만 머무르는 좁은 시각을 벗어나 세계시장에서의 한국을 바라보고 대응해야 세계화 시대에서 생존할 수 있을 것이다.

이처럼 네트워크마케팅은 사람과 사람이 만나서 매일 쓰는 생필품과 같은 제품 체험으로 부담 없이 시작해 4차산업혁명이 초래하는 직업의 종말에서 벗어나도록 도와줄 대안 중 하나가 될 것이다. 이 사업에서의 성공 여부는 먼저 배우려는 자세를 갖추고 팀과 함께 회사가 제공하는 교육 기회를 얼마나 활용하느냐에 달려있다. 만일 이 분야의 성공방법을 터득한다면 수많은 중장년은 물론 청년층이 더 이상 퇴직 이후를 고민하거나 미래의 대안을 발견하기 위해 밤잠을 설칠 필요가 없을 것이다.

美 케네디 대통령이 미국의 경제성장을 위해서 왜 직접 판매를 장려하였

고 그로 인해서 수천 명의 사람의 일자리 문제가 해결되었는지 그의 심정을 이 책을 집필하면서 조금이나마 느낄 수 있게 되었다. 솔직히 직접 판매에 필자는 전혀 관심이 없다. 오히려 편견으로 가득 차 있었다. 그러나 전 세계 유통 흐름과 비즈니스 트렌드, 소셜네트워크를 연구하다 보니 제4차산업혁명 시대 흐름과 맞아 떨어지는 부분 때문에 자연스럽게 직접 판매 시장을 연구하게 되었다. 지금 생각하면 의도치 않게 어떻게 이렇게 연결이 되었는지 신기할 따름이다.

특히. 다가올 4차산업혁명 시대에는 네트워크 마케팅이 글로벌 교류 마케팅으로 바뀌면서 사업의 본질에 변화가 따를 것이다. 한국 시장에서의 변화 시기는 4차산업혁명을 목전에 둔 2017~2019년으로 이 시기는 평범한 우리에게 무척 중요한 시기가 될 것이다. 지극히 평범한 사람도 4차산업혁명을 위험이 아닌 기회로 받아들이면 대한민국이 최소한의 자본으로 부자가 되어 삶을 변화시킬 수 있기 때문이다.

지금의 시대 흐름인 글로벌화와 IT 기술 발전은 인간을 소속 국가와 영토에서 벗어나게 하는 한편 세계를 하나로 인식해 교류하는 시대를 열었다. 이것은 5G 시대에 더 확산 및 발전할 전망인데, 이 흐름대로라면 세계는 더욱 평화롭고 안정적으로 바뀌면서 인간 간의 교류 마케팅이 더욱 발전할 것이다. 또한 제4차산업혁명이 몰고 오는 기회와 위협은 네트워크 마케팅 현장을 중심으로 요동치며 몰려올 것이다.

4차산업혁명이 현실로 다가오는 2020년이면 네트워크 마케팅에서도 문화적 린 스타트업(Lean Startup) 확산으로 정체가 일어날 전망인데, 이는 모두가 앞다투어 이 길을 가려 하기 때문이다. 그러므로 지금부터 미리 사업의 본질을 파악하고 방법을 연구해 정체 구간 없이 부자의 대열에 들어갈 수 있는 전략을 짜야 한다.

다음과 같은 말을 많이 들어보았을 것이다.

"성장하는 시장의 길목에 그물을 쳐라"
"고기가 많은 바다에 그물을 쳐라."

이는 유명한 마케팅 금언이다. 이를 바꾸어 말하면, 쇠퇴하는 시장의 길목에 그물을 치면 그 사업은 어려워지고 고기가 없는 바다에 그물을 치면 노력보다 성과가 오르지 않아 실적은 엉망이 된다는 뜻이다.

1999년 9,150억 원, 2000년 2조 원, 2001년 3.9조 원, 2002년 4.9조 원, 이처럼 눈에 띄게 매년 20~100% 성장하는 네트워크마케팅은 분명 성장하는 시장의 길목이고, 고기가 많은 바다일 것이다. 이처럼 성장하는 시장, 고기가 많은 바다는 분명 성공적인 사업이 될 것이다.

모두가 알다시피 우리 사회는 예전부터 대학 졸업은 성공이라는 등식이 무너지고 있다. 10년 후 사업실패율은 95%나 되며, 26개의 그룹이 추풍낙엽처럼 도산하는 것을 보아 왔다. 어디 그뿐이랴. 심지어 40~50대의 명예퇴직과 강제퇴직으로 정년의 신화가 처참하게 무너지고 있으며, 아시아 1위라는 이혼율은 결혼이 더 이상 경제적 안정을 보장해 주지 못하는 처절한 우리 현실을 말해주고 있다. 또한 힘없는 노인이 되어 갈 곳 없게 된 노인 인구는 하루가 다르게 늘어가고만 있다. 요즘 길을 가다 폐지를 줍는 백발의 노인을 종종 볼 수 있다. 아무리 열심히 노력하고 성실하게 일하면 성공한다는 과거 교과서식 등식도 무너졌다. 우리 미래는 불확실해도 너무 불확실한 것이 안타까운 현실이다.

우리는 모두가 간절히 소망하고 바라는 것이 있다. 그러나 대부분은 그저 열심히 일하고 성실하게 일하고 있음에도 그것을 이루기 힘든 시대를 살고 있다. 이미 태어나면서, 성장하는 과정에서, 환경적 이유에서 불평등이 지배하고 있기 때문이다. 권력의 세습, 부의 세습, 명예의 세습이 과거보다 더욱 심해졌다. 그래서 '개천에서 용 난다'는 '흙수저' 성공신화를 만들어 가는 소수의 사람이 영웅이 되곤 한다.

모두가 간절히 소망하고 바라는 것을 이루고 시간으로부터의 자유, 빚으로부터의 자유, 스트레스에서 벗어나 자유롭고 싶은 것은 당연하다. 모두 진짜 자유를 원하고 있는 것이다. 이 모든 것의 대부분은 경제적 충족으로 가능해질 수 있는 것이다. 그렇다면 경제적인 자유를 얻기 위해 제4차산업혁명 시대에 생존할 방법에 대해 고민해 봐야 할 것이다.

Part 03

바둑천재를 이긴
인공지능

과거 바둑은 기계가 이길 수 없는 인간의 마지막 자존심의 영역이었다. 그러나 이러한 믿음은 구글의 알파고에 의해 처절하게 무너졌다. 지난해 3월 구글-딥마인드의 '알파고'가 상금 100만 달러를 내걸고 이세돌 9단과 5차례 대국을 벌였다. 승리를 믿어 의심치 않았던 인간 대표 이세돌은 4대1로 패배하고 말았다. 이는 바둑계는 물론 인공지능을 연구하는 전문가에게도 작지 않은 충격으로 다가왔다.

3살배기 인공지능이 인류 최고의 지적인 영역에서, 천재로 평가받는 초고수를 일방적으로 이긴 것이나 마찬가지기 때문이다. 이 알파고를 계기로 인공지능이 전 세계적으로 주목받기 시작했다.

혜성처럼 나타난 알파고의 등장으로 요원할 것만 같았던 인공지능의 시대가 한 발 더 가까워졌음을 온몸으로 실감하게 됐다. 우리는 자신의 의지와 무관하게 인공지능을 필두로 한 4차산업혁명의 문턱에 다다랐다. 학계와 산업계를 비롯하여 국민적 관심도 인공지능에 집중됐다. 특히 글로벌 시장 분석 기관 트랙티카(Tractica)는 인공지능시장의 매출 규모는 2016년 6.4억 달러에서 10년 후 2025년에는 368억 달러로 성장할 것으로 예측할 정도이다.

인간의 뇌는 아직도 미지의 영역으로 남아있다. 어떻게 작용을 하고 어느 정도의 한계가 있는지 지금까지는 정확히 밝혀진 바가 없었다. 그런데 인간의 뇌는 감정, 그날의 컨디션, 체력, 경험, 심리적 상태 등등 자신의 본질적인 특성과 외부적인 환경에 의해 영향을 받는 민감한 부분이 많다. 이것들이 어떤 경우는 강점으로 작용할 수 있지만, 고도로 발달한 기계와의 경쟁에서는 치명적인 약점이 될 수밖에 없다.

인공지능인 알파고는 자신의 본질적인 알고리즘에 따라서 쉼 없이, 주변 환경이나 상황에 상관없이, 무감하게 연산하고, 승부 그 자체에만 온전히 집중할 수 있었다. 반면에, 이세돌 9단은 상대방인 알파고의 수 하나하나에 민감하게 신경을 쓰고, 방송사 카메라의 움직임이나 사람들 시선 등 수많은 주변 환경과, 감정, 신체적 컨디션과 체력 등 자신의 내부적 특성에 의해 영향을 받을 수밖에 없다. 사람이기 때문이다. 특히 처음 3번의 대국에서 속절없이 무너질 때의 상황이 그러했음을 나타낸다.

물론 인간 특유의 개성과 감정을 가졌다는 것은 인공지능보다 훨씬 뛰어난 뇌를 가진 인간의 강점임이 틀림없다. 그러나 바로 그 점이 약점이 되어 옆길로 새지 않고 오로지 기계적으로 이기는 방법만을 찾아내는 인공지능과의 대결에서는 패배한 것이다. 바둑이라는 기본적인 능력에서는 이세돌 기사가 알파고보다 뛰어날지 모른다. 그러나 쉬지 않고 흔들림 없이 자신의 페이스를 유지하며 해야 할 목표를 기계적으로 수행하는 알파고는 약점이 있는 특성을 가진 인간 이세돌을 이겨버렸다.

기계는 아직은 인공지능, 로봇, 자동화 시스템, 알고리즘 등등 무엇으로 이름을 붙이건 간에 고유의 개성, 즉 personality가 없다. 이 개성이 전혀 없기에 기계는 특정한 목적을 위해서는 흔들림 없이 인간보다 더 빠르고 정확하게 임무를 수행할 수 있다. 전략적으로든 모든 면에서 더 뛰어난 성능을 갖춘 인간의 뇌와 종합적인 능력을 갖춘 인간은 어떤 부분에서든 변함없는 강점을 가진 기계와의 경쟁에서 뒤질 수밖에 없는 이유이다. 특히, 노동력을 제공하고 그 대가로 임금을 받는 인간 노동자가 기계와 일자리를 놓고 경쟁했을 때 패배할 수밖에 없는 이유이기도 하다.

그렇다면 지극히 평범한 우리가 인공지능, 자동화된 제조시스템, 자율주행차량 등과 경쟁해서 이길 수 있는 확률은 얼마나 될까? 평범한 대다수 인간이 기계와의 일자리 경쟁에서 이길 경쟁력이 과연 있을까?

이미 일자리 문제에 있어서 기계는 충분히 인간의 위협이 되고 있음을 우리는 목격한다. 제조업, 농업, 서비스업 등등 대부분 분야에서 이미 기계는 인간의 일자리를 위협하고 있다. 이런 상황에서 인간이 할 수 있는 것은 무엇일까? 로봇과 인공지능이 대체하기 어려운 일을 하라고 하지만 어떤 일을 해야 로봇과 인공지능이 대체할 수 없고, 내 일자리를 지킬 수 있을지 잘 아는 사람은 드물다.

분명 인공지능은 인간의 일자리를 상당수 빼앗을 것이다. 과거의 로봇은 인간의 일자리를 크게 빼앗지는 않았다. 로봇은 하드웨어적인 장치에 불과했기에 로봇 한 대는 인간의 일자리를 한 개만 대체했고, 그 대신 로봇 생산과 관련된 새로운 일자리를 만들었다. 그러나 인공지능은 소프트웨어이기 때문에 무한 복제가 가능하다는 막강한 특성이 있다. 인공지능을 개발하는 데는 많은 인력과 지식이 필요하지만, 그것을 복제하는 데는 노동과 비용이 거의 필요하지 않다. 따라서 인공지능은 과거보다 비교할 수 없는 높은 비율로 인간의 일자리를 대체하게 될 것이다. 나아가 인공지능은 과거 부의 대열로 들어서는 직업으로 명성을 날렸던 전문적인 법률직과 의사직까지 위협할 것이다. 특히 의료분야에서도 외과, 내과, 소아·청소년과, 정신과 등 환자를 직접 만나는 분야보다 영상의학과, 핵의학과, 진단의학과 등 진료를 지원하는 분야의 의료직 일자리를 상당수 빼앗길 것이다.

이제는 인공지능-로봇이 신문 기사도 쓰는 시대가 다가왔다. AP는 2014년

6월부터 오토메이티드 인사이트(Automated Insights)란 회사에서 만든 Wordsmith라는 기사작성 소프트웨어를 도입했다. 이 기사작성 소프트웨어는 2015년 1분기 애플의 실적을 발표할 때 이용되었다. 놀랍게도 로봇 기자를 도입한 이후 AP는 평균 300개에 불과했던 기업들의 실적 관련 기사를 3000여 개로 10배로 늘리는 효율을 보였다. 아마도 인간 기자를 고용해서 이 정도 숫자의 기사를 작성하려면 몇 배 많은 인건비가 들었을 것이다. 이처럼 로봇 저널리즘이 확산하는 추세로 들어서자 로봇이 기자의 일자리를 빼앗는 건 아니냐는 우려가 생겼다. 그저 단순 사실 보도, 자료의 분석 등 로봇-인공지능이 쉽게 대체할 수 있는 일을 통해서 일자리를 구하고, 돈을 벌고, 생계를 꾸려가고 있다는 시대적 흐름을 직시해야 한다. 인간만이 할 수 있는 심도 높은 분석기사는 전체 기사 중 일부에 불과하며, 애초에 그런 기사를 쓰거나 쓸 수 있는 기자도 소수에 불과하다. 이런 시대에 우리는 무엇을 준비해야 할 것인가?

많은 미래학자는 인공지능이 10년 이내에 인류 사회를 급격하게 바꿀 거라고 주장한다. 그렇지만, 인공지능의 한계는 결국 인간만이 갖춘 특별한 부분이 있는데, 이를 얼마만큼 인지하느냐가 인공지능의 한계를 극복하는 길이라고 지적한다.

그중 하나는 '사회성'이다. 인간은 '관계 맺기'의 천재이다. 싸운 친구와 쉽게 화해하고, 토라진 애인을 살살 달래주며, 누군가의 슬픔에 진심으로 공감하는 것 등, 인간에게는 너무나 당연한 감정들을 데이터화시키고 수치화시켜 인공지능 프로그램에 적용하기란 아직 불가능하다. 또한 성(性), 문화, 나이에 따라서 달라지는 사회성도 데이터로 만들기에는 경우의 수가 너무 많다. 그리고 '이 사람은 뭔가 나랑 코드가 맞지 않아' 등과 같은 인간이 직관적으로 느끼는 감정들 역시 수학적 데이터로 만들기엔 매우 까다롭다. 이처럼 인공지능과 기계로 대체할 수 없는 인간만의 장점을 살릴 수 있는 능력을 키운다면 미래의 핵심인재로 살아남을 것이다. 이처럼 이 시대에는 무엇이 위기이고, 기회인지 잘 파악해야 한다.

로봇이 고용되면
인간은 모두 실업자가 되는가!

2016년 다보스 포럼에서는 자동화에 의한 실업 문제가 화두에 올랐다. 포럼에서 내놓은 '고용의 미래 보고서'는 4차산업혁명이라는 이름 하의 인공지능, 로봇 등에 의한 자동화 물결이 제조업을 비롯한 많은 분야에서 혁신을 가져올 것이지만, 그 혁신들은 각 분야에서 인간을 위한 일자리를 급격하게 없애버릴 것이라는 전망을 하였다.

선진국 15개국에서만 따져보아도 자동화에 의해 단기적으로 5년 안에 사라지는 일자리가 700여만 개, 새로 생겨나는 일자리가 200여만 개로, 순수하게 총 500여만 개의 일자리가 사라질 것이라고 한다. 더구나 이 500여만 개라는 숫자는 현재 제조업 기지로 사용되는 많은 저개발 국가. 신흥 개발 국가에서 사라질 제조업을 포함한 다양한 분야의 일자리 숫자는 포함되지도 않은 수치이다.

사실 다보스 포럼 이전부터도 많은 전문가는 자동화에 의한 일자리 소멸을 예측해왔다. 제레미 리프킨의 〈노동의 종말〉 같은 책을 그 대표적인 예 중 하나이다. 그러나 어리석게도 우리는 가족의 생계를 위협하는 직업적 충격 시대가 이미 당시부터 진행되고 있었음을 그저 지식으로만 받아들였다. 그것이 내 삶에 깊은 영향을 미치고 있다는 것은 깨닫지 못했다. '나는 괜찮겠지'라는 안일하고 무지한 태도였는지 실감 난다. 생존이 걸린 급격한 변화 앞에서 우리는 너무 가볍게 행동하고 있지는 않은가!

과거의 기계들은 어떤 식으로든 설비를 추가하고 생산을 늘리기 위해서는 사람을 더 고용해야 했다. 그러나 지금의 기계들은 생산 자체에 추가적인 인간 노동력이 필요 없다. 초기 단계에서 기계 설비를 개발하고 만들어낸 후로는 새로 기계 설비를 만들어낼 때 추가적인 인간 노동력이 불필요하다는 점에서 과거와 큰 차이가 있다. 소위 4차산업혁명 하의 똑똑한 기계들은 스스로 고장을 진단, 해결하는 능력까지 갖췄으며 생산에 필요한 노동력인 일자리를 급격하게 줄인다는 특징이 있다.

대표적으로 구글의 자율주행차량은 운전기사라는 직업을 앗아간다. 트럭과 버스 그리고 택시를 몰던 운전기사는 결국 자율주행차량에 의해 일자리를 빼앗길 것이다.

패스트푸드 음식점에서 단순 조리 인력들은 벌써 자동화된 기계에 의해 대체되고 있다. 초밥 로봇은 초밥 요리사보다 몇 배나 빠른 속도로 더 위생적으로 초밥을 만든다. 가격도 더 저렴하다. 빠르게 확산하는 키오스크를 이용한 주문결제 시스템의 목적은 인간 노동자를 줄여서 인건비를 절감하는 것이다. 모멘텀 머신이라는 신생기업의 햄버거 만드는 기계는 10초에 1개, 1시간에 360개의 햄버거를 만들어낸다. 인간 노동자라면 상상할 수 없는 놀라운 생산성은 물론 인건비 절감도 당연하다.

상점에서 물건을 팔던 점원들은 자동화된 무인판매 시스템, 온라인의 자동화된 판매 시스템에 의해 대체되고 있다. 최근 시범 개장된 '아마존고'라는 오프라인 매장도 무인 자동화된 결제시스템을 통해 인간 계산원들의 일자리를 위협한다.

자율주행 기능이 있는 농기계, 자동화된 수확 기계, 파종 기계 등으로 1차산업이라는 농업도 기계가 인간 노동자들을 대체하고 있다. 경제 분석 능력도 인공지능이 더 우수하고, 주식투자도 컴퓨터 알고리즘이 더 신속 정확하게 한다. 인간만의 점유물이라고 착각하는 연구 활동마저도 낮은 수준의 연구 활동은 로봇에 의해 대체되고 있다.

특정 분야에서 대기업 몇 개만 없어져도 연쇄적으로 수많은 일자리가 사라지고 수많은 사람이 거리로 내몰린다. 그런데 스마트해진 기계, 자동화 시스템으로 수많은 직종에서 인간이 일할 수 있는 일자리가 사라지면 어떤 일이 벌어질까? 그러나 대한민국 사회는 아직 아무런 대책이 없다. 심지어 준비의 조짐도 보이지 않는다. 인간의 삶을 풍요롭고 편리하게 만들기 위한 기술이 결국 인간의 일자리를 잡아먹고 있는 현실은 뭔가 앞뒤가 안 맞고 답이 없어 보인다.

인공지능으로 패스트푸드 알바 일자리도 위협받고 있다. 최근 패스트푸드점을 중심으로 외식업체들은 IT 기술을 결합한 무인주문시스템을 도입 중이다. 2014년 스타벅스가 '사이렌 오더'라는 이름의 온라인-투-오프라인 주문시스템을 도입했고, 한국 맥도날드가 신촌에 자동화된 주문시스템을 도입했다. 최근에는 롯데리아가 무인 포스를 이용한 무인주문시스템을 도입했다. 이들 무인 시스템 도입으로 업체들이 꾀하는 것은 주문 대기 시간을 줄이고, 고객 주문에 투입되는 직원을 줄인 인건비 절감이다.

앞서 말한 스타벅스의 '사이렌 오더'는 고객이 무인자동 주문으로 대기할 필요 없이 맞춤형 음료를 주문할 수 있는데 기업 입장에서는 서비스 품질을 높이고 인건비 절감이 가능하다. 이 같은 모든 시스템의 최종 목적은 위와 동일하다. 이 시스템을 활용한다면 고객은 주문을 위해 대기할 필요도 없고, 목소리를 높여 메뉴를 선택하고, 결제하고, 서명할 필요가 없다. 당연히 고객 대기 시간이 줄어 고객 불만이 줄어들고 회전율이 높아지며, 무엇보다도 고객의 주문을 받고 결제를 하는 직원 고용이 필요 없이 인건비를 절감할 수 있다.

패스트푸드점에서 창출하는 일자리는 낮은 시급의 저임금-단순 업무 일자리다. 고객의 주문을 받고 미리 정해진 매뉴얼에 따라서 거의 만들어진 재료 또는 반 이상 완성된 반제품을 튀기고, 익히고, 가열 등을 해서 소스 및 사이드 메뉴와 제공한다. 그저 단순 노동이고 보다 저렴한 대체재가 있다면 언제라도 손쉽게 대체되는 노동력이다. 패스트푸드에서 창출되는 일자리는 저임금의 저학력, 미숙련 일자리다. 시급 몇천 원짜리 일자리를 대체할 정도로 자동화 시스템의 가격이 하락했다는 것은 그 이상의 일자리는 더 쉽게 대체할 수 있다는 것을 뜻한다.

최근에 있었던 미국의 최저임금 인상 바람에 패스트푸드 업체는 '최저임금을 인상하겠다면 자동화를 확대하겠다'고 위협 아닌 위협을 했다. 이 위협은 그저 위협으로 끝나지 않을 것이다. 심지어는 음식을 배달해주는 배달 로봇 출시로 배달시간에 늦을까 봐 사고위험까지 감수하면서 달릴 염려가 없어졌다.

아디다스도 최근부터 자동화를 통해 생산하는 '스피드 팩토리'라는 무인 공장을 이용하여 생산할 것이라고 한다. 무인 자동화를 통한 생산은 아디다스만이 아니다. 최근 폭스콘은 아이패드 등의 생산 공정에서 일하는 근로자 6만 명을 자동화 설비로 대체하기로 했다. 과거 폭스콘은 강도 높은 노동을 견디지 못하고 자살하는 근로자가 속출해 큰 곤란을 겪은 적이 있다. 자동화 시스템 도입으로 생산하면, 24시간 365일 아무리 과도하게 생산설비를 돌린다고 해도 더 이상 착취니 가혹한 노동 강도니 하는 불필요한 비난은 받지 않을 것이다.

그러나 또 다른 문제가 생겨났다. '자동화로 밀려난 인간은 앞으로 어디서 일할 수 있을까?'의 문제이다. 이 문제는 우리 모두의 문제이다. 자동화 도입으로 인간 노동력을 대체하고자 하는 시도는 거의 모든 기업과 산업 분야에서 활발히 일어나고 있다.

그런데 자동화는 제조업 현장에서만의 문제가 아니다. 한국의 지하철 개

찰구에서 사람이 사라진 지는 오래며, ATM기 설치는 단순 은행 업무를 위해 은행에서 일하는 인간 노동자의 고용을 없애버렸다. 관공서의 민원처리도 이제는 대부분 인터넷이나, 지하철역, 아파트 단지, 대형마트 등에 설치된 무인자동발급기가 대신한다. 무인화된 고속도로 톨게이트는 기술이 인간을 대체하는 현실을 생생하게 보여주는 예이다.

이미 한국의 고속도로 톨게이트 대부분에서는 인간 대신 하이패스 단말기를 이용한 자동 요금 정산이 이루어지고 있다. 과거 톨게이트를 지나면서 수동으로 요금수납원에게 비용정산을 하고, 거스름돈을 받던 것에 비해 훨씬 편리해졌다. 그런데 문제는 인간의 일자리다. 하이패스 도입으로 차량 운전자들은 편리해졌으나, 하이패스가 도입된 2007년 이후 2014년까지 톨게이트에서 일하던 요금수납원 1,639명이 일자리를 잃었다. 그리고 앞으로 더 많은 톨게이트 수납원들이 일자리를 뺏길 것이다. 놀랍게도 한국도로공사가 2014년 기자간담회에서 하이패스 보급률이 80%가 넘으면 2020년 톨게이트를 완전 무인화하겠다고 발표했다.

자동화를 이용한 효율화는 이처럼 현장에서 다수의 일자리를 사라지게 만든다, 그런데 단순한 직업들만이 자동화로 대체되는 것이 아니다. 오랜 공부가 필요한 전문지식과 고급 노하우가 필요한 직종들도 자동화에 의한 일자리 위협에서 벗어나지 못한다. 대표적으로 자동조제 시스템이 도입된 외국의 대형병원들에서는 인간 약사 없이도 자동화된 조제 로봇이 수십만 명의 약 처방을 실수 없이 조제하고 있다. 환자별로 자동 분류해서 인간보다 더 신속 정확하게 약을 조제하고 나누어 준다. 아직 국내에서는 테스트단계이지만 시스템이 도입되면 전문약사의 일자리도 점차 소멸할 것이다.

금융 쪽은 일찍부터 알고리즘에 의한 투자가 활성화된 분야로, 월스트리트의 주식거래의 약 70~80%를 인간의 노동력 없이 자동화된 컴퓨터 알고리즘이 수행한다. 방대한 데이터 기반의 투자판단과 매매거래의 속도는 인간 트레이더가 도저히 따라잡을 수조차 없다.

　이제 막 도입 단계인 자율주행차량은 전 세계적으로 수억 명에 달하는 운전기사의 일자리를 위협한다. 자동화 시스템과 똑똑한 기계들의 등장은 과거엔 불가능했던 엄청난 생산성 향상을 가져왔다. 그러나 생산과 용역제공을 통해 임금을 얻는 인간 노동자들을 불필요한 존재로 만들고 있다. 매출이 증가하고 수익이 아무리 늘어나도, 기업은 고용을 늘리는 것이 아닌, 인간을 대체할 자동화 시스템 도입에 더 박차를 가한다. 자동화 시스템 1대는 인간 10명, 수십 명 또는 그 이상의 역할을 거뜬히 대체한다. 경제가 성장하고, 기업의 경기가 호황일 때도 일자리는 늘어나지 않는 이유이다.

　인간 노동자에게는 시간 맞춰 휴식을 줘야 하고, 임금인상도 해줘야 하며, 4대 보험을 가입시키고, 성희롱 또는 성차별 문제로 골치 아프고, 감정과 인격을 존중해주어야 한다. 더욱이 인간 노동자들이 스스로 보호하기 위해 노조를 만들고 골치 아프게 파업이나 처우 개선을 위한 협상과 투쟁을 벌일 수 있다. 이 모든 것은 고용주에게는 비용이다. 이는 노동자인 피고용인에게 당연히 제공해야 하는 법정 의무였으며 기업이 준수해야 했던 이유는 별다른 대안이 없었기 때문이다.

　그런데 완벽한 대안이 생겼다. 기술의 급격한 발전, 자동화 시스템의 혁신, IT와 생산시스템의 환상적인 결합으로 인간 노동자를 완벽히 대체할 수 있는 시스템이 등장하고 있다. 그것도 인간보다 훨씬 우월한 성능과 생산성을 보장하는 시스템들이 개발된 것이다. 게다가 가격까지도 점점 더 저렴해지고 있다. 기업 입장에서는 기회가 되겠지만 인간에겐 위기요소가 된다.

　기계는 365일 24시간 내내 휴식 없이 일하고 임금인상도 필요도 없고 성희롱 등 각종 법적 책임도 없으며 매번 일정한 품질로 불량률 제로로 말없이 성실하게 일할 수 있는 자동화 시스템과 경쟁할 수 있는 노동자는 과연 몇이나 될까? 이게 우리의 진짜 현실이다.

Part 05

로봇 VS 인간의
밥그릇 싸움

레온티예프 (Wassily Leontief) 노벨 경제학상 수상자 (1973)	보다 정교한 컴퓨터의 도입으로 인하여 마치 농경시대에 있어서 말의 역할이 트랙터의 도입에 의해서 감소하고 제거된 것처럼, 가장 중요한 생산요소로서의 인간의 역할이 감소하게 될 것이다.
아탈리 (Jacques Attali) 플래닛파이낸스 회장	기계가 새로운 프롤레타리아다. 노동 계급에는 해고통지서가 발부되고 있다.
월스트리트 저널 (1994)	대부분의 인원 감축은 더욱 적은 노동력으로 더욱 많은 일을 할 수 있도록 해주는 새로운 소프트웨어 프로그램보다 나은 컴퓨터 네트워크나 하드웨어로 인한 것이다.

아이작 아시모프의 소설 원작의 '바이센테니얼 맨(Bicentennial Man)' 이란 영화가 있다. 뉴저지주의 한 가정에 배달된 가사 로봇 앤드류가 주인공인 영화이다. 여기서 로빈 윌리엄스가 연기했던 앤드류는 설거지, 청소, 요리, 정원 손질 등 모든 집안일을 척척 해내는 만능 가전제품이다. 잠시 영화를 보는 시각을 조금 달리 생각해 보자.

요리사는 이제 어디서 무얼 하고 있을까? 정원사는? 청소부는?

기계문명의 발달에는 이처럼 기회와 위기라는 양면성이 동시에 존재한다. 기계문명의 발달은 한쪽 면에서는 인간이 노동으로부터 해방되었음을 뜻한다. 그러나 다른 한쪽 면은 대량실업, 분배의 불평등이라는 엄청난 위기를 뜻하기도 한다.

위 영화에서의 배경이야 가까운 미래였고 그 대상도 가사 로봇이었다. 그러나 우리 산업현장에서는 이미 컴퓨터나 산업로봇 등으로 인해 실업을 몸소 경험하는 사람들이 속출하고 있는 냉정한 현실이다. 인간의 노동력이 기계의 노동력에 대체되었다는 현실을 온몸으로 실감할 날이 곧 머지않았다.

가끔 뉴스에서 4차산업혁명 시대를 말하는 소리가 들리고, 크라우드 슈밥(Klus Schwab)의 4차산업혁명 충격 관련 서적을 접하고도 우리는 안일하게 생각했던 것이 사실이다.

'그까짓 4차산업혁명 시대가 별거 있어? 자동화가 이뤄지고 사물 간에 정보 교류가 일어난다고 해서 내가 회사에서 일자리가 없어질까? 별문제 없어!' 그러나 현실을 조금이라도 제대로 파악할 줄 아는 정보에 발 빠른 사람들은 정년까지 버텨야 한다는 생각과 함께 걱정되기도 할 것이다.

이처럼 수많은 변화 중에서 우리가 피부로 느끼고 있는 것 중 하나는 많은 종업원을 거느린 대기업이 점점 사라지고 있다는 것이다. 지금은 뛰어난 소프트웨어 시스템을 모니터링 할 수 있는 전문가 1명이 과거에 5천 명이 하던 일을 간단히 처리하고 있다. 특히 최첨단 기기의 등장은 중간유통업 단계 대부분의 직장을 사라지게 한다. 사이버 거래가 급증하면서 보험설계사, 증권중개인, 자동차 세일즈맨, 은행원 등의 일자리가 줄어들고 있는 것을 우리는 직접 눈으로 목격하고 있다.

이미 여러 직종에서 기계적인 단순 반복 업무나 정밀한 육체노동은 자동화되었다. 연산력이 눈부시게 성장해감에 따라 다른 여러 업무도 자동화될 것이다. 우리가 예상하는 것보다 훨씬 빠른 속도로 변호사, 재무분석가, 의사, 기자, 회계사, 보험판매자나 사서와 같은 전문직을 포함한 다양한 직업군도 부분적, 혹은 전면적인 자동화가 이루어질 것이다.

한편 앞으로 몇십 년 안에 인공지능이 인간의 지능을 따라잡을 것이라는 전망이 나오면서 두려움은 점점 커지고 있다. 그러므로 현재 평생 직업으로 알려진 직종도 긴장감을 늦춰서는 안 된다. 반드시 트렌드(trend), 즉 시대 흐름을 타야 직업을 온전히 지킬 수 있다. 정보통신과 인공지능의 성장 속도가 워낙 빠르다 보니 주기적으로 업그레이드하지 않으면 믿었던 직업마저도 순식간에 사라지고 만다. 우리는 일상생활이 하나씩 편리해지는 것에만 신기해하고 환호할 뿐, 그것이 어떤 문제를 낳는지는 그 심각성에 대해 별로 신경 쓰지 않는다.

제조업은 그렇다 쳐도 로봇이 그렇지 않아도 다른 사람으로 대체되기 쉬운 단순노동인 서비스업에까지 진출할 예정이라니 이제라도 우리는 어떤 직종으로 진출해야 할지 심각한 고민을 해 봐야 한다. 어느 날 느닷없이 직업이 사라지면 어디에서 수입을 창출한단 말인가? 상상만 해도 등골이 오싹해진다.

2014년 〈세계저널〉지는 10년 후 사라질 직업을 발표해 많은 이들에게 두려움이 밀려왔다. 직업이 사라지면 종사자들은 모두 어떻게 해야 한단 말인가. 사라질 직업으로 꼽히는 대표적인 직업은 은행원과 투자 상담사, 스포츠 심판, 부동산 브로커, 레스토랑 안내원, 보험심사 담당자, 전화 상담사, 카지노 딜러, 법률 사무보조원, 호텔 접수계원, 전화판매원, 도서관 보조원, 조각가, 측정기사, 영상기사, 도장공, 도배 기술자, 건설기계 운영자 등이다. 그런데 당연히 하나같이 인공지능이 로봇이 대신할 수 있는 직업군이다.

이 외에도 10년 후 사라질 직업과 관련된 일자리와 관련된 것은 앞서 말한 고속도로 통행료를 징수하는 하이패스, 마트의 셀프 결제 시스템, 식당이나 영화관에서 주문을 받는 무인 장비, 서류 무인 발매기, 수술하는 로봇, 원격조종 로봇청소기, 자동주차시스템 등이다. 이들이 등장하면서 얼마나 많은 일자리가 사라질까? 앞으로 어떤 미래가 펼쳐질지 상상이 가는가? 누구도 예측 불가한 세상에서 미리 준비하지 않으면 직업과 미래를 보장할 수 없다.

인간이 만들어낸 로봇 노동자들은 24시간, 365일 쉼 없이 또 불평 한마디 없이 묵묵히 일하면서도 인간보다 생산성은 훨씬 높고 저렴하다니 게임은 끝났다. 기업이나 고용주 입장에서는 참 좋은 세상일 것이다. 그러나 앞서 말한 것처럼 역시나 문제는 일자리다. 자동화와 로봇이 고용시장에 들어오면서 인간이 대거 밀려나고 대체된다. 이미 자동화에 의해 대체될 일자리 순위 1위인 콜센터 직원은 당연하고, 상점의 직원, 유흥업 종사자, 상담 전문가 등의 일자리는 사라진다.

어떤 이는 자기가 근무하는 회사가 자동화 설비를 갖추고 구조조정을 하더라도 내 업무와는 상관없기에 눈치껏 몇 년 정도만 버티면서 미래를 준비하면 되지 않겠냐는 안일한 생각을 할지도 모른다. 그러나 우리가 100세 시대에 걸맞게 수명을 유지한다면 앞으로 족히 60년 이상은 더 살아야 한다. 이런 생각을 하면 누구나 마음이 무거워질 것이다. 장수가 축복이 아닌 세상이다.

60년이란 길고 긴 시간 동안 우리는 무얼 하면서 버텨낸단 말인가. 상상만 해도 등에서 식은땀이 난다. 그 세월을 그저 먹고 살자면 최소한 20년은 더 일해서 노후를 대비해야 하는데 보통 잘해야 5~10년의 준비 기간밖에 없는 것이 현실이다.

자신에게 심각한 질문을 해보자. '지금 내가 하는 일은 기계로 쉽게 대체 가능한 일인가?' 또는 '어디에선가는 이미 기계로 대체되기 시작하는 위협적인 일인가?' '아무리 자동화가 되어도 도저히 기계로 대체 불가한 인간만의 경쟁력이 있는 일인가?'

게다가 우리의 현실은 정년이 점점 빨라지고 있다. 사회의 생산 기반이 젊은 층 위주로 재편되고 있는데 점점 나이가 들어서 우리의 경쟁력은 어디에서 찾을 수 있을까?

지금 시대를 정보가 자산이 되는 정보화시대라고 부른다. 셀 수 없을 정도로 많은 양의 정보가 인터넷을 통해 활발히 유통되고 있고 수없이 검색되고 있다. 그렇기에 예를 들어 정비공의 숙련된 경험이 과거에는 아무리 소중했다 하더라도 누구든지 그 경험을 손쉽게 인터넷을 통해 정보를 공유할 수 있다. 그렇기에 그 경험에 경제적인 가치는 부여되기 힘들어지는 이유이다.

그 때문에 오랜 경험들을 바탕으로 그 위에 새로운 가치를 창조할 수 있는 능력 즉, 창의성이 요구되고 경쟁력이 되는 시대이다. 창의적인 영역이 기계로 대체될 수 없는 경쟁력이다. 이러한 점을 잘 파악하고 미래 직업을 위한 경쟁력을 길러야 하는지 스스로 해답을 찾아야 한다.

만일 당신이 고용주라면 다음 중 누구를 고용하겠는가?

1. 경험 많은 중, 장년층
2. 창의성을 갖춘 청년층

당연히 창의성을 갖춘 젊은 청년들이 유리하고 기회의 폭도 훨씬 넓고 길다. 그렇기에 점점 정년은 빨라질 수밖에 없을 것 같다. 정년은 빨라지고 일자리는 기계로 대체되는 위협적인 시대에 당신은 생존할 수 있는 준비가 되어 있는지 스스로가 진지한 질문을 해봐야 한다.

고단한 **현실,**
막막한 **미래**

졸업 직후 신용 불량자가 되는 청년들
워킹푸어, 하우스푸어, 카푸어…21세기 푸어는 누구인가
평생 일해도 버림받는 하류 중년 98%의 미래, 중년파산
시작된 은퇴 쇼크, 은퇴준비는 아무도 안됐다
늙어가는 대한민국, 노후파산은 시간문제

졸업 직후
신용 불량자가 되는 청년들

"일단 좋은 대학에만 들어가. 그러면 너 하고 싶은 대로 다 하고 살 수 있어." 이런 새빨간 거짓말이 통하는 시대는 지났다. '좋은 대학=성공'의 법칙이 통하던 시대는 전 세계 경제가 호황을 누리던 옛이야기다. 그러나 이제 우리나라뿐만 아니라 전 세계는 고학력자들이 넘쳐나는 '인재 공급 과잉'의 시대이다. 이미 우리는 좋은 학벌과 화려한 스펙이 평생직장과 직업을 보장해 주지 못한다는 것을 처절하게 실감하고 있다.

엘리트 코스를 밟아서 졸업장과 온갖 스펙에, 심지어는 미국 MBA 졸업장까지 있어도 좋은 직장을 구하기가 하늘의 별 따기이다. 겨우 운 좋게 대기업에 들어가도 정년을 채우지 못하고 40대 후반 혹은 50대 초반에 직장에서 나가면 회사 바깥에서는 정작 할 줄 아는 게 거의 없는 신세가 된다. 매일 급변하는 시대적인 흐름과 하루가 다르게 쏟아지는 새로운 기술과 트렌드를 부단히 매일 노력하는 사람들도 따라잡기 힘들기 때문이다. 처절하게 이런 현실을 뒤늦게 알게 되는데 바로 이것이 진짜 현실이다. 겨우 평범한 삶을 유지하기 위해서 빚까지 지면서 교육비를 쏟아붓고 쓸데없이 정신을 혹사하는 것이 진정 미래를 위한 현명한 선택이란 말인가? 잘못되어도 뭔가 단단히 잘못되고 있다.

더욱이 하루가 다르게 급변하는 이 시대에는 정보의 유통기한이 점점 더 짧아지고 있다. 심지어 어제의 정보가 이미 일회성으로 소멸하기도 한다. 자고 일어나면 새로운 정보와 기술이 쏟아지기 때문이다. 당연히 그와 관련된 일자리도 빠르게 생겨나고 있다. 앞으로는 한 분야의 전문가로 인정받으며 활동하기 위해서는 4년마다 완전히 새로운 내용을 학습하기 위해 노력해야 한다는 분석도 있다. 대학 때 배운 지식 대부분은 졸업도 하기 전에 이미 낡은 구닥다리 쓸모없는 지식이 되어 소멸한다는 뜻이다. 그렇기에 가능한 한 빠르게 새로운 지식과 기술을 습득하고 배워야 하는데 이 속도에 발 빠르게 대응하는 것이 참 어려운 일이다.

앞으로는 정보를 처리하는 속도와 양이 하루가 다르게 엄청 빠르고 많은 양이 될 것이다. 또 정보 대부분과 지식이 무료가 될 것이다. 과거에는 대학에서 우리가 살면서 필요한 지식 대부분과 정보를 얻었다면 이제는 어디에서든 장소에 구애받지 않고 대학에서 얻을 수 있는 고급 지식과 정보를 얻을 수 있는 시대가 되었다. 이 말은 과거에 평생을 보장해줬던 대학의 절대적인 희소가치가 점점 떨어졌다는 말이다. 모두가 알다시피 대학의 권위와 역할은 이미 전 세계적으로 변화되었다. 석, 박사는 물론 대졸자의 취업률이 이를 말해준다. 그러나 아직도 우리 부모들은 자식의 성공을 위해 반드시 좋은 대학에 가야 한다는 착각을 하고 있다. 그러나 곧 누구나, 아무나 대학에 들어가는 시기가 다가온다. 더 이상 대학 졸업장은 스펙이 아니다.

이처럼 평생직장커녕 변변한 취업자리 조차도 보장해주지 않는 대학은 안타깝게도 높은 등록금으로 자식이 빈곤해지거나 부모가 더 빈곤해지는 늪으로 전락하는 통로가 되기도 한다. 심지어 졸업하자마자 곧바로 신용 불량자가 되는 청년들이 늘어나고 있다. 사회생활을 제대로 하기 전에 대학 등록금이 발목을 잡고 허리를 휘게 하는 경우도 있다.

보통 우리나라에서 자녀 한 명이 고등학교 졸업 때까지 1억3,000 ~4,000

만 원이라는 어마어마한 비용이 들어간다. 대학 졸업을 위해 필요한 비용은 얼마일까? 놀랍게도 약 2억 2,000~3,000만 원에 이르는 돈이 든다. 그동안 대학교 등록금은 소득이나 물가보다도 월등히 빠르게 올라서 시끄러웠다. 그렇기에 자녀가 대학교에 들어갈 때쯤이면 이미 많은 교육비를 쏟아붓고 여력을 소진해 힘들어진다. 그렇기에 정작 부모들의 노후준비도 못 하는 경우도 다반사다. 사교육비가 가계 지출에서 차지하는 비중이 30%에나 이르는 현실에서 많은 빚에 시달리는 가정도 많다. 결국 학자금 대출로 발길을 돌리게 된다. 여기서부터 문제는 시작된다.

그런데 진짜 문제는 대학 졸업 이후부터다. 심각한 청년 실업난 때문이다. 여러 통계를 보면 청년들이 대학을 졸업하고 취업하기까지 걸린 시간은 1년 안팎이다. 통계청의 자료를 기준으로 2016년 9월 청년 실업률(15~29세)은 9.4%다. 이 말은 열 명 중의 한 명은 실업 상태라는 뜻이다. 하지만 이 실업률은 제대로 현실을 반영하지 못하고 나온 것이다. 사실 실업자로 분류되는 사람들은 구직 활동을 하는 사람들로 한정되기 때문이다. 스펙을 쌓기 위해 학원에 다니거나 시간제 아르바이트나 임시직으로 겨우 버티고 있는 사람들도 실업자에서 제외된다. 그래서 많은 전문가는 실제 실업률을 통계로 잡히는 실업률의 두 배 이상으로 보는 것도 이런 이유다.

취업을 제때 빨리하지 못하면 아르바이트나 단기 직장을 전전하면서 낮은 수입으로 당장 생활을 버텨내야만 한다. 그런데 문제는 취업 준비 과정에서도 적지 않은 돈이 들어간다. 사실 학자금 때문에 지는 빚보다 취업 준비 기간의 빚은 같은 액수라도 더욱 위험하다. 학자금은 낮은 이율의 여러 대출 프로그램이 있고 상환 기간이 길어서 시간적 여유가 있다지만, 취업 준비 기간에 생기는 빚은 일반 대출과 마찬가지이므로 이자와 같은 부분에서 질적으로 학자금 때문에 지는 빚보다 훨씬 나쁘다고 볼 수 있다. 당연히 소득수준도 낮고 일자리도 불안하니 대출 조건이 절대 좋을 리가 없다. 만일 이마저도 은행에서 대출할 수 없는 상황이라면 카드빚이나 제2금융권에서 높은 이자를 물 수밖에 없다.

'사람인'의 조사 발표 자료에 따르면 은행 대출 및 정부의 대출 프로그램이 42.1%를 차지하고 있는 반면, 제2금융권 부채는 18.4%, 대부업체 부채는 5.7%, 카드 연체가 10.5%로 나타났다. 카드빚은 연체가 되지 않는 한 빚으로 잡히지 않기 때문에 겉으로 드러나지 않는 경우가 많다. 카드 리볼빙이나 할부와 같이 꼭꼭 숨어 있는 부채까지 다 합치면 청년들의 실제 빚 부담은 이 수치들보다 더 높다는 말이다. 정말 심각한 상황이 아닐 수 없다.

요즘처럼 취업난이 점점 심각해지고 취업 준비 기간이 한없이 길어지는 시기에는 더 많은 스펙 쌓기를 위한 경쟁이 치열하다. 이에 따라 들어가는 비용도 당연히 늘고 청년들의 빚도 기하급수적으로 늘고 있다. 2015년 2월 온라인 취업 포털 '사람인'이 발표한 조사 자료를 보면, 구직자들의 평균 부채는 3,449만 원이었다. 구직자의 절반에 가까운 46.8%가 '빚이 있다'라고 답했으니, 빚이 있는 사람만으로 평균 부채 액수를 따져보면 훨씬 높아질 것이다. 빚 때문에 '정상적인 생활이 어렵다'고 답한 사람도 29%나 됐다. 이 말은 구직자 열 명 중에 세 명은 빚 때문에 짓눌리고 있는 삶을 사는 것이다.

이제는 취업 준비 자체가 거대한 비즈니스가 되어 가고 있는 모습을 볼 수 있다. 유명 대기업 입사시험을 준비하는 전문학원이 생기는가 하면 면접 모의시험, 자기소개서 첨삭 지도, 이미지 메이킹과 면접화술을 코칭해주는 취업 컨설턴트도 인기를 끌고 있다. 대통령 직속 청년위원회에서 2015년 6월 발표한 〈청년 구직자 취업준비 실태 보고서〉를 보면 취업준비생들은 취업 사교육에 월평균 30만 4,000원을 썼다. 졸업 후 1년 동안 구직 활동을 했다면 취업 관련 사교육에 360만 원이나 쓴 것이다. 비용은 대부분 취업 스펙으로 주로 요구하는 어학과 컴퓨터 관련 사교육비였다.

그런데 이것이 다가 아니다. 천반적인 취업 상담과 컨설팅은 180만 원에서 230만 원, 면접 컨설팅은 한 번에 12만 원에서 55만 원이나 한다. 이처럼 온갖 분야의 취업에 필요한 단계마다 이 같은 '산업'이 끼어들고 있다. 취업만큼에서는 미래를 위한 투자라는 생각으로 비교적 아낌없이 돈을 쓰기 때문이다. 이처럼 기성세대들이 취업난에 허덕이는 청년들의 주머니까지 탈탈 털고 있는 격이다.

흥미롭게도 요즘 청년들 사이에는 '스펙 9종 세트'라는 말이 나돌고 있을 정도다. 예전에는 '스펙 3종 세트'라는 말이 유행했다. 학벌, 학점, 토익 점수를 뜻한다. 이제는 이 스펙으로는 부족하다고 여긴다. 3종 세트에 더해서 어학연수와 각종 자격증을 더한 5종 세트라는 말이 돌더니, 이제는 공모전 입상과 인턴 경력까지 7종 세트가 되고, 봉사 활동 그리고 외모도 스펙이 되어 성형수술까지 더해져서 9종 세트가 되었다. 참으로 웃기고 난감한 현상이 아닐 수 없다. 어디서부터 무엇이 잘못된 것인데 좀처럼 뾰족한 대안이 없이 그저 가슴이 먹먹하다는 사람들이 늘고 있다. 이제는 새로운 대안이 필요하다.

워킹푸어, 하우스푸어, 카푸어…
21세기 푸어는 누구인가

최근 유행하는 신조어 중에 '푸어' 시리즈가 있다. 워킹푸어, 하우스푸어, 렌탈푸어, 렌트푸어, 웨딩푸어, 베이비푸어 등 뒷부분에 'poor' 즉 '가난한 사람'을 뜻하는 말을 붙여 만든 신조어들이다. 이 신조어들은 우리 사회의 모습을 생생하게 담고 있는 이면이기도 하다. 사실상 대한민국 대부분 사람은 겉으로는 기본적으로 누려야 할 것들을 모두 누리고 살아가는 듯하다. 그러나 조금만 자세히 그 안을 들여다보면 하루하루가 아슬아슬하다. 우리의 현실이 한겨울 날씨만큼이나 찬 바람이 불고 추울 뿐이다. 괜찮은 일자리는 찾기 매우 어렵고 그 결과로 자연스럽게 비정규직의 비율은 끝없이 증가하고 중산층은 몰락하고 있으며, 프리터족이 늘어나고 있다. 안타깝게도 이것이 우리의 진짜 모습이다.

한 조사에 따르면 일생을 노력해도 계층 상승이 어렵다고 생각하는 국민이 58.7% 즉, 10명 중 6명 정도이다. 더 비참한 사실은 이런 악순환에서 벗어날 한 줄기 희망도 보이지 않는다는 것이다. 과연 무엇이 문제일까? 이렇게 고단한 삶이 계속되는 것은 바로 '3대 빈곤층의 등장' 때문이라고 주장한다(현대경제 연구원 2012년 10대 트렌드).

첫째는 내 집이 있다고 하지만 그 집 때문에 가난한 하우스 푸어(house poor), 둘째는 직장이 있지만, 비정규직 딱지가 붙은 워킹 푸어(working poor), 셋째로는 노후를 미처 준비하지 못한 불안정한 은퇴자들 즉, 리타이어 푸어(retire poor) 등이다.

내 집 마련을 위해 잔뜩 빚은 졌는데 집값이 형편없이 내려가 팔지 못하고 부담감만 잔뜩 진 현실. 또 자식 교육에 뒷바라지하느라 한 푼도 저축할 수 없었는데 곧 퇴직의 칼날을 맞게 된 비참한 베이비붐 세대들과 기득권에 막혀 저임금에 시달려야 하는 비정규직들이 우리가 직접 눈으로 목격하고 있는 빈곤 추락의 진짜 현실이다.

'워킹푸어(Working poor)' 란 일한다는 뜻의 'working'과 가난한 사람이라는 뜻의 'poor' 가 합쳐진 신조어로, 우리 식으로 말하면 매일같이 쉬지 않고 개미처럼 열심히 일하지만 아무리 시간이 흘러도 가난에서 벗어날 수 없는 근로 빈곤층을 말한다. 직장이 있어서 일하더라도 비정규직이라 겨우 생활비를 마련할 수 있게 되는 넉넉지 않은 월급을 받는 탓에, 아무리 일한다고 해도 형편이 나아질 수 없는 이들이다. 이들은 겉으로는 꼬박꼬박 월급이 나오니 중산층 같지만, 평생직장이 없는 이 시대에 고용도 불안하고 저축도 없이 당장 실직하거나 병이 나면 곧바로 빈곤층으로 추락하게 되는 아슬아슬한 상태. 특히 요즘처럼 임시직이나 비정규직 노동자가 증가하고, 경기침체와 물가상승이 지속되면서 자신를 워킹푸어라고 생각하는 이들도 늘어나고 있다.

그런데 사실 근로자의 3분의 1이 워킹푸어이다. 또한 남의 건물에서 조그만 가게를 꾸리는 자영업자, 박봉과 고용불안이 끝없이 시달리는 비정규직, 밤마다 당장 내일의 일자리를 걱정하며 잠드는 임시직…. 밤낮을 전부 일해도 저축이나 노후준비는커녕 기본적인 생활비조차 감당하기 힘든 이들, 이 모두가 워킹 푸어다.

이처럼 월급근로자의 3분의 1이 희망 없는 나날을 매일 이어가고 있다.

그런데 더 심각한 문제는 한번 워킹푸어의 나락에 떨어질 경우, 빈곤 탈출 가능성이 거의 희박하다는 점이다. 부유층들은 돈을 쏟아부어 전력을 다해 자녀들을 교육해 다시 부유층으로 편입시키는 반면, 워킹푸어는 빠듯한 현재의 생활에 교육비 지출은 엄두도 내지 못한다. 그렇기에 부의 대물림. 가난의 대물림이란 말이 생긴 것이다. 세계 2등이라면 서러울 정도로 어마어마한 사교육비를 자랑하는 한국 사회에서 부모의 조력 없이 오로지 아이 자신의 힘으로 명문대학을 가고 좋은 직장을 얻어 중산층으로 편입될 가능성은 매우 낮기 때문이다.

그런가 하면 하우스푸어(house poor)도 있다. 하우스푸어는 자기 집을 소유하고 있지만, 주택 마련을 위한 무리한 대출로 인해 생긴 이자 부담과 원리금 상황 부담 등으로 빈곤의 나락으로 떨어진 사람들을 말한다.

달랑 집 한 채만 있을 뿐 막상 들여다보면 생계에는 어려움을 겪는 이들이다. 실로 지난해 자기 집을 가진 가구의 가계 빚이 가처분 소득보다 1.4배 빠르게 증가했다는 통계가 있다.

이는 집을 사기 위해 무리한 금융 대출을 받아 빚 부담에 허덕이는 중산층이 늘어났다는 것을 뜻한다. 게다가 최근에도 높은 실업률로 인해 가계소득이 더 줄어들면서 집 한 채만 있을 뿐 부채와 이자를 감당할 능력이 없는 하우스푸어는 계속 늘어나고 있다.

금융위원회와 금융연구원의 발표 자료에 따르면, 소득의 60%를 빚 갚는 데 사용하는 하우스푸어는 57만 가구이고 이들이 금융권에 갚아야 할 돈은 150조 원에 이른다. 이 하우스푸어들은 당장 기본적인 수입이 있다고 해도 풍요로운 생활을 누릴 수 없다.

월급이 나와도 대부분이 대출금 상환에 쓰이고, 이자 막기에만 급급해 여유를 즐기거나 다른 생활을 돌볼 여유가 없고, 삶의 질이 낮아지면서 자연스럽게 빈곤층으로 전락하게 된다. 예전에는 노인과 장애인, 여성 가구주 등이 전통적인 극빈층이었다. 그러나 요즘엔 수많은 비정규직, 자영업자들 역시 워킹푸어나 하우스푸어 극빈층으로 전락하고 있다. 최근 극빈층 외에 차상위 계층으로 분류된 가구 수가 꾸준히 증가하고 있는 것도 이런 현상을 반영한 결과다. 최근 진행된 한 설문조사에 따르면 우리나라 직장인의 74%는 자신을 가난하다고 생각하고 있었다. 아무리 일해도 부유해질 수 없는 것이 지금 우리의 현실인 것이다.

뿐만 아니라 치솟는 전셋값을 감당하는 데 소득의 대부분을 지출하느라 저축은 물론 할 수 없고 여유가 없는 렌트푸어(Rent poor)도 있다. 전세보증금을 올려주느라 수천만 원씩 빚을 떠안고 사는 이들은 하우스 푸어의 전세판인 셈이다. 특히 수도권의 전셋값이 나날이 상승하면서, 비싼 전셋값을 내지 못해 싼 전셋집을 찾아 떠도는 '전세 난민'이 생겨났다. 집주인들이 전셋값 상승분을 월세로 돌리면서 '반전세'도 크게 늘었다. 이런 렌트푸어들에게 내 집 마련은 그저 꿈일 뿐이다.

급등하는 전셋값을 감당하는 데 소득 대부분을 지출하느라 저축도 못 하고, 여유 없이 빠듯한 삶을 사는 사람들을 일컫는다. 이들은 집을 가지고 있음에도 대출이자 등으로 실질소득이 줄어 생활이 곤란한 하우스푸어들의 전세판이라고 할 수 있다. 렌트푸어가 급증한 것은 2010년 집값이 움직이지 않는 반면 전셋값은 급등하면서 좀 더 싼 전셋집을 찾는 데서 양산된 것이다. 또한 집주인이 전셋값 상승분을 월세로 돌리면서 반(半)전세가 늘고 있고, 비싼 전셋값 때문에 전셋집을 구하지 못하고 부모와 함께 사는 신캥거루족이 등장하는 등 전세난이 푸어 족들을 만들어내고 있기도 한다.

비단 집뿐일까, 비데도 정수기도, 그 외의 가전제품들을 빌려서 매달 일정한 대금을 지급하고 사는 사람들도 모두 일종의 렌트푸어인 셈이다. 이 외에도 아이를 낳아 양육비에 모든 걸 쏟아부어야 하는 베이비푸어, 결혼하기 위해 수많은 빚을 질 수밖에 없는 웨딩푸어들도 있다.

또한 자동차 할부(카푸어)부채를 가중해서 생긴 카푸어(Car Poor)도 있다. 문제는 자동차에서 생긴 것이다. 얼마 전 A는 꼭 사고 싶었던 RV 차량을 3,500만 원 전액 할부로 구매했다. 월 할부금이 100만 원이 나가다 보니 저축 여력이 크게 떨어졌고, 여기에 덧붙여 자동차 기름값과 세금, 보험료, 유지비 같은 고정 지출이 월평균 40만 원 이상 나가고 있었다. 자동차를 사면 늘어나는 지출은 이것으로 끝나지 않는다. 차가 생기면 당연히 행동반경이 넓어질 수밖에 없다. 차가 없을 때는 주말에 근처에서 외식하거나 영화를 봤다면, 차가 생기고 나서는 먼 곳으로 여행을 가는 빈도가 늘어나기에 자연스럽게 여가 비용이 늘어난다. 차가 없을 때는 가까운 마트에서 꼭 필요한 것만 그때그때 알뜰한 장을 봤다면, 차가 생기면 대형마트에 가서 사지 않아도 될 것들을 바구니에 많이 담아서 과잉소비 할 확률이 높다. 평일에 외식할 때에도 더 먼 곳으로 갈 수 있고. 차를 가지고 나왔다가 술이라도 마시면 대리기사를 불러야 한다. 이렇듯 자동차는 소소하게 지출이 늘어나게 만들고 전반적인 생활비 상승을 불러오는 주요 원인이 된다.

그런데 만약 자동차 구매를 3~4년 정도만 미뤘다면, 그리고 새 차 대신 중고차를 샀다면 내 집 마련의 꿈은 훨씬 빨라졌을 것이다. 할부금과 고정 지출을 합쳐 월 140만 원의 돈을 3년 동안 모으면 5,000만 원의 자산이 생기고, 이를 적금과 투자 상품에 활용했다면 5,500만 원 정도는 충분히 예상해 볼 수 있다. 중고차를 샀다면 4,000만 원 정도가 남는 돈이다. 자동차 때문에 생기는 전반적인 생활비 지출을 고려하면 더 많은 저축 여력이 생겼을 것이다.

이처럼 사회생활의 시작, 혹은 결혼생활의 시작을 소득수준을 고려하지 않고 무조건 자동차와 함께한다면 그 뒤의 현금흐름은 아주 오랜 기간 동안 험난해질 수 있다는 사실을 기억해야 한다.

분명 사회생활을 시작할 때부터 출산 전까지의 시기는 현금 자산을 빠르게 쌓아 올릴 수 있는 거의 유일한 시기일 것이다. 이때 욕심을 내서 자동차를 사게 되면 자산 증식에 큰 악영향을 미친다. 결혼할 때 새 차를 사서 3년 후 금융자산이 1,000만 원에 불과한 가정과 3년 동안 참았다가 중고차를 사서 5,000만 원 이상의 자산을 가진 가정의 미래는 당연히 다를 수밖에 없다. 그리고 시간이 지나면서 자연스럽게 그 격차는 더더욱 크게 벌어진다. 자녀 출산을 하게 되면 자동차 할부금으로 나갔던 돈이 자녀에게 대거 투입되므로 금융자산을 늘리기가 더욱 힘들어지고 결국 양육과 교육비로 빚이 늘어나게 된다. 이 시기에 많은 사람이 집 크기를 늘리거나 집을 사므로 더더욱 가계에 큰 짐이 될 수밖에 없다. 반면 든든한 금융자산을 보유한 상태에서 출산한다면 부담이 훨씬 적고 집을 살 때도 대출을 적게 받기에 일찍 새 차를 산 가계보다 시간이 갈수록 격차가 더욱 큰 폭으로 벌어진다. 자동차를 가급적이면 참을 때까지 참는 것이 현명한 선택이다. 여유가 없는 상황에서 꼭 차가 필요하다면 새 차보다는 중고차로 시작하는 것이 훨씬 경제적인 방법일 것이다.

Part 03

평생 일해도 버림받는
하류 중년 98%의 미래, 중년파산

갈브레이드가 '불확실성의 시대(The Age of Uncertainty)'를 발표한 이래, 그리고 IMF를 겪으면서 우리는 엄청난 불확실성을 몸소 경험해 왔다. 은행이 무너지는 모습을 보았고, 35%의 소득이 떨어지는 현상을 경험했다. 그리고 대학 졸업은 성공이라는 등식이 무너진 지 오래다. 10년 후 사업실패율은 95%나 되며, 26개의 그룹이 추풍낙엽처럼 우수수 도산하는 것을 목격해 왔다. 그뿐이랴. 40~50대의 명예퇴직과 강제퇴직으로 과거 정년 평생 보장 신화가 무너지고 있고, 아시아 1위라는 이혼율은 결혼이 더 이상 경제적 안정을 보장해 주지 못하는 현실을 증명해주고 있고, 노인이 되어 갈 곳 없게 된 노인 인구는 하루가 다르게 늘어가고만 있다. 열심히 노력하고 성실하게 일하면 성공한다는 교과서식 등식도 이미 무너진 불확실해도 너무 불확실한 것이다. 우리는 과연 40대 중반을 살아남을 수 있을까!

우리는 구조조정에 많은 40대가 직장에서 거리로 내쫓긴 충격적인 모습을 보아왔다. 설령 거리로 쫓겨나지 않았다 하더라도 불안정하기는 모두 마찬가지다. "다음은 내 차례다" 30대 젊고 창의적인 두뇌의 후배들에 밀려 다음 차례를 기다리는 신세가 될 수밖에 없게 되었다.

40대 중반 세대는 베이비붐 세대이다. 6.25 전쟁 이후에 출생한 베이비붐 세대는 1955년생에서 1963년생 사이로 약 800만 명의 인구가 집결된 집단이다. 국가적으로 사회적으로 긴장감이 해소되는 분위기 속에서 인구증가가 폭발된 세대이기도 하다. 이들 이후 산아제한으로 출생인구가 감소율을 나타냈지만, 이 세대는 출생폭발로 인구가 편중된 세대이기 때문에 출생 후에 경쟁이 매우 치열하기도 했다. 예를 들면 입시경쟁을 위해 과외 지옥을 치르기도 했으며, 취업 전쟁을 촉발하게 하기도 했다. 이 베이비붐 세대는 직장에서 잘리기 위해 다음 차례를 기다리고 있다. 노력하지 않는다면 한참 능력 있고 컴퓨터에 익숙한 30대에 밀려 쫓겨날 수밖에 없는 신세가 되고 만다.

기업들이 요즘 가장 필요한 인력은 정보기술(IT) 인력이며, 그중에서도 가장 부족한 인력은 소프트웨어(SW) 개발 기획 분야이다. 급변하는 정보기술 발달로 기업들은 새로운 정보 기술 인력을 원하고 있는데 수년이 지난 정보 기술을 낡아서 활용하는 데 한계에 다다르고 만다. 만일 과거의 노력이나 영광 따위를 바라보며 지금까지 편하게 안주하던 습관에 젖은 채 변화하지 않는다면, 아니 혁신하지 않는다면 무능자로 밀려나 낙오자가 될 것이다.

한때 실업급여를 신청한 사람들을 분석해보니 베이비붐 세대인 35세~44세가 가장 많은 것으로 나타났다. 이들의·이직 사유로는 권고사직이 40.4%, 폐업 도산이 22.0%, 정리해고가 18.8% 순으로 나타났다. 50대도 아닌 40대가 왜 이렇게 방황하고 있는 것일까?

IMF 이후 구조조정으로 인해 50대들이 대거 회사를 떠난 후 이 40대들이 중견 간부로서 각 기업에 두터운 층을 형성하고 있다. 과연 이들 중에 그 누가 40대 중반을 살아남는다고 장담할 수 있는 것일까? 그렇다면 100세 시대에 남은 60년은 어떻게 해야 한단 말인가?

한편, 이런 불확실한 미래를 염려하는 분위기 속에서 40대들은 떨고 있다. 주간 〈이코노미스트〉지가 국내 100개 기업의 40대 중견간부를 대상으로 40대 직장인들의 의식조사를 한 적이 있었다. 40대 중견 직장인들의

44.1%가 늘 스트레스에 시달린다고 한다. 충분한 수면을 취할 수 없음을 43.0%가 응답했으며, 59.7%는 건강에 이상을 느낀 적이 있는 것으로 나타났다. 그렇다. 지금 40대들이 떨고 있다. 신체적, 정신적인 고통이 한층 심화되고 있다. 과연 이들은 퇴출 대상에서 살아남기 위해 어떻게 노력할 수 있을까?

이들 대부분은 자신들을 가리켜 새로운 일을 시작하기에는 늦은 감이 있고, 이대로 주저앉기에는 좀 애매하고 아까운 나이라고 생각한다. 특히 직장 내에서 경쟁은 베이비붐 세대끼리도 가속화될 것이다. 어떻게 이들은 40대 중반을 생존할 수 있을까?

이미 우리나라도 베이비붐 세대의 대량 퇴직이 시작됐다. 총인구 중 15%, 약 714만 명에 달하는 1955~1963년 출생자의 정년퇴직이 2011년 시작된 것이다. 통상적인 임금 근로자 정년을 55세로 추산한 결과다. 2011년 이후 2020년까지 순차적으로 매년 수십만 명에 달하는 퇴직자가 쏟아져 나올 것으로 보인다.

구체적으로 714만 명 가운데 정년으로 인해 비자발적으로 은퇴해야 하는 임금 근로자는 330만 명이므로 2011년부터 매년 25만~45만 명이 은퇴 연령에 도달할 전망이다. 이에 따라 한국 경제는 예전에 볼 수 없었던 큰 충격이 불가피하게 됐다.

2007년 한국에 앞서 시작된 일본 베이비붐 세대 은퇴 충격이 총인구 5%에 의한 것임을 감안하면 단순 수치로 현재 일본이 겪고 있는 것과 비교해 3배 정도 큰 충격과 고통이 예상된다. 그러나 보다 큰 문제는 10년 뒤 시작된다. 1차 베이비붐 세대의 은퇴에 이어 1968~1974년 출생한 2차 베이비붐 세대의 은퇴 충격이 기다리고 있기 때문이다. 2차 충격은 이르면 2021년에 시작될 전망이다.

통계청이 발표한 '향후 10년간 사회변화 요인 분석 및 시사점' 자료에 따르면 1955년생부터 1974년생까지로 확장된 베이비붐 세대 인구는 1,650만 명에 달한다. 총인구 중 34%에 달하는 거대 집단이다. 이들이 은퇴하는 데 따른 충격은 2011년 시작돼 2030녀까지 20년에 걸쳐 한국 경제를 괴롭힐 것으로 보인다는 점이다.

이 기간 한국 경제는 자산 가격 하락, 실업률 증가, 공적연금 부실 심화, 세수 감소 등 복합적인 어려움을 겪을 것은 불 보듯 뻔하다. 중요한 것은 이들의 노후문제다. 노후 설계가 충분하지 않다는 것은 굳이 설명하지 않아도 모두가 알고 있는 현실이다.

그러나 베이비붐 세대를 중심으로 한 새로운 고령층은 인생관 자체가 기존 고령층과는 매우 다르다. 기존 고령층이 노년기를 '인생의 종말기'로 보는 반면, 새 고령층은 이 시기를 '자아실현의 기회', '제3의 인생'이라 생각한다. 또 자녀에게 의지하지 않고 계획적으로 노후를 설계하며 재산도 자녀에게 상속하지 않고 자신을 위해 처분한다.

이들은 젊었을 때 즉, 현역시절을 매우 그리워한다. 그러면서 일하기를 간절히 원한다. 경제적인 이유도 있겠지만 더 중요한 것은 일을 통하여 자신의 존재감을 드러내고 싶어 한다. 그런데 대다수 이들이 선택하게 될 일은 무엇일까? 나이와 관계없이 젊은 사람들과 당당히 경쟁할 수 있는 일 중의 하나가 바로 네트워크마케팅이다.

한편, 세대 간의 개성이나 특징이 그 어느 때보다 선명하게 드러나는 요즘 베이비붐 세대를 생각하면 괜히 마음이 짠해진다. 어려운 시절을 보내던 부모님 밑에서 성장하느라 덩달아 악착같이 살아야 했던 이들이다. 그러나 오늘날의 젊은이들이 취업 때문에 고통을 겪는 것은 사실이지만, 생각해보면 베이비붐 세대가 젊은 시절에 겪은 고통도 만만치 않다. 그땐 아예 취업할 기업이 손가락으로 꼽을 정도밖에 없었다. 지금은 마음에 드는 회사를 찾느라 그런다지만, 베이비붐 세대는 맘에 들고 자시고 할 것이 거의 없었다. 그런 상황에서도 베이비붐 세대는 국내외를 가리지 않고 밤낮으로 뛰어 한국 경제의 초석을 닦았던 대단한 세대이다. 그러나 아쉽게도 이젠 그들이 설 땅이 점점 좁아지고 있는 것이 현실이다. 그 현상을 다소 억울해하는 사람도 있지만, 어찌 보면 새로운 도전 기회라고 생각 할 수 있다. 인생 2모작을 새롭게 시작할 기회 말이다.

최근 〈CBS 노컷뉴스〉에서 흥미로운 연재기사를 실었는데, 그 타이틀이 마음에 와닿았다.

20대, '답'이 없다.   30대, '집'이 없다.
40대, '나'는 없다.   50대, '일'이 없다.
60대, '낙'이 없다.

20대, 30대, 40대는 패스하고 50대, 60대를 보라. 정말 우울하다는 생각만 들 것이다.

사실 베이비붐 세대는 비록 몸은 삭고 여기저기 쑤시지만, 의지만큼은 청년 못지않다고 생각한다. 그러니 눈을 크게 뜨고 새로운 방법을 찾아야 한다. 환경, 사회, 국가를 원망하자면 한도 끝도 없다. 인생 100세 시대에 앞으로 '일'도 '낙'도 없이 30년, 40년을 살 수는 없을 것이다.

문제는 근본적으로 반듯한 사업을 할 돈도 없고 학벌도 약하고 경력도 미미한 데다 건강도 그다지 자신하기 어렵다는 데 있다. 그런 분들이 어려움을 호소할 때마다 드는 생각은 선진국에서 이미 사회적으로 검증된 네트워크 마케팅 사업에 관심을 가져보는 것도 한 방법이 될 것이란 것이다. 사업자금, 출퇴근, 종업원 없이 사이드 자이나 더블 잡으로 미래를 준비할 수 있는 하나의 대안이기 때문이다. 단, 불법 피라미드 업체나 불법 다단계 회사는 분명 알아보는 눈을 기르고 조심해야 한다. 불법업체가 세상을 어지럽히는 사례가 종종 발생하므로 정통 네트워크 마케팅 회사를 잘 선택해야 한다.

어떻게 하면 정통과 불법을 가려내 올바른 선택을 할 수 있는지에 대해 정확히 알고 있어야 한다. 일도 갖고 인생의 새로운 낙도 찾을 수 있도록 네트워크 마케팅 사업이 하나의 대안이 된다면 관심을 가져 볼 만하다. 다른 세대와 달리 베이비붐 세대에는 '강한 의지'라는 엄청난 자산이 있다. 그것만으로도 충분히 자기사업이 가능한 분야가 네트워크 마케팅이라면 관심을 가지고 충분히 알아보는 것도 좋을 것이다.

시작된 은퇴 쇼크,
은퇴준비는 아무도 안됐다

불안한 현실을 살아가는 현대인들은 모두 다음 두 가지 질문을 자신에게 던져봐야 한다. '당신의 은퇴자금은 충분히 준비되고 있는가?' '당신의 편안한 노후를 위한 노후자금은 잘 준비하고 있는가?' 여기에 긍정적인 답을 찾지 못한다면 부지런히 그 방법을 모색해야 할 것이다.

우리 부모님 세대와 자식 세대의 라이프사이클(Life Cycle)을 비교해보면 다음과 같다.

라이프사이클	사회생활 시작	은퇴	사망
부모님 세대	30세	60세	75세
자식 세대	30세	55세	90세

"열심히 공부해라. 그러면 좋은 회사에 들어갈 수가 있다. 그리고 월급의 일정 부분을 매달 꼬박꼬박 저축하면 남부럽지 않게 잘 살 수 있다." 정말일까? 제발 그랬으면 좋겠다.

이러한 라이프 싸이클의 큰 변화는 자신의 '부모'를 통해 사회를 배웠던 '자식'들에게는 매우 큰 충격이 될 수밖에 없다. 특히 그 경제적인 충격은 스스로 감당하기에 버거워 보인다. 그렇다면 '자식'들이 감내해야만 하는 그 경제적인 충격은 어느 정도일까?

이제부터는 연령대별로 은퇴 시점의 필요자금이 얼마나 되는지, 그리고 그 자금 마련을 위해 어느 정도 준비를 해야 하는지 알아보도록 하겠다.

예를 들어, 한 회사에서 30년간 일을 했다고 보자. 그러나 중간에 그가 회사를 그만둔다고 생각해보라. 그가 회사를 위해 열심히 노력해왔던 해왔던 모든 결과는 퇴사와 동시에 회사가 고스란히 가져간다. 그리고 그 개인이 쌓아온 지식 그리고 인맥 등은 한순간에 필요 없거나 물거품이 될 확률이 높다.

물론 그동안 직장생활을 통해 매달 수입을 얻고 가족을 부양할 수 있었으니 다행일지도 모른다. 그러나 인생의 황금기인 30년을 회사에 몸 바친 그는 그다지 남는 게 없다는 사실을 깨닫는다. 바쁜 직장생활로 개인적 발전이 없었으니 30년 동안 그저 제자리걸음을 한 것과 다름없다. 바로 이런 상황을 보고 '구멍 난 보트'에 타고 있었다고 말하는 것이다. 이 시대 직장인들은 누구나 구멍 난 보트를 타고 있다고 말해도 결코 과언이 아니다. 하지만 정작 우리는 그 사실을 깨닫지 못한다. 내 보트는 안전하고, 바다를 건너 유토피아에 나를 데려다주리라 믿는 것이다. 그러나 그 믿음이 처절하게 무너졌다는 것을 느끼는 데는 큰 시간이 걸리지 않는다.

그러나 매우 안타깝게도 직장인들이 자기 인생에 구멍이 났다는 것을 알게 되는 시점에 하필이면 퇴직 이후이다. 회사에만 들어가면 평생을 보장받고, 갈수록 진급을 거듭하고 좀 더 높은 자리로 올라가기 위해 회사를 위해 충성을 바친다. 그러나 아직 유토피아 근처에도 도달하지도 않았는데 보트에 물이 쏟아져 들어와 그 보트에서 내려야만 하는 안타까운 상황이 온 것이다. 그렇다면 그 이후에는 어떻게 살아남을 수 있을까? 바다를 건널 수 있는 유일한 수단인 보트에서 내렸으니 나머지 40만 킬로를 직접 헤엄쳐 갈 것인가?

요즘은 과거의 상식이었던 한번 들어가면 정해진 정년까지 일할 수 있다는 정년보장을 믿는 사람은 없을 것이다. 한 통계에 의하면 직장생활을 하는 기간이 20년 정도라고 한다. 대개 20대 후반에 첫 직장에 들어가서 평균 3번 정도 직장을 옮기고 난 후 완전히 직장을 떠나는 것은 40대 후반에서 50대 후반이 된다.

현재 우리나라의 평균 수명은 80세 정도이고 100세 시대를 바라보고 있다. 그렇다면 적어도 30년 동안은 직장이 아닌 다른 방법으로 돈을 벌어야한다. 그게 아니라면 직장생활을 하는 20년 동안 은퇴 후 30년 동안 먹고 살수 있을 만큼의 돈을 모아야 하는데 그게 가능할까?

조사기관에 따라 다르겠지만 보통의 경우 은퇴자금을 10억 원 정도로 예상한다. 그렇다면 어떻게 하면 10억 원을 모을 수 있나 한번 알아보자.

소득 기간을 25년이라고 가정을 하고, 연간 물가상승률을 5%라고 가정하면 약 26억 원을 모아야 현재가치로 10억 원의 자산을 모을 수 있다. 이는 매년 1억 원 이상을 저축해야 가능한 액수이기에 보통의 직장인에게는 먼 나라의 이야기일 수밖에 없다.

결국 우리가 가진 수단으로는 풍족한 부자는커녕 보통수준의 노후생활도 불가능한 것이다. 그렇다면 그 방법을 보완하거나 다른 것으로 바꿔야 하지 않을까? 이것은 우리의 생존을 위해 선택이 아니라 반드시 해야 하는 필수적인 것이 되었다.

인생 후반전을 대비하기 위한 투자금액은 과연 어느 정도가 적정할까? 이 질문에 대한 답을 찾기 위해 2013년 통계청이 실시한 '가계금융 및 복지조사'와 '국민 노후보장 패널조사' 통계 자료를 살펴보자. 통계청에 따르면 우리나라 2인 가구는 월평균 253만 원이면 비교적 풍족함을 느낀다고 한다. 또한 최소한의 품위 유지를 위해서는 월평균 198만 원, 평균 수준으로 살기 위해서는 월평균 169만 원이 필요하다는 결과가 나왔다. 물론 수도권은 비수도권에 비해 기준이 조금 더 높다.

그리고 2인 가구에는 노인 가구 외에 무자녀 가구, 신혼 가구 등이 포함되므로 노인 가구를 집중적으로 살피려면 국민 노후보장 패널 조사 결과를 함께 참고해봐야 한다. 특별한 질병 등이 없는 건강한 노년임을 가정할 때 (사실 이 가정은 현실성이 떨어지지만) 최소 노후생활비는 전체 월평균 160만 원, 적정 생활비는 225만 원으로 나타났다. 배우자가 없는 1인 노년 가구의 경우 최소 노후생활비는 월평균 99만 원, 적정 생활비는 142만 원이라는 통계치가 나왔다.

이 두 통계치를 합산하면 풍족하거나 품위 유지까지는 아니어도 평균적인 보통 삶을 살기 위해서는 현시점에서 2인 가구당 160~169만 원이 필요함을 알 수 있다. 계산을 단순화하기 위해 모든 이자율과 물가상승률을 고려하지 않고 접근하면 은퇴 후 10년간은 매월 '160×12개월×10년'으로 약 1억 9,200만 원이 필요하다. 은퇴 후 20년간은 매월 '160×12개월×20년'으로 약 3억 8,400만 원이 있어야 한다. 물론 이자율을 적용하지 않고 계산했으니 실제로는 훨씬 더 큰 자금이 필요하다고 볼 수 있다.

직장생활을 하며 가족을 부양하고 주택 마련에다 허리가 휘어지도록 등록금과 교육비를 대는 한국의 부모 입장에서 은퇴 후를 대비해 2~4억에 가까운 돈을 마련하기란 현실적으로 거의 불가능에 가까운 것이 사실이다. 인생의 전반전에서 충분한 자금을 저축하고 후반전을 위해 성공적인 투자를 했다면 정말 다행이다. 그러나 만일 그렇지 않다면 인생 이모작을 해야 하는 확실한 이유가 여기에 있다.

그런데 보통 30세 전후에 사회생활을 시작하고 60~65세에 정년퇴직을 한 후 75~80세쯤 사시던 라이프 싸이클(Life Cycle)을 가지셨던 분에게 이 말은 추호도 틀림이 없는 말이었을 것이다.

그런데 이 말을 들으면서 뭔가 이상하게 앞뒤가 맞지 않는다는 느낌이 드는 이유는 뭘까? 그건 어른들의 말씀이 틀려서가 아니다. 나의 라이프 싸이클과 그분들의 라이프 싸이클이 그리는 궤적이 달라도 너무 다르다는 차이에서 오는 괴리감일 것이다.

부모님 세대의 라이프 싸이클은 30여 년간 저축하신 것으로 은퇴 후 약 15년간의 노후를 보내신다는 것이 우리가 잘 알고 있는 일반적인 형태이다. 설사 젊은 날에 저축한 돈이 없다 해도 대략 여섯 명의 자녀(1960년 당시의 합계출산율 6.0명)에게 부양이라도 받을 수 있었다. 하지만 지금의 자식 세대는 어떠한가? 앞서 말한 정년의 단축, 고령화와 저출산을 떠올려 보자.

남성의 경우 2050년에 기대수명이 86세, 여성의 경우엔 거의 90세에 육박한다는 조사결과가 있었다. 대략 1960년대 초반 이후로 출생한 분들 즉, 현재 대한민국의 경제를 움직이는 거의 대다수가 이에 해당한다고 할 수 있겠는데 이들의 라이프 싸이클을 보면 30세 전후에 사회생활을 시작한 후 55세쯤 은퇴, 90세를 전후해서 사망한다는 결론이 나온다. 약 25년간 저축해서 은퇴 후 30~35년을 살아가야 한다는 얘기다. 그리고 나를 돌봐줄 수 있는 자녀는 1.08명. 정말이지 달라도 너무 다르다!

이처럼 과거와 현재의 라이프사이클의 변화로 세대 간의 차이가 발생하기에 요즘 세대에 걸맞게 새로운 은퇴계획, 노후자금 준비를 해야만 할 것이다.

Part 05

늙어가는 대한민국,
노후파산은 시간문제

인생에서 3대 불행은 소년 성공, 중년 상처, 노년 무전이라고 한다. 그런데 우리는 약 12년에서 20년을 준비해서 40년을 살아가야 하는 시대에 살고 있다. 노후 40년을 위해 당신은 어떤 준비를 하고 있나요? 현재 한국의 불안요소 1위가 '노후'이고 2위는 '취업과 소득'이다. 젊은이들은 흔히 삼포(연애, 결혼, 출산) 세대, 사포(연애, 결혼, 출산, 인간관계) 세대라는 말로 스스로를 자조하는데 지금은 여기에 '노후 포기'까지 더해져 육포(연애, 결혼, 출산, 인간관계, 내 집 마련, 노후 포기) 세대라는 말까지 나올 정도이다.

의료기술의 발달로 수명은 나날이 길어지고 있다. 우스갯말로 '재수 없으면 120살까지 살 수 있다.'고 한다. 한국은 이미 "고령사회"가 되었고 2026년에는 "초(超)고령사회"가 될 것으로 전망하고 있다. 고령화로 장수에 따른 리스크가 증가하면서 사회적 불안감이 점차 높아진다. 노부모와 배우자에 대한 부담이 증가하고 노령 인구의 빈곤과 고립이 더욱 커진다.

지금도 하루 10여 명꼴로 스스로 목숨을 끊는 노인들의 자살률은 점점 높아질 수 있다. 그래서 이것은 심각한 사회문제가 될 것이다. 대부분의 사람이 가지고 있는 평범한 수단으로는 부자로 사는 것은 고사하고 보통수준의 삶도 꾸려갈 수 없다는 것을 인정할 수밖에 없다. 당신은 어떻게 미래와 노후를 준비하고 계시나요?

지금 한국 사회는 고령화 시대로 진입해 누구나 70세 이상까지 어떤 형태로든 일을 하여야만 하는 환경이다. 사회 전반적으로 평생직장이라는 개념은 사라지고 평생 직업이라는 새로운 개념이 우리에게 가까이 다가오고 있다. 그런데 문제는 노후자금이다.

　만일 젊었을 때 노후를 미처 대비하지 못해 나이가 들어서도 일을 해야 하는 사람들의 상황은 어떨까? 그들에게 주어지는 일은 대개 경비원, 지하철 택배, 주차장 아르바이트 등의 허드렛일이다. 사회적으로 '을'의 일인 것이다. 경비원으로 겨우 취직해 24시간 교대근무를 하는 노인이 한 달에 받는 돈은 100여만 원이다. 대개 복지는 고사하고 제대로 된 환경에서 밥을 먹는 사람도 드물 정도로 근무 여건이 매우 열악하다.

　65세 이상은 공짜로 탈 수 있기에 지하철 택배도 노인에게 일자리를 제공한다. 그러나 노인들이 하루에 네다섯 건 일 하고 한 달에 버는 돈은 고작 60~70만 원이다. 이 일은 육체적으로 너무 고단해 1년 이상 견디는 사람이 드물다고 할 정도이다. 세차장에서 땀을 흘려가며 차를 닦는 사람들도 대개는 노인이다. 소음과 먼지, 이리저리 튀는 흙탕물 세례를 받아가며 꼬박 여섯 시간을 일해 한 달에 손에 쥘 수 있는 돈은 겨우 60~70만 원이다.

　그런데 이런 일조차도 얻지 못하면 무얼 할까? 최악의 상황에서는 폐휴지를 줍는다. 시간제 아르바이트를 하거나 길거리에서 물건 몇 개를 늘어놓고 장사를 하기도 한다. 어떻게든 생계를 유지해야 하기 때문이다. 그렇다고 이들이 은퇴 전에 직장이 변변치 않았던 것도 전혀 아니다. 노후에 의욕적으로 일하는 사람들은 대개 젊은 시절에 번듯한 직장에서 열심히 일한 멀쩡한 사람들이다. 다만 자식 뒤치다꺼리를 하느라 퇴직금과 짬짬이 모아둔 돈을 모두 쓰는 바람에 노후대비가 안 되어 맞고 있는 비극적인 현실일 것이다.

60대, 70대가 일하는 비율은 한국이 선진국보다 훨씬 높다. OECD 통계에 따르면 우리나라는 65세 이상 노인 고용률이 28.9%보다 16.6% 포인트 높다. 반면 우리나라의 65세 이상 노인이 공적연금 수급률은 32%에 불과하다. 전체 노인의 67%에게 지급하는 기초노령연금도 1인당 8~9만 원으로 최저생활 보장 수준에 미치지 못한다.

그러다 보니 우리나라 노인 빈곤율은 OECD 국가 중 1위의 비극을 맞았다. 2011년 기준으로 노인 100명당 빈곤층이 무려 77명까지 늘어났다. 우리나라는 OECD 주요국 가운데 노인 계층에 대한 재정지출이 가장 적고, 자녀나 정부의 지원이 부족해 노인취업률이 2009년 36.7%에서 2013년 40.9%까지 치솟았다. 한마디로 노인들의 삶은 매우 고달프다.

그러나 노후준비를 할 수 있는 직장에서의 현역생활은 점점 짧아지고 있다. 사오정(45세가 정년), 오륙도(56세까지 회사에 남아있으면 도둑놈)란 신조어가 나올 정도로 일을 할 수 있는 기간은 점점 줄어들고 있다. 직장을 잡기도 어렵지만, 설령 운 좋게 잡았다 해도 그 자리를 유지하는 것 또한 만만치 않다는 것이다.

이런 이유로 노후대책은 매우 심각한 상황에 놓여 있다. 한국은행 경제연구원에 의하면 은퇴 이후 1인당 월평균 소득은 50만 8,000원에 불과했고 이 중 가족 등으로부터 받는 용돈이 18만 7,000원(36.8%)으로 가장 큰 비중을 차지했다. 또한 금융소득(11만 7,000원), 공무원연금(11만 1,000원) 등의 순이었다. 반면 국민연금(4만 원), 개인연금(7,000원), 산재급여, 실업급여 등 사회 보장성 소득(3만 2,000원)은 극히 적은 것으로 나타났다.

이미 고령화 사회로 진입한 우리나라도 노인부양 문제가 상당히 심각한 수준에 이르렀다. 실제로 젊은 시절에 제대로 노후를 대비하지 못한 많은 노인이 외로움과 빈곤 속에서 편안해야 할 말년을 힘들게 보내고 있다. 지금의 30~40대 역시 출산율 감소와 평균 연령 증가로 생산 연령 비율이 증가하는 추세에 맞춰 더 오랫동안 일을 하면서도 쓸쓸한 노후를 보내야 한다는 문제에 당면해 있다.

특히 지금은 고령화 사회이므로 살아갈 날이 매우 길고 길다. 하지만 직장 생활은 100명이나 200명의 입사 동기 중에서 겨우 한 사람만 CEO가 될 뿐, 나머지 사람들은 그럭저럭 버티다가 50세 이전에 직장을 나와야 하는 형편이다. 설사 60세까지 겨우 근무하더라도 70세까지 근무하기란 하늘의 별 따기처럼 어려운 것이 현실이다. 나머지 99% 이상은 결코 조직 내에서 자신의 생활을 끝까지 영위할 수 없다는 것은 모두가 잘 알고 있을 것이다. 다른 조직으로 옮기거나 계속 이리저리 방황할 수밖에 없다. 물론 다양하고 새로운 분야에서의 경험을 쌓기 위한 자기 발전적인 목적의 자발적인 이직이 아닌 어쩔 수 없이 회사에서 밀려나서 이리저리 방황을 반복하는 것은 큰 차이가 있다.

2020년이면 완전한 고령화 시대가 될 것으로 예상한다. 이는 결국 30세부터 생산 활동에 뛰어들었다면 20~30년 정도 일을 하고 그와 비슷한 기간 동안 수입 없이 지내야 한다는 것을 뜻한다. 깊이 생각해 보면 매우 다급하고 초조한 일이 아닐 수 없다. 그런데 정작 지금 열심히 벌어서 오늘 먹고 살기에도 빠듯하고 힘든데, 정작 수입이 끊기는 노년기가 된다면 어떻게 살아가야 할까? 설마 국민연금에 모든 것을 기대하는 어리석은 사람은 없을 것이다.

문제는 재취업을 하더라도 60세 이전에 거의 그만두어야 한다는 데 있다. 최소한 70세까지 일을 하려면 평소에 돈을 많이 모아 그것으로 자기 사업을 하든지, 그렇지 않다면 은행 이자라도 받아 살아야 한다. 만약 당신에게 유산이나 인적 자원 중에서 유산과 같은 자본이 없다면 인맥이라고 할 수 있는 인적 자원을 가지고 할 수 있는 일이라도 미리 연구하고 찾는 것이 좋다.

은퇴 후의 노후를 연금만으로 100세 시대를 대비하는 것은 완전히 불가능하다는 사실을 깨닫고 새로운 대안을 찾기 시작하는 사람들도 있다. 정년은 줄어들면 줄었지 절대 줄어들지 않는다. 돈을 버는 기간은 점점 줄어드는데 소득 없이 살아야 하는 노후가 급격히 늘어난다는 의미이다.

그럼 노후에 접어들기 전에 얼마의 돈을 모아야 '평범한' 노후생활이나마 유지할 수 있을까? 물가가 전혀 오르지 않는다는 비현실적인 가정을 한다고 해도 1년에 2,000만 원, 10년에 2억, 60년에 12억이 필요하다. 과연 우리는 정년이 오기 전에, 즉 노후로 접어들기 전에 그 돈을 모두 모을 수 있단 말인가?

어떻게 인생을 살아야 하는가를 알려준 우리 부모와 교사 세대 때는 성대하게 환갑잔치를 치르고, 80세를 전후해 사망하는 것이 일반적인 상식이었다. 그때는 20대 중반이면 일자리를 마련해 경제생활을 시작했고 60세까지 정년을 보장받으며 직장생활을 했다. 특히 대한민국 경제가 성장 가도를 달리던 시절에는 내 집 마련이 지금처럼 어렵지 않았다.

지출의 최우선순위가 부모 봉양과 자녀 양육, 교육비, 결혼자금 순이었기에 특별히 노후를 준비할 여유는 없었다. 그런데도 불구하고 은퇴 후 20여 년의 노후기간 동안 씀씀이를 줄이고 자녀에게 약간 도움을 받으면 경제적으로 크게 힘들지는 않았다. 이들은 경제성장의 도움을 받아 35년간 벌어서 25년의 노후를 사는 셈이다.

그러나 이제 모든 것이 달라졌다. 대부분 30세는 되어야 경제활동을 시작할 수 있는데 그마저도 일자리를 구하지 못한 청년들이 늘어나고 있습니다. 정년의 개념은 IMF 이후로 사라졌고 자영업은 레드오션이나 포화상태라는 표현으로는 부족할 정도로 사태가 심각하다는 것은 모두가 알 것이다. 놀랍게도 온종일 직접 고생하면서도 월 100만 원도 벌지 못하는 자영업자 비율이 50%가 넘는 상황이다. 부채만 떠안고 가게를 닫는 경우도 부지기수이다.

국내경제는 말할 것도 없고 세계 경제마저 마이너스 금리를 예측할 정도로 불황이 이어지는 상황이라 수익을 올리는 것이 매우 힘든 상황이다. 주택 투자로 돈을 버는 것도 불가능해졌다. 우리의 삶을 뒷받침하는 경제적 여건은 점점 나빠지고 있는데 오히려 수명은 100세 이상으로 늘어나면서 노후기간이 급격히 길어지고 있다. 60년 또는 그 이상의 노후를 맞이하고 있는 것이다. 그래서 과거에 비해 똑같이 열심히 사는데도 살기 힘들어졌다는 이유가 이것이다.

경제활동 기간은 줄어들고 그 동안 자산을 만들 기회도 짧아졌는데 노후기간만 많이 늘어난 것이다. 어쩌면 아무 소득 없이 60년 이상을 살아가야 할지도 모른다. 20년 동안의 경제활동으로 60년 이상의 노후 기간을 준비해야 하는 상황이라는 얘기이다. 우스운 말 같지만 준비 없이 노후를 맞이한 '나'는 과연 누가 부양해야 할까?

연금으로 노후를 대비하는 사람도 있지만 그 누구보다 연금에 대해 잘 알고 있는 연금보험을 만들었던 담당자조차도 이 말에 동의하지 않는다고 한다. 최소한의 안전장치인 연금은 심리적 위안을 주긴 해도 노후 대비라는 말에는 걸맞지 않다는 것이다. 잘 생각해 보라. 25년 경제활동으로 무려 60년이라는 길고 긴 노후를 준비해야 하는 시대이다. 정년까지 지금 가진 부채를 모두 상환하고 추가로 12~15억 원을 모아야 한다면 지금 하는 일만으로 충분히 그렇게 준비할 수 있을까? 이 어마어마한 과제 앞에서 우리는 깊은 고민과 함께 반드시 노후 대비 방법을 찾아야 한다.

앞서 말한 것처럼 우리는 이미 노인의 생계가 어렵다는 기사와 아파트 경비원 자리마저 경쟁이 치열해 중년층이 차지하고 있다는 기사를 자주 접하곤 한다. 노후를 준비하지 않으면 폐지를 주우며 생계를 이어가야 할지도 모른다는 위협은 더 이상 의미가 없다. 심각하게도 우리의 미래에는 인공지능의 발전으로 그런 단순한 노동마저도 남아 있지 않을 것이다. 우리가 노후에 할 수 있는 단순한 일은 그 전에 사라지기 때문에 노후 준비는 생존과 직결되는 문제다. 대안은 바로 지금 찾아야 한다. 아프기 전에 몸의 건강을 관리하듯 위기가 오기 전에 대안을 마련해야 하는 것은 당연하다. 안정적으로 여러 개의 대안을 미리 준비해놓으면 든든할 것이다.

부부의 노후 생활비를 월 150만 원이라고 하고 60세에 은퇴를 해서 90세에 사망했다고 했을 때 노후자금은 150만 원×12개월×30년 = 5억 4천만 원이 된다. 그렇다면 매월 얼마씩을 저축해야 이 돈을 모을 수 있을까? 미래의 물가상승률과 금리를 반영해야 하는데 실질금리가 선진국처럼 마이너스로 내려가게 되면 더 많은 저축이 필요하겠지만, 현재와 같이 금리와 물가상승률이 3.5%로 대략 같다고 전제한다. 즉 실질 금리를 0으로 본다.

실제로 최근 저축성예금 평균금리가 물가 상승률에 못 미치고 있으며 1억 원을 예금해 1년 후에 이자 소득세를 공제하고 290만 5800원을 받는데 물가상승을 고려하면 약 90만 원이 손해라고 한다.

자! 그럼 계산을 해보자. 30세인 사람이 60세까지 5억 4천만 원을 모으기 위해서는 매월 150만 원씩을 저축해야 하고, 40세인 사람은 매월 225만 원씩을 저축해야 한다는 결과가 나온다.

한편 2002년 도시 가구당 월평균 저축액은 41만 7000원인 것으로 나타났다. 부부의 노후생활비를 생존수준인 월 100만 원으로 잡는다고 해도 30세의 사람은 매월 100만 원, 40세인 사람은 150만 원씩을 저축해야 한다. 이마저도 자녀의 결혼이나 사고, 질병 등 갑자기 목돈이 필요한 일들이 전혀 없다는 전제하에서이다. 이 결과는 참혹하지만 사실상 대부분의 사람이 노후대책이 없다는 것을 보여주고 있다.

그렇다면 미래를 준비하는 방법 중에서 가장 좋은 기준의 일들은 과연 어떠한 것일까? 자기가 하고자 하는 일이 '시스템'적으로 돌아가는 즉, 물통사업이 아니라 파이프라인(pipeline)적인 사업이라면 가장 좋은 일일 것이다. 이때 파이프라인적인 사업이란 본인이 시스템을 활용하여 수도관을 저수지로부터 자기 집까지 묻어서, 물통을 하나씩 길어다가 돈을 받는 것이 아니라 일정 기간 수고하여 수도관을 완성한 후에는 자동으로 물이 수도관을 통해 언제든지 흘러나오듯이 돈을 벌어들일 수 있는 일을 뜻한다.

노후가 닥치기 전에 큰돈을 모아 그 돈으로 노후를 준비하지 않은 이상 방법은 두 가지뿐이다. 하나는 노후에도 할 수 있는 일을 찾는 것이고, 다른 하나는 노후에도 소득이 발생하는 시스템을 찾는 것입니다. 이 두 가지가 모두 가능한 것이 바로 네트워크 마케팅이기에 한 번 관심을 갖고 알아보는 것도 좋을 것이다.

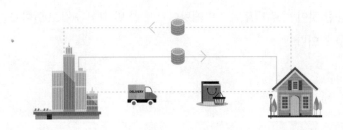

CHAPTER 03

'평생직장'의 종말, 어떻게 생존할 것인가

노동의 배신과 평생직장의 종말
최저임금, 힘껏 살아도 극복할 수 없는 현실
40대 중반 이후, 과연 살아남을 수 있나?
회사는 당신의 노후를 절대 책임지지 않는다
직장에 다닐 때 인생 2모작을 준비하자

Part 01

노동의 배신과
평생직장의 종말

이제 평생직장이라는 개념은 박물관으로 들어가고 평생직업만 남았다. 1997년 외환위기 이후 구조조정이 일상화되면서 사오정(45세 정년)과 오륙도(56세까지 다니면 도둑놈)를 넘어 삼팔선(38세 정년)까지 유행하더니 급기야 지금은 퇴직 연령이 53세로 나타나고 있다.

능력이 있으면 얼마든지 타사로 이직이 가능하지만, 그렇지 못하면 조기 퇴직하는 수밖에 없도록 사회구조가 바뀌고 있기 때문이다. 이 같은 조기 퇴직과 짧은 정년을 재촉하는 가장 대표적인 원인은 정보통신(It)과 인공지능(AI)의 급격한 발달이다. 인공지능이 인간의 일을 대신하고 기업 내 시스템이 잘 갖춰지면서 인력의 필요성은 갈수록 줄고 있다. 실제로 2016년 9월 금융노조가 '성과연봉제 반대'를 놓고 총파업을 했지만, 은행 업무로 불편을 겪은 시민은 거의 없었다. 전산시스템, 자동화 시스템이 금융대란을 막아낸 것이 가장 실감 나는 예이다.

지난 수십 년 동안 사람들의 일자리를 둘러싸고 벌어졌던 거대한 힘의 이동 속에서도 시대를 변화하게 만든 정체가 무엇인지를 생생하게 파악할 수 있다. 기계화, 자동화, 디지털화라고 하는 거대한 태풍이 1980년대에는 블루칼라 직종을 덮치더니, 1990년대에는 급기야 화이트칼라 직종을 휩쓸고 지나갔다.

그 거센 소용돌이 속에서 눈에 띄는 변화가 생겼다. 그것은 바로 생산직. 사무직, 관리직으로 상징되던 평생직장의 신화는 물거품처럼 소멸한 것이다. 그들이 떠난 자리에서 다시금 블루칼라나 화이트칼라의 부활을 꿈꾸는 것은 부질없는 짓일 것이다. 노동조합의 지도자들이 자살을 기도하면서까지 항거해보지만, 결코 시대적으로 거대한 도도한 물결을 감히 역류시킨다는 것은 불가능하다.

기업의 수명이 과거의 30년에서 지금의 10년 이내로 짧아진 것도 평생직장이 사라진 한 가지 원인이다. 게다가 사회가 급격히 변화하면서 기업의 주력사업도 계속 바뀌고 있다. 주력사업도 시대의 흐름과 변화 속에서 계속된 변화를 거듭해 왔다. 기업 자체도 100년 기업은커녕 수명이 점점 짧아지고 한 우물을 파기가 힘든 시절인데 직원들이 감히 무슨 수로 평생직장을 바라겠는가.

앞으로는 기업이 잘 되는 것과 근로자가 잘사는 것은 점점 더 별도의 문제가 될 것이다. 기업이 잘된다고 해도 근로자들은 늘 그래왔듯 전 세계의 인재들과 경쟁해야 하고(특히 고학력 중국인들), 앞으로는 인공지능 로봇은 물론 자동화 시스템과도 경쟁해야 할 것이다. 또 회사에 입사했다고 해서 평생 승진이 불가능한 시대가 왔기에 만년 대리 만년 과장으로만 지내게 될 수도 있다. 한 인사 전문가는 연봉은 어느 한계 이상 절대 오르지 않을 테니 회사에 다니는 것 자체를 고맙게 여겨야 한다고 말하기도 할 정도이다.

기업들은 가급적 인건비 0원을 위해 로봇을 고용하는 일을 망설일 이유가 없을 것이다. 4차산업혁명으로 인해 자본주의는 과거보다 더욱 큰 힘을 발휘할 것이다. 우리의 현실은 이런 대혼란의 환경에서 100년 넘게 살아가야 한다. 하지만 기업의 고용이 없어 일을 못하는데 소득은 대체 어디서 나올 수 있단 말인가? 이런 세상의 큰 변화의 물결을 직시하지 못한 채 여전히 그저 '좋은 대학만 가면 나중에 다 잘 될 거야' 하면서 과거 구닥다리 생각을 고수한다면 위기를 맞이할 것이다.

2017~2020년 사람들은 어떤 상황에 있든 모두가 미래의 대안을 선택해야 한다는 현실에 마주칠 것이다. 평범한 직장인이든 전문직업인이든 아니면 마땅한 일거리를 찾지 못한 장기실업자든 누구든 마찬가지이다. 이미 2016 다보스 포럼은 이미 710만 개의 이전 직업의 종말을 고했고 알파고와 이세돌의 바둑 대결에서 인간지능은 패배해 우리에게 충격을 안겨줬다. 이를 통해 사람들은 미래학자들이 주장하는 2020년의 4차산업혁명 시대가 목전에 다가왔음을 우리가 피부로 생생하게 인식하게 된 계기가 되었다. 지금과 같이 급변하는 시기에는 특히나 시대의 흐름을 잘 분별하는 지혜와 혜안이 절실하다. 이 시기에는 저물어가는 3차 산업혁명 시대를 뒤로하고 부자와 빈자 사이에 대격변의 급물살이 일어날 대망의 4차산업혁명 시대를 잘 대비해야 하기 때문이다. 진짜 게임은 이제부터 시작될 것이다.

1995년 제레미 리프킨은 이미 자신의 저서(이후 개정판 출간)에서 과학과 기술의 발전이 노동시장을 위협할 것임을 예견해 눈길을 끌었다. 지식정보화사회로 변화하면서 첨단 기술로 무장된 신기술혁명이 노동자들을 밖으로 몰아내고 일자리는 더 이상 생기지 않을 것이라는 경고를 했다.

모든 것이 점점 자동화되어가는 세계에서 더 이상 노동은 불필요하며, 노동자들은 작은 희망마저 빼앗기며 생존의 위협까지 받을 것이다. 이에 대한 대안으로 함께 살아가는 지구 공동체로서의 관점을 제시한다. 즉 새로운 접근 방법으로서 기술 발전의 이익을 그 피해자라고 볼 수 있는 노동자들과 공정하게 배분할 수 있는 새로운 패러다임이 필요하다고 할 수 있다. 좀 더 구체적으로 말해서 공동체 유지와 재건에 필요한 서비스를 제공하는 자발적 조직과 노동을 장려하고, 이에 가치를 부여하는 제3부분의 역할을 강조하고 이 점에서 앨빈 토플러의 '프로슈머'와 매우 비슷하게 느껴진다.

이미 전 세계의 석학들은 하나같이 입을 모아 다가오는 미래의 대량실업의 위기를 경고했다. 구글이 선정한 최고의 미래학자로 꼽히는 토머스 프레이 Thomas Frey는 "2030년까지 20억 개의 일자리가 사라진다"는 충격적인 예언을 내놓았다. 국제노동기구(ILO)는 로봇 등의 보급으로 20년 이내에 동남아 5개국(캄보디아, 인도네시아, 베트남, 필리핀, 태국)에서만 공장근로자의 절반이 넘는 56% 1억 3,700만 명이 일자리를 잃게 된다는 충격적인 경고를 했다.

그렇다면 가장 충격을 받는 일자리는 무엇일까? 한국직업능력개발원에 따르면 우리나라 전체 일자리의 52%가 AI와 컴퓨터로 대체될 가능성이 높다고 분석한다. 특히 운수업은 5명 중 4명 이상(81.3%) 대체될 수 있고, 금융 및 보험업도 고위험 직업군으로 분류됐다(78.9%). 제조업도 대체 가능성이 절반 이상(59.4%)이다. 결국 충격을 받지 않는 일자리는 하나도 없다고 볼 수 있다.
그렇다면 도대체 4차산업혁명이 무엇이기에 이토록 충격과 공포를 동반한 일자리에 거대한 변화를 몰고 오는 것일까?

첫째, 초지능(Hyper-intelligence)의 등장이다. 컴퓨터와 인터넷의 등장으로 수십 년 만에 새로운 세상이 펼쳐졌고, 이제 우리는 인간의 능력을 훨씬 뛰어넘는 AI와 같은 초지능 기술과 마주하고 있다. 인간을 넘어서 기계가 스스로 학습하는 무시무시한 기술의 진보라고 할 수 있다. 알파고 쇼크는 작은 예고편에 불과했던 것이다. 과거에 성공과 부를 보장받았던 변호사, 의사, 회계사 등 최고의 전문직들마저도 하나씩 인공지능 앞에서 무릎을 꿇고 있다.
둘째, 초연결(Hyper-connectivity)사회로의 변신이다. 과거에는 물리적 거리가 제약으로 작용했지만 이제는 전혀 문제가 되지 않는다. 서울~부산을 16분에 주파하는 하이퍼루프 기술이 가능해지고 자율주행차도 빠른 속도로 상용화되고 있다. 과거 영화에서나 보던 드론 택시도 두바이에 등장했다. 또 모든 사물이 인터넷으로 연결되는 IOT(사물인터넷)는 이미 스타트 팩토리를 탄생시켜 사람의 도움 없이도 기계들이 알아서 자동으로 물건을 생산해 내고 있다. 한마디로 공장근로자가 불필요하게 된 세상이다.

결국 초지능, 초 연결은 결과적으로 산업 간 장벽이 허물어지는 초 산업(Hyper-industry)을 이끌어냈다. 기존의 산업지도가 재편된 것이다. 대표적으로 '배달의 민족'과 같은 온, 오프라인을 연결하는 O2O(Online to Offline) 서비스가 분야마다 속속들이 다양하게 등장하면서 기존 오프라인 산업과 일자리가 심각한 도전을 받고 있다. 그렇기에 이런 급변하는 시대에는 시대 흐름에 맞춰 빠르게 변신할 수 있는 기업과 개인만 생존할 것이다. 과거 코닥 필름이 디지털카메라의 시대에 안일하게 안주하는 모습을 보여서 몰락한 것과 마찬가지다.

이런 시대적인 변화에 발 빠르게 대응 중인 독일의 지멘스 같은 회사는 제품보다 스마트 팩토리 플랫폼 자체를 판매하고 컨설팅하는 쪽으로 비즈니스 모델을 바꾸는 전략을 펼쳤다. 초산업의 변화를 따라가지 못하는 회사는 한순간에 도태되어 사라지는 게 지금의 냉정한 현실이다.

역대 모든 혁명보다도 가장 치열하게 4차산업혁명은 승자와 패자를 나눌 것이다. 이로써 산업을 재편하고 부의 재분배를 가져올 것이다. 인류의 문명은 농업혁명, 산업혁명, IT 혁명으로 일컬어지는 큰 변곡점을 통해 발전해왔고 이 변곡점에서 새로운 승자와 패자가 등장한 것이다. 그런데 지금 우리가 맞이한 4차산업혁명의 괴물은 우리가 한 번도 경험해본 적 없는 대변혁을 일으켜 소용돌이처럼 강한 힘으로 우리를 미지의 세계로 이끌고 있다. 그래서 그 변화의 폭과 깊이는 과거 변곡점 때 맞이했던 것과는 차원이 완전 다르다. 이러한 시대에 당신은 무엇을 고민하고 준비할 것인가?

Part 02

최저임금,
힘껏 살아도
극복할 수 없는 현실

청년 취업난 속에서 취업준비 시간은 점점 길어지고 좌절감은 더욱 깊어진다. 자연스럽게 연애도 결혼도 점차 마음속에서 멀어진다. 요즘 청년들은 대부분 비혼이니 뭐니 결혼을 안 한다고 하는데 사실 참 뭐라고 하기 힘들다. 연애, 결혼, 출산부터 시작해서 예전에 꿈꾸어 왔던 작은 희망마저도 하나씩 포기하고 내려놓게 된다. '3포 세대', '5포 세대'(연애, 결혼, 출산, 인간관계, 내 집마련)를 넘어서 도대체 앞으로는 몇 개를 포기해야 하는 건지 모를 'N포 세대'라고 자신을 스스로 자조하는 게 청년들의 냉혹한 현실이다.

요즘 청년들은 자신감과 패기는 줄어들었고 감당할 수 없는 미래는 일찌감치 포기하고 현실을 즐기는 쪽을 선택한다. 젊은 세대가 미래를 포기하니 미래의 발전을 기대하기도 어려운 것이 사실이다.

상식적으로 제대로 돌아가는 사회라면 별다른 기술이 필요 없는 단순 일자리라도 충실하게만 일을 한다면 최소한 인간답게 먹고사는 데에는 지장이 없어야 할 것이다. 그러나 지금의 현실을 조목조목 대어 가면서 '이런데 지금 결혼을 꿈꾸는 게 말이 되냐'고 하면 딱히 반박할 말조차 없는 것이 사실이다. 결혼을 하기에는 준비된 것이 너무 없고, 현실에서는 요구하는 것은 너무 많아 현실과 이상의 차이가 크다는 것이다. 막상 피 튀기는 경쟁을 통해 들어간 학교를 졸업하면 이미 학자금 대출 빚을 몇천만 원 지고 나와야 한다. 사회 진출을 하기도 전에 빚쟁이가 된 것이다. 취업을 빨리 못하면 생활비 대기도 빠듯한 아르바이트 수입으로 취업 준비에 근근이 생활까지 충당하는 동안 빚이 더욱 늘어가는 악순환이 반복된다. 그러다 보면 꿈도 계획도 하나둘씩 포기하게 된다.

일본에서는 백수를 '프리터'freeter라고 부른다. 원래 프리터는 완벽한 백수를 뜻하는 말이 아니다. 원래 이 말은 자유로움을 뜻하는 '프리'free와 '아르바이터'arbeiter를 합친 말로, 즉 임시직 아르바이트를 하면서 생활을 꾸려 가는 사람들을 말한다. 실제로 일본에서는 프리터를 취업 전에 잠시 거쳐 가는 단계로 보는 게 아니라 그 자체를 자기가 살아가는 방식으로 여기는 사람들이 상당히 많다.

물론 일본이라고 해서 아르바이트만으로 잘 먹고 잘살 수 있어서 프리터가 되는 것은 아니다. 아르바이트의 소득은 정규직보다는 낮고, 생활의 질도 당연히 낮다. 그래서 아르바이트 하나로는 생계유지가 힘들어서 두세 개씩 하는 사람들도 많다. 하지만 아르바이트라도 열심히 하면 최소한 생계를 유지할 정도는 된다. 그러나 우리나라에서 아르바이트로 생계유지가 될 수 있다고 생각하는 사람은 거의 없다. 아르바이트를 두 개, 세 개를 뛰어도 한 달에 버는 돈이 아무리 많아도 150만 원에서 200만 원 정도다. '지금은 임시직이야. 조금 있으면 취업할 수 있을 거야'하는 기대감으로 버티지만 가장 큰 문제는 역시 최저임금이다. 우리나라의 최저임금은 2017년 기준으로 6,470원으로 결정되었다. 월급으로 환산하면 135만 2,230원이다. 한편 최저임금위원회의 의뢰로 한국통계학회가 분석한 통계청 자료에 따르면 2014년 기준 1인 기준의 월평균 생계비는 155만 원으로 나타난다. 주요한 지출 내역은 주거비 36만 원, 식비 33만 원, 각종 공과금 및 요금 25만 원이며, 그밖에 교통비나 용돈을 포함하면 155만 원이 나온다는 계산이다.

지금의 평균적인 서울 생활과 비교해 보면 이 액수조차도 적다고 본다. 주거비만 해도 계속해서 한없이 올라서 요즘은 서울에 원룸 하나를 구하려고 해도 최소 월세가 40~50만 원이다. 관리비까지 포함하면 몇만 원이 더 나올 것이다. 식비 33만 원은 30일 기준으로 1만 1,000원 정도인데, 하루 두 끼 정도를 밖에서 해결한다고 하면 요즘 서울에서 점심값이 8,000~10,000원은 되는 현실에서 답이 안 나오는 돈이다. 즉, 2017년 최저임금이 2014년 1인 가구의 평균 생활비에도 미치지 못하는 것이 지금 한국의 현실이다.

그런데 더 심각한 문제는 임시직이나 아르바이트 중에는 이 최저임금조차도 제대로 받지 못하는 사람들이 많다는 것이다. 주로 청년들, 특히 취업 준비를 하면서 아르바이트로 생계를 꾸리는 청년들이 이 범위 안에 들어갈 확률이 높다. OECD의 〈고용 전망 2015〉 Employment Outlook 2015 보고서에 따르면 한국은 최저임금조차 제대로 받지 못하는 노동자 비율이 14.7%로 OECD 회원국 가운데 1위다. 이들 중 대다수는 아르바이트를 비롯한 임시직과 비정규직 위주일 것은 안 봐도 뻔한 일이다.

게다가 한국경영자총협회(경총)의 통계를 보면 2015년 기준으로 최저임금에 영향을 받는 노동자 비율은 한국이 18.2%로 프랑스의 10.8%, 일본의 7.4%보다 높은 세계 최고 수준이라고 한다. 경영자 입장을 대변하는 경총은 최저임금을 올리면 영향을 받는 노동자가 많으니 기업의 인건비 부담이 올라가기에 최저임금을 올리면 안 된다고 주장하는 것이다. 그런데 다른 시각으로 따져 보면 딱 최저임금만 받는 노동자 비율이 세계적으로 아주 높다는 뜻이기도 하다. 최저임금이 인상 시행된 지 한 달이 지났지만, 근로 현장에서는 임금 상승에 대한 체감은 느끼지 못하는 분위기다.

최저임금 인상이 업주들에게 부담으로 작용하면서 해고와 근로시간 단축, 야간수당 미지급, 주휴수당 미지급을 위한 시간 쪼개기 등의 행태가 만연해졌다. 이 때문에 근로자들은 최저임금 인상 시행 이후 오히려 고된 나날이 깊어지고 있다. 모 카페에서 근무해 온 A(24)씨는 최근 사장으로부터 해고 통보를 받았다. 이유는 최저임금 인상으로 인한 불가피한 결정이라는 말이다. A씨는 이후 다른 아르바이트를 구하기 위해 전전긍긍하고 있다. 그러나 최저임금 인상으로 일자리 구하기는 이미 하늘의 별 따기가 됐다. 경기도의 G 쇼핑몰에서 사무보조 아르바이트를 하는 D(24)씨도 최저임금 인상 이후 오히려 월급이 줄어들었다.

이달 초 회사 측으로부터 근로 시간 단축을 통보받은 뒤, 근무시간이 당초보다 평일 1시간, 토요일 근무에는 3시간씩 각각 단축됐기 때문이다. S 레스토랑에서 일하는 O(21)씨 역시 사장이 노동법을 위반하고 일명 '시간 쪼개기'를 통해 임금 추가분을 지급하지 않고 있지만, 인사상 불이익을 염려해 찍소리 내지 못하고 가슴 졸이고 있다.

O씨는 "최저임금은 인상해주지만 야간 수당은 챙겨 줄 수 없다면서 싫으면 그만둬도 된다는 업주의 말에 울며 겨자 먹기로 동의했다"며 "어차피 어딜 가도 상황은 마찬가지일 것이고 사장님의 사정도 이해가 돼서 눈 한 번 감기로 했다"고 말했다. 답답한 건 업주들도 매한가지이다. 회사 운영비 중 임대료 다음으로 인건비가 가장 큰 부분을 차지한다. 이 상황에서 갑작스러운 인상에 부담이 되는 것이 업주들의 입장일 것이다. 업주들도 최저임금이 인상된 상황에서는 당연히 이를 부담하기 버거운 영세한 업체의 경우 해고 아니면 근로시간 단축을 선택할 수밖에 없는 상황일 것이다. 이런 상황은 결국 노동비용에 대한 부담이 커지고 있기에 비정규직이 정규직 되는데도 어려울 것이다. 한쪽에서는 "최저임금을 올리는 건 생산성의 향상이나 경제적 상황을 고려했어야 한다."는 주장을 하기도 한다.

Part 03

40대 중반 이후,
과연 살아남을 수 있나?

한국에서는 해마다 300명이 넘는 사람들이 과로로 사망한다. 그중 약 40%가 40대. 기혼자라면 유치원이나 초등학교에 다니는 자녀가 있고 아직 집 장만은 못 했을 때이다. 그런데 갑자기 가장이 사라져버린다면 그 집은 어떻게 될까? 40대에 과로사가 진짜 많은 이유는 여기에 있다. 가까운 미래에 대한 막연한 불안, 퇴직이나 실패에 대한 절망과 가장의 무거운 책임이 40대를 정신적으로 힘들게 하여 과로하게 만든다. 그래서 우리는 불명예스러운 세계 제일의 과로사 국가가 된 것이다.

우리나라 40대는 왜 이렇게 힘들고 피곤한 걸까? 39세까지 아무 문제가 없다가 갑자기 40에 접어들어 몸에 이상이 생긴 걸까? 절대 그렇지 않다. 그 원인은 지금까지 사회생활을 통해 자신의 몸을 의탁해 온 일명 '구멍 난 보트' 때문일 가능성이 높다. 만일 바다에서 80만km 거리의 절반쯤 온 시점에 자신이 타고 있는 보트에 구멍이 나 있다는 사실을 알게 되면 심정이 어떨까? 이 보트가 남은 인생이라고 볼 수 있는 나머지 40만km을 버텨주지 못한다는 사실을 알게 되니 마음이 조급해질 것이다. 보트가 가라앉기 전에 해야 할 일이 너무 많은 것이다.

직장인들도 마찬가지다. 일거리는 항상 쌓여 있고, 업무가 끝나면 술자리가 이어진다. 그러다가 저녁에 마신 술이 채 다 깨기도 전에 다시 자리에서 일어나 회사에 출근한다. 그렇게 다람쥐 쳇바퀴 같은 시간이 반복되면서 불안감의 무게도 점점 커진다. 그래서 건강을 돌볼 틈도 없이 일 중독(workholic)에 빠져들고, 그렇게 매일 정신과 육체의 과로가 누적된다. 과로사와 더불어 40대 가장의 자살률도 함께 급증하고 있다는 사실도 40대의 정신적 피로가 육체적 피로만큼 크다는 사실을 보여준다.

이는 40대 여성들도 마찬가지다. 40대가 되면 아이들이 초등학교나 중학교에 다닐 나이가 되어 사교육비에 대한 압박감을 느끼게 된다. 남편의 적은 월급만으로는 아이들 뒷바라지하기가 점차 어려워질 것을 깨닫고 부업이나 다른 일자리를 기웃거린다. 직장을 다니는 여성들도 과연 몇 살까지 이 일을 할 수 있을지 불안하니 다른 일거리 혹은 자영업에 관심을 가지고 이곳저곳 기웃거리기 시작한다.

갓 대학을 졸업한 싱싱한 젊은이들도 실업난에 시달리고 있는 판국에, 나이 많고 가사 그리고 육아까지 신경 써야 하는 여성을 채용하려는 업체가 얼마나 될까? 육아 때문에 경력단절 상태라면 더욱 재취업이 어렵게 된다. 그렇다고 자영업도 만만치만은 않다. 비슷한 이유로 창업을 하려는 다른 사람들과도 경쟁이 심하고 스스로가 운영해도 순익이 생각보다 적기 때문이다.

인생의 황금기라고 말할 수 있는 40대, 그러나 현실 속, 이들의 모습은 양 어깨에 멍에를 짊어진 우울한 군상이 되어가고 있다. 그래서 '과로사'나 '자살'이란 극단적인 말들과 가까이에 서 있는 고위험 군으로 전락한 것이다.

실로 40대가 되면 자신이 타고 있는 보트의 수명이 10년 정도밖에 남지 않았다는 사실을 깨닫게 된다. 20, 30대에는 몰랐던 현실이 그때야 뒤늦게 눈에 보이기 시작한다. 상사들은 학연, 지연, 혈연이라는 온갖 무기로 윗자리를 지키고 있고, 아래에서는 젊고 패기가 넘치는 유능한 후배들이 치고 올라와 언제 내 자리를 뺏을지 모른다. 그렇기에 내 자리가 점점 좁아지고 불안하다고 느낌과 동시에, 자녀 사교육비와 생활비의 압박에 어깨를 무겁게 짓누른다.

하지만 이들이 선택할 수 있는 길은 거의 없다. 대부분은 자신의 의지와 무관하게 급격히 진행되는 흐름 위에 그저 둥둥 떠내려갈 뿐이다. 이 상황에서는 그저 더 열심히, 몸을 혹사하면서까지 일을 열심히 하는 수밖에 또 무엇을 할 수 있겠는가? 물론 어떤 이들은 자기계발을 위해 컴퓨터의 새로운 프로그램도 배우고, 업무 관련 인터넷 강좌도 듣는 등 노력을 한다. 그럼에도 마음 한구석에는 늘 불안함이 존재한다. 자신이 구멍 난 보트에 타고 있음을 잘 알기 때문이다. 이 보트에서 과연 얼마나 생존할 수 있을까를 생각하면, 매일 아슬아슬한 불안감 속에서 스트레스가 가중돼 결국 과로사가 생길 수밖에 없는 것은 어찌 보면 당연하다.

이처럼 아무리 열심히 일해도 노후 대책은커녕 당장 먹고 살기도 힘든 이들을 '워킹푸어(working poor)' 일을 하는데도 가난한 사람이 점점 더 많아진다는 뜻이다. 워킹푸어는 2000년대 중반부터 급증했는데, 지금은 상대적으로 청년층의 워킹푸어가 더 심각하다. 청년 워킹푸어가 늘어난 이유는 고용과 처우가 열악한 저임금 비정규직 일자리가 확대되면서, 청년층이 선택할 수 있는 일자리의 질이 떨어졌기 때문이다. 이런 상황에서 비극적이지만 40대의 과로사와 자살이 바로 이들의 미래가 될 수도 있다.

여러 연구결과에 따르면 암의 주범 중의 하나가 스트레스라고 한다. 그렇다면 스트레스는 어떻게 발생할까? 갑자기 40대까지 잘 다니던 회사를 3~4년 사이에 50대가 됐다는 이유만으로 그만두어야 하는가? 최근 대기업 인사 담당자의 말에 의하면 2~3세대로 경영진이 교체됨과 동시에 기업 임원들 간의 세대교체가 가속화되어 50대의 퇴출이 더 빨라진다는 말이다. 당신이 40대라면 이 상황에서 어떻게 하겠는가? 살아남기 위해 아무리 열심히 일하고 밤샘을 해도 나이가 많다는 이유 하나만으로 퇴출을 맞는 50대 선배들을 바라보는 바로 다음인 40대의 심정은 얼마나 불안하고 힘들까?

바람막이 하나 없는 허허벌판에서 홀로 느끼는 어마어마한 미래에 대한 불안은 커다란 스트레스로 몸 안에 뿌리를 내리고 병을 쑥쑥 키울 것이다. 스트레스의 92%는 불확실한 미래에 대한 두려움에서 비롯된다는 연구결과가 많다. 암의 대부분도 스트레스에서 온다. 만일 평생 안정적인 수입과 같은 장래가 밝고 희망과 비전이 있다면 그만큼 스트레스에서 벗어날 수 있고 40대의 과로사로도 그만큼 줄어들 것이다.

그렇다면 희망과 비전이 있는 미래는 어떻게 만들 수 있을까? 과연 가능한 방법이 있기는 할까? 젊은 시절에는 난다 긴다 하는 사람들도 세월 앞에서는 평등해진다는 말이 있다. 40대 불혹을 지나면 젊을 때 잘생겼던 사람도 주름살과 흰머리가 하나둘 늘고 남자든 여자든 뱃살이 쪄서 아줌마, 아저씨가 된다. 비단 외모뿐일까. 50대가 되면 학벌과 능력도 평등해진다. 50대 중반에 은퇴를 경험한 사람이라면 충분히 공감할 수 있을 것이다. 명문대를 나와 박사학위를 받았어도 퇴직 이후에 재취업이 어렵다는 뜻이다. 60대가 되면 직업이 평등해진다. 간신히 재취업을 한다고 해도 아파트 경비나 가사도우미, 용역직 등 한 달에 70여만 원 안팎의 월급을 받는 일을 얻을 가능성이 높다. 그 돈으로 교통비하고, 밥 사 먹고, 옷 사 입고 나면 안 버는 것보다는 당연히 낫겠지만 별로 생활에 큰 도움이 되지 않는다.

또한 70대가 되면 성별도 평등해진다. 남녀 구분 없이 모두가 중성이 되니 노인정에서 늙은 할아버지 할머니가 손잡고 다닌다고 고깝게 보는 사람들조차도 없어진다. 80대가 되면 생사가 평등해진다. 한 사람은 산에 누워 있고, 한 사람은 병원에 누워 있는 것이다.

특히 40대를 지나면 퇴직 이후의 삶을 심각하게 고민해야 한다. 어떤 이는 서울대 공대 조선학과를 졸업하고 대기업에서 부사장을 지낸 친구, 한국 네슬레에서 전무이사를 지낸 지인 등 좋은 스펙으로 부러움을 샀던 이들이 모두 재취업에 실패하는 것을 두 눈으로 목격해서 충격을 받았다고 한다. 이들은 모두 좋은 대학을 나왔을뿐더러 영어도 잘하고, 경영능력도 풍부하고, 건강을 잘 유지하는 등 뭐 하나 빠지는 게 없음에도 재취업에서는 고배를 마셨다. 이유는 딱 하나였다. 새로 취직할 회사의 사장보다 '나이'가 많았기 때문이다. 나아가 결혼이나 취직할 때는 스펙 덕을 톡톡히 보았음에도 은퇴를 하고 보니 오히려 그 화려한 스펙이 재취업에 장애가 됐다. 회사에서 이들에 대한 대우 등을 부담스러워했기 때문이다.

이처럼 만만치 않은 상황 때문에 요즘 직장인들이 가슴에 품고 있는 한 단어는 바로 '돌파구'라고 한다. 인생의 어떤 터닝 포인트가 되어줄 전환점을 꿈꾸지만 절박함을 이겨내기가 힘들다. 그렇기에 누구도 피할 수 없는 이 시대의 화두는 '인생 2막'이라고 할 수 있다. 직장인으로 일하면서 다가올 미래를 준비하고 있느냐, 변화를 인식하고 있느냐의 차이가 있다. 중장년층의 위기가 될지 돌파구의 기회가 될지 알 수가 없다. 피할 수 없다면 돌파구를 택해서 기회를 만들어야 한다.

40대 이후의 중년이 퇴직할 경우 창업이 아니면 뾰족한 대안 없이 자녀들의 교육과 결혼, 부부의 노후준비와 생계유지라는 커다란 산을 마주하게 된다. 우리가 살아가는 100세 시대에는 어떤 모습일까? 대한민국의 자영업자수가 2017년 기준으로 550만 명, 가족 종사자까지 합치면 660만 명이다. 지나친 경쟁으로 골목의 한 집 건너 한 집이 카페나 치킨집, 음식점이다. 누구나 창업하는 시대에 자영업으로 성공이 보장되면 좋겠지만 현실은 비참하다. 현실이 이렇다 보니 다른 시각으로 40대 이후를 설계해보는 것도 대안이 될 것이다. 경영환경의 잦은 변화로 우리가 일하고 있는 회사라는 조직의 수명도 보장할 수 없고 자식들에게 노후를 맡긴다는 것도 현실적으로는 어려운 일이지 않은가!

"정년 이후 노후 준비하고 계세요?"라는 질문에 자신 있게 "준비하고 있다"고 답하는 사람이 얼마나 있을까? 아마도 대부분은 "노후 준비요? 막연하지만 아직 실감나지 않아요. 노후 준비는 아직 생각도 못 하고 있어요. 아직 젊고, 현재 회사 안에 있고 매일 바빠서 뭐 어떻게든 되겠죠." 이에 전문가들의 답변은 한결같다. "절대로 어떻게든 되지 않아요. 그건 희망 사항일 뿐입니다." 많은 전문가가 100세 시대에는 노후에 대비해 늦어도 40대부터는 철저히 준비해야 한다고 강조한다. 총과 칼만 없지 "노후 준비는 전쟁이다"라는 말이 딱 맞다. 아무런 준비 없이 맞이하는 은퇴 후의 삶은 일하고 싶어도 직업이 없고, 일하지 않으니 소득이 없고, 경제적으로 여유롭지 못하니 갈 곳도 제한적이다. 아무런 준비 없이 맞이하는 장수의 시대는 축복이 아닌 재앙에 가깝다.

그렇기에 100세 시대를 살아가는 우리는 '직업'에 대해서 다시 생각해봐야 한다. '좋은 직업'의 기준이 바뀌어야 하는데 학벌이나 위신 따위가 아닌 '평생 일할 수 있는 직업'이 중요해진 시대라는 의미다. 평생 할 수 있는 직업에 대해 질문을 하면 보통 작가, 공무원, 가수, 화가, 주부 등을 이야기한다. 그러나 모두 아니다. 실제로 평생이란 지금부터 죽을 때까지인데 죽기 전에 대부분 병원에 입원하거나 치매에 걸려 정신적, 육체적으로 활동을 못할 때도 평생에 들어가기 때문이다. 치매가 걸려도 병원에 입원해도 계속 나오는 수입이 평생 수입이다. 일반적인 투잡 역시 55세 정년 수입에 불과하다. 즉 전문 자영업과 같은 노동 수입, 일시적인 수입은 본업이건 투잡이건 대부분 평균 55세에 끝날 수밖에 없다.

반면 인세 수입, 수동 수입, 시스템 수입 등처럼 백 세 수입, 평생 수입, 상속되는 수입도 있다는 점을 알아야 한다. 즉 돈을 벌기 위해 열심히 일할 때만 일시적으로 돈이 나오는 직업이 아니라, 일을 안 해도 시스템과 돈이 나를 위해 자동으로 굴러가서 평생 돈이 나오게 하는 직업을 말한다. 나이가 아무리 많아져도 신체적으로 정신적으로 온전하지 않아 남의 보살핌 속에 살 때도 생활비와 병원비가 스스로 나오게 하는 직업을 말하는 것이다. 그렇기에 인세 수입을 받을 수 있는 네트워크마케팅도 그중 하나의 대안이 될 수 있다. 좀 더 자세한 내용은 다음 장에서 살펴보도록 하자.

Part 04

회사는 당신의 노후를
절대 책임지지 않는다

'평생직장'이 무너졌다. 한번 잘 올라타기만 하면 종착역까지 안전하게 데려다주던 '평생 고용 열차'가 우리 사회에서 사라지고 있다. 좋은 대학을 나와서 좋은 직장에 취직하는 것은 한때 많은 사람의 꿈이었다. 그러나 견고하던 직장 신화가 무너진지 오래다. 1990년대 말에 찾아온 외환위기는 우려를 현실로 바꾸어 놓았다. 게다가 당시 외환위기는 일시적인 경제순환의 한 국면으로 끝나지 않았다. 오히려 그것은 경제의 판을 송두리째 바꾸는 결정적 계기가 되었다.

급변하는 사회 환경에 대처하기 어려운 시기에 회사는 개인의 안정과 행복을 더 이상 보장할 수 없게 되었다. 특히 IMF 체계 이후 정리해고가 합법적으로 이루어지고 있으며, 이제 안전한 곳은 그 어디에도 없다. 30년 넘게 회사만 믿고 충실해 왔는데 그 믿었던 회사가 배신했다고 억울함을 호소해도 어쩔 수 없는 우리의 현실이다.

21세기는 '직장의 종말'이 현실이 되어 직장은 우리의 노후를 책임져주지 못한다. 평생 고용 열차가 운행을 중단하려고 하는 지금 무엇을 준비해야 할까? 혹시 사라진 열차가 다시 나타나기만을 애타게 기다리고 있는 것은 아닐까? 직장은 개인의 인생을 책임져 줄 수는 없다는 사실을 잊지 말아야 한다. 직장은 영원하지 않고, 어느 날 갑자기 사라져버릴지도 모르는 임시적인 곳이다.

직장에서 겨우 버텨서 오래 살아남는다고 해도 대졸 신입이 임원이 되기까지 걸리는 시간은 대기업 23.6년, 중소기업 20.8년이다. 하지만 그들이 임원으로 될 평균 확률은 대기업 0.6%, 중소기업 6.8%에 불과하다.

또한 경력 2년이 안 되는 대졸 신입사원은 어렵게 얻은 직장을 복리후생과 임금 등 조건이 좋은 곳을 찾아서, 업무가 안 맞고 비전이 없다는 등의 이유로 이직한다. 개중에는 월급이 적고 비전이 보이지 않으니 차라리 창업해서 원하는 것을 이루겠다는 사람도 있다. 자신이 다니는 직장이 안정적이지 않다는 것을, 자신의 직장이 물이 새 들어오는 '구멍 난 보트'라는 점을 인식하기 시작한 것이다.

이처럼 직업 안정성은 깨진 지 이미 오래다. 불황의 늪에 빠진 세계 경제와 극심한 양극화로 인해 수많은 기업이 도산 위기에 빠져들면서 좋은 일자리들이 줄고 정규직, 비정규직할 것 없이 모두 불안 속에서 떨고 있다. '삼팔선'이니 '사오정'이니 하는 말이 떠돌 정도로 조기퇴직이 일상화되었고, 수많은 사람이 한창 일할 나이에 직업을 잃고 있다. 통계수치로도 확인된다.

국세청이 '2008년 퇴직소득 원천징수 신고내역'을 분석한 결과 250만여 명의 퇴직자 중에서 5년 미만 근속 퇴직자가 86.7%(222만 4,755명)에 달했다. 즉 퇴직자 중 96.3%가 한 직장에서 10년도 버티지 못하고 자의든 타의든 퇴직을 한 셈이다. 그리고 이런 현상은 시간이 지나면서 더 빠르게 진행되고 있다.

100대 기업 직원들의 평균 근무 기간 또한 10.3년(2011년 기준)으로 조사되었다. 28세에 입사를 한다면 38세를 기점으로 회사를 그만두는 게 일반적이라는 의미다. 예를 들어 삼성전자의 평균 근속연수는 7.8년이고 LG전자는 9년이다. 임원이 되지 않는 한 40대 중 후반을 기점으로 회사를 그만둬야 한다는 데는 이론의 여지가 없다. 노동부에서 발표한 한국 직장인의 정년퇴직 연령은 57세지만 한국 직장인들이 생각하고 있는 정년퇴직 연령은 평균 48.2세였다.

이런 상황은 한국의 직장인들로 하여금 늘 불안감에 시달릴 수밖에 없게 만든다. 전체 직장인 중 10~30%는 이직을 통해 몸값을 높이거나 창업을 통해 독립하는 방향을 모색하고 있다. 다만 이직의 경우에는 대부분 긍정적인 효과를 내는 반면 창업의 경우에는 좀 다르다. 자의로 창업을 하는 경우에는 성공 확률이 높았으나 타의로 인해, 생계를 위해 어쩔 수 없이 창업하는 경우에는 고전을 면치 못한다.

상당수 직장인이 생계형 자영업자로 밀려나는데 30대에서 40대로 넘어가면서 100만 명 이상이 직장에서 퇴출당하여 자영업을 도전했다. 40대에서 50대로 넘어가면서 자영업에서마저 실패하여 200만 명 이상이 실업 상태로 전락하게 된다. 사업에서 성공하는 비율이 얼마나 낮은지 우리 서민들이 얼마나 어려움을 겪고 있는지는 소득으로 그대로 나타난다.

직장인 대부분은 뚜렷한 준비 없이 창업에 뛰어들 수밖에 없거나 창업자금이 턱없이 부족하기에 대부분 창업에 실패한다. 대기업의 문어발식 경영 확장으로 자신만의 독자적인 사업에 성공하기가 쉽지 않기 때문이다. 그런데 절반 정도는 창업한 지 2년 미만이 창업 후 2년도 버티지 못하고 사업을 포기한 것으로 나타났다.

창업을 고려하는 직장인들도 답답한 상황이다. 창업을 통해 성공하기는 갈수록 어려워진다. 대기업이 소규모 창업 시장까지 뛰어들고 있는 상황인데다 음식점 같은 소자본 창업의 경우에는 치열한 경쟁을 이겨내야 한다. 그렇다고 직장에서 특별히 익힌 자신만의 일이 있는 것도 아니고 그런 일을 익

혔더라도 뚜렷하게 써먹을 수 있는 것도 아니다. 퇴직자들이 기대는 곳이 확실한 브랜드가 있는 프랜차이즈인데, 그조차도 본사의 횡포로 고생만 하는 경우가 적지 않다. 실제로 현재 40대에 자영업을 시작한 사람 중 상당수가 자영업에서조차 구조조정을 당하고, 비정규직이나 일용직으로 일하며 '워킹푸어'로 전락해 근근이 연명하는 실정이다.

물론 직장에서 성공 가도를 달리는 사람들도 있다. 2011년 4월 국세청이 발간한 '한눈에 보는 국세통계'에 의하면 연봉을 1억 이상 받는 사람이 2009년 기준 전체 근로자 1,429만 5,000명 중 19만 7,000명(전체의 1.4%, 한국 직장인 평균연봉은 2,530만 원)이 된다. 그러나 삼성전자의 30대 임원은 3명에 불과하고, 연봉 1억 원이 넘는 사람은 전체 근로자의 1.4%에 불과하다.

보통 대기업에서 임원이 되려면 입사 후 20년 7개월이 걸리고, 중소기업에서도 18년 4개월이 걸린다. 안정성, 승진, 연봉, 노후 대비 등 모든 면에서 한국의 직장인들은 힘들다. 즉 임원이 되지 않는 한 늦어도 40대 중반을 기점으로 퇴사를 해야만 한다. 그리고 임원이 되는 것은 대기업이라면 1% 이내, 중소기업이라도 3~5% 내에 들어야 한다.

연봉도 임원이 되지 않는 한 많지 않기 때문에 노후 준비가 불안할 수밖에 없다. 그리고 준비 없이 퇴직한다면 창업에 실패해 있는 돈마저 모두 날리게 될 것이고, 그 결과 품팔이 인생을 살아갈 수밖에 없다. 오늘날 한국 직장인의 현주소다. 디지털 세상이 가시화되면서 전 세계 모든 시장이 국경 없는 지구촌 단일 시장으로 변함에 따라 모든 기업의 경쟁 또한 '로컬' 차원이 아닌 '글로벌' 차원으로 바뀌었다. 그에 따라 기업들은 살아남기 위하여 혁신적인 기업 경영을 하지 않을 수 없게 되었다.

비용 절감을 위해 기업들은 모든 방안을 물색해 리스트럭처링, 리엔지니어링, 다운사이징 등과 같은 생소한 용어들이 산업 현장을 휩쓸고 다니면서 거센 회오리바람을 불러일으켰다. 기업의 구조조정은 전 산업으로 봇물 터지듯 퍼져 나갔다. 또 기업들은 더욱 유리한 입지 조건을 찾아 공장을 국내에서 해외로 이주해가기 시작했다. 그렇게 가까운 중국으로 생산 기지를 옮겨갔고, 동남아시아 여러 나라를 거쳐 이제는 중앙아시아까지 진출했다. 공장이 해외로 빠져나갈 때마다 생산 현장에 있던 많은 노동자의 일자리도 그만큼 줄어들었다. 노동조합은 이 상황을 속수무책 바라만 보고 있어야 했다. 또한 아예 자동화, 기계화, 디지털화에 더욱 박차를 가하게 되었고, 자체적으로 경쟁력이 없다고 판단되는 주요 업무에 대해서는 과감한 아웃소싱을 추진했다.

이 모든 기업의 생존 전략은 고용 감축과 직결이라는 하나의 공통점이 있다. 회사가 어려워지자 제일 먼저 종업원들을 쫓아냈다. 그렇게 직장은 장기적으로 안정성을 보장하지 못한다는 사실을 모두 알게 됐다. 직장은 일시적으로 경제적 독립을 확보할 수 있는 일시적으로 머무르기에 적당한 장소일 뿐이지 결코 영원히 함께 할 수 있는 파트너가 아니라는 인식이 환산되었다.

그렇다면 직장인들은 항상 실직에 대한 악몽에 시달리고 있는데 실직할 경우 대개 수입만 잃는 것이 아니다. 실직자는 갑자기 정기적인 수입이 없어지는 바람에 주택부금이나 자녀 교육비 그 밖의 부채를 지급해 나갈 능력과 자신의 소유물을 유지할 능력이 위태로워진다. 또한 직장에 대한 배신감이나 분노뿐 아니라 자아상실감, 나아가 절망감에 휩싸이게 되며 지금까지 지속해 오던 생활방식이 일순간에 무너지게 된다.

그렇다고 해서 현재 직장생활을 하거나 다른 독립적인 경제활동을 준비하는 사람들이 당장에 그 결심을 실행에 옮기기에도 만만치 않은 장벽이 가로막고 있다. 무엇보다 자신이 독립적인 비즈니스를 할 만한 여건이나 역량이 아직 구비되어 있지 않다는 것이 문제다.

돈이 될 만한 자격증을 가진 것도 아니고, 남들과 차별화할 만한 기술을 가진 것도 아니며 그렇다고 해서 특별히 축적해둔 자본이 있는 것도 아니고 든든하고 확실한 인맥을 갖추고 있는 것도 아닌데 무엇을 믿고 광풍이 몰아치는 광야로 나갈까 하고 생각하면 선뜻 도전하기 망설여질 것이다.

특히 지금처럼 전반적인 경제의 체질이 바뀌는 과정에서 '경제적 독립선언'을 한답시고 섣불리 움직였다가는 머슴은커녕 거지로 전락할지도 모른다는 사실에 불안해한다. 그러나 머슴살이와 같은 경제적 예속에서 벗어나 경제적 독립을 성취하려고 결심했다면, 갖춰야 할 외적, 내적인 역량과 현실에 대한 냉혹한 진단과 발상의 전환이 중요할 것이다.

우리는 지금부터 냉철한 현실 인식과 발상의 전환을 통해 평범한 샐러리맨이나 가정주부 더 나아가 그 누구라도 자신의 경제 문제를 해결해나가는 과정에서 스스로 비즈니스의 기회를 잡을 수 있는 확실한 대안을 생각해야 할 것이다. 이와 함께 21세기 디지털 기술이 우리에게 줄 수 있는 최고의 매력적인 선물을 자신의 것으로 만들 수 있는 길이 없는지 함께 모색하고 찾아 나서야 한다.

그런데 개인들이 아무리 열심히 살아도 시대 변화를 역행하기는 힘들다. 그중에 몇 가지 일자리를 뺏어가는 시대적 원인을 열거해보면 자동화 시스템과 로봇 도입, 고도의 최신기술을 배울 수 없는 개인, 대 자본화와 대형화에 어쩔 수 없는 개인, 생산시설 저임금 국가로 이전 후 산업공동화, 글로벌화, 정보화 사회 등 수없이 많다.

이에 따라 취업 스트레스를 견디지 못하고 밖으로 뛰쳐나가 남의 자동차를 부수고, 공중전화 부수를 부수고, 사람을 때리는 젊은이들이 많아졌다.

실업의 고통이 젊은이들을 불안과 절망의 나락으로 떠밀고 있는 것이다.

　그런데 분명 산업사회와 정보화 사회의 기준이 바뀌고 있다. 미래 100세 로드맵에 기준이 될 산업사회와 정보화 사회의 차이를 알아보면, 먼저 산업 사회는 일자리의 안정, 연공서열, 하나의 일자리, 55세 정년, 출근부에 도장 찍기, 학위와 스펙, 기존 지식, 회사에서 일하기 등이며, 정보화 사회의 기준은 프리랜서, 성과에 따른 보상, 다수의 직업, 정년 없는 직업, 일하고 싶을 때 일하기, 핵심 재능, 새로운 아이디어, 대부분 집에서 재테크 근무 등이다. 이제 당신도 안정적으로 여러 부분에서 높은 만족도를 느끼며 계속할 수 있는 일의 100세 로드맵을 그려보자.

Part 05

직장에 다닐 때
인생 2모작을 준비하자

현재의 직장이 결코 나를 평생 책임져주는 안정적인 곳이 아니라는 것은 누구나 다 알고 있는 사실이다. 그렇다면 스스로가 이 질문에 대한 답을 찾아야 한다. '40대 혹은 50대에 회사를 그만두고 난 뒤에는 어떻게 해야 할까?'

대학에 다닐 때는 "일단 취업을 하고 보자"고 생각할 수도 있고, 나름대로 큰 포부를 갖고 취업을 하지만 현실을 둘러보면 대기업에서 임원이 되는 것도, 중소기업에 다니다가 경력을 쌓아 창업하는 것도 결코 쉽지 않다는 것을 잘 알게 된다. 하지만 답을 찾아내야 한다.

대기업에 다니다가 퇴직하고, 편의점, 치킨점, 김밥점, 빵집을 하는 분들과 대화를 나누어보기도 하고 중소기업에 다니는 사람들을 만나보기도 해보라. 그러나 사실 완벽한 대안을 찾는다는 건 정말 쉽지 않다. 현실적으로 창업해서 성공한다는 건 정말 힘들다. 특히 한국 사회는 대기업이 골목상권에까지 진출하고 있고 창업 자금을 구하는 것도 정말 힘들다. 담보가 없으면 대출이 어려운 것이 현실이다. 또 창업 아이템이 평범한 경우 성공은 더욱 힘들다. 결국 스티브 잡스처럼 과학기술의 결합이 반드시 선행되어야 제대로 된 기업을 세울 수 있는데, 그것은 일반 직장인에겐 만만치 않은 일이다. 결국 인생 2막은 끊임없는 고민을 통해 틈새를 공략할 수밖에 없다.

그렇기에 직장에 다닐 때부터 앞으로 미래의 대안으로 무엇을 할 것인지 미리 많이 알아보고 생각을 많이 해야 한다. 물론 직장에 다니는 동안 열심히 일하는 것은 필수적이지만 퇴직 이후 무엇을 할 것인지에 대한 고민은 10년을 앞서 해야 한다. 사실 그렇게 충분한 준비를 해도 성공을 할 수 있을까 말까 한다. 준비 없는 퇴직과 창업은 단순 간에 비참한 지경에 빠질 위험이 너무 크기 때문이다. 이를 증명해주는 우리 주변 퇴직자들의 사례는 너무 많다. 결국 앞으로는 조직의 울타리를 깨고 나와서 현실 세계로 나가 스스로가 일을 개척해야 하는데, 무엇으로 인생 2막을 만들어갈 것인지 스스로 고민을 많이 해봐야 한다. 만약 심각하게 고민해보지 않고 뛰어든다면 일반적으로 우리 주변 실패사례를 답습하는 꼴이 될 것이다. 프랜차이즈 창업을 하든, 독자적인 사업을 해서 망하든 무엇을 해서든 말이다.

이처럼 다각적으로 생각하면서 미래를 고민하고 많이 알아보다 보면 어느 순간 기회가 다가올 것이다. 국정원에서 일하다가 미래 산업을 창업한 정문술 전 회장도 그의 창업 이후의 삶을 들여다보면 눈물도 나고 가슴이 먹먹해질 때가 많았다고 한다. 그가 자살을 시도하고, 친구에게 돈을 빌리면서 핀잔을 듣고, 어린 조카에게 과잣값조차 쥐여주지 못하고…. 또, 죽느냐 사느냐의 기로에서 늘 사는 모습이 정말 만만치 않았던 모습이었다.

실제로 한국이라는 좁은 땅에서 무엇을 하든지 박 터지게 경쟁이 심한데 자신의 사업을 한다는 건 정말 만만치 않은 일이다. 프리랜서도 마찬가지다. 종업원이 없는 1인 사업가나 마찬가지니까. 그럼에도 평생직장이 사라진 현대를 살아가는 우리는 모두 창업을 고려해야만 하는 현실에 놓여 있다. 목숨을 바칠 각오를 다지고, 직장생활 이후의 삶을 적극적으로 고민해보아야 한다. 이제 모든 직장인은 지금부터라도 스스로 자신의 미래를 진지하게 생각해볼 때이다.

그런데 요즘 직장에 다니면서도 불안한 미래 때문인지 투잡(Two Jop)을 찾고 있는 사람들이 많아졌다. 자신의 전문적인 분야에서 활동하되 동시에 다른 분야에서도 전문성을 쌓기 위해 노력하는 투잡과 쓰리잡이 인기다. 한 분야에서 대단한 전문가가 되는 것만으로는 안정된 수익 구조를 만들어내기 어렵다는 인식이 커졌기 때문이다.

실제로 인터넷 구인 사이트를 보면 투잡 란이 따로 있을 정도인데, 이는 직업에 대한 편견이 사라지고, '경제 전쟁 시대'에 좀 더 풍요로운 생활을 위해 남는 시간에 또 하나의 전문 분야를 개척하려는 사람이 늘어났기 때문이다.

그렇다면 좋은 투잡의 조건은 무엇일까? 투잡을 흔히 부업이라고 부르는데, 사실상 요즘 투잡은 부업 개념을 넘어서고 있다. 투잡을 통해서도 얼마든지 즐거움과 이익을 얻고 전문인으로서의 능력 계발도 할 수 있다. 실제로 투잡을 하다가 오히려 본업보다 투잡에서 더 큰 가능성을 발견하고 그쪽으로 진로를 변경하는 사람들도 적지 않음을 알 수 있다.

투잡이라고 하루 이틀하고 그만두는 것이 아니라, 장기적인 수익 구조를 구축해 오래 할 수 있는 투잡이 많은 사랑을 받게 됐다. 또한 과거의 투잡이 주로 몸을 움직이는 시간 아르바이트 개념이었다면, 이제는 정보와 지식, 서비스 분야에서 좀 더 높은 부가가치를 갖춘 투잡들도 등장했다.

이런 투잡들의 특징은 하루에 몇 시간씩 저임금으로 일하는 대신, 나무 한 그루를 키우듯 장기적 시스템을 구축해 시간이 갈수록 더 큰 가치를 얻게 된다는 장점이 있다.

예를 들어 옷가게에 옷을 파는 점원으로 취직하면 투자한 시간 이상의 임금을 받기 어렵다. 그러나 옷가게 쇼핑몰을 구축한다면 시간과 공간의 제한이 없기에 처음에는 좀 시간이 걸려도 나중에는 판매 사원으로 일할 때보다 훨씬 많은 수익을 올리게 된다. 장기적 시스템을 가진 투잡도 이와 비슷한 이

치로서 로열티 파이프라인을 쌓는 일이 될 수 있다. 그 대표적인 방법의 하나가 무점포, 소자본으로 할 수 있는 네트워크마케팅이 대안이 될 수 있다.

시간은 우리에게 돈이다. 또한 시간은 삶이다. 우리는 돈을 벌기 위해 일을 한다. 그렇게 우리는 삶과 돈을 바꾸며 산다. 우리 사회는 자본주의다. 자(資)가 본(本)이 되는 사회다. 자본 제일주의, 자본 지상주의라는 말이다. 자본주의는 물신주의(物神主義)라고도 한다. 곧 물질이 신이라는 것이다.

사람들은 네트워크마케팅이 이론대로라면 좋은 것이고, 그렇게만 된다면 '안 할 이유가 없다'고 하면서도 정작 '무언가 함정이 있을 거다' '시간이 없다' '아는 사람이 없다' '퇴직 후 하겠다.' 하며 제대로 알아보지도 않고 고민만 한다. 그렇게 미루기만 하면 전혀 남는 것이 없다.

그러나 기왕 네트워크마케팅을 시작하려면 소득이 있을 때 하는 것이 바람직하다. 네트워크마케팅은 처음부터 근로소득이나 사업소득처럼 곧바로 돈이 되지 않는다. 만일 네트워크마케팅 회사 중에 시작부터 큰돈이 된다고 하면 뭔가 무리한 수익구조로 되어 있거나 중간에 잘못된 방법으로 사업을 하고 있을 확률이 높다. 그러므로 당장 소득원이 없어 매달 필요한 생활비를 네트워크마케팅으로 벌어야 한다는 생각은 현실적으로 맞지 않는다. 어느 정도의 시간 투자가 필요하기 때문이다. 그런데 보통 사람들은 아직 네트워크마케팅에 대한 정확한 정보가 없을 뿐 아니라 '나쁜 비즈니스'로 알고 있기 때문에, 수입이 완전 없어지고 나서 이 일을 한다면 '직장에서 쫓겨나더니 결국 피라미드를 하는구나'라며 더욱 당신의 말을 들으려 하지 않을 것이다. 최소한 당신 얼굴을 봐서 마음을 열고 들어주기라도 하면 좋겠지만 들어 주기 조차 하지 않을지도 모른다. 그렇기에 현재 당신이 남보다 잘 나가는 안정적인 위치에 있을 때 비즈니스를 시작하는 것이 가장 좋다. 그래야 마음이 쫓겨 무리하지 않게 되고 상대도 좀 더 신뢰를 하고 내 말에 귀를 기울이는 법이다.

이렇게 네트워크 비즈니스는 처음부터 전업으로 하는 것이 아닌, 기존에 하던 일을 그대로 하면서 남는 시간을 활용해서 하는 것이 가장 바람직하다. 전업으로 이 사업을 하면 빠르게 결과를 낼 것 같지만 대부분 그렇지는 않다. 어떤 일이든 시간이 많아서 일을 해내는 것이 아니라 간절해서 해내는 것이다. 바쁜 중에, 어려울 때 일이 잘된다.

처음에는 네트워크 비즈니스를 세컨드 잡(Second Job)으로 시작하라. 처음에는 술 마시고, 여가활동하고, TV 보는 시간 정도만 활용해 보라. 주부라면 아이를 학교에 보내고 하교할 때까지의 시간을 활용하면 된다. 그렇게 열심히 해서 네트워크 마케팅 소득이 근로소득이나 사업소득의 두세 배 이상 되고 네트워크가 안정되게 구축되면, 그때 전업을 고려해 봐도 늦지 않다.

당신이 현직에 있을 때 미래의 대안을 찾지 않으면 왜 위험한지 다음의 이야기를 통해 해답을 찾을 수 있을 것이다. 오세아니아의 드넓은 초원, 수많은 양이 풀을 찾아 이동한다. 양들은 장기간의 이동으로 배고픔이 극에 달해 있다. 목초지는 양들의 수에 비해 넉넉하지 않아 뒤처진 양들은 풀냄새만 맡고 풀을 먹지 못한다. 굶주린 후미의 양들이 신경이 예민해져서 미친 듯이 뛰어다닌다. 그러자 그 앞의 양들이 따라서 뛰고, 그 앞줄 양들이 차례대로 뛰자 결국 모든 양이 들고 뛴다.

정신없이 뛰는 양들은 어디로 가는지, 왜 뛰는지도 모른 채 오직 한 발이라도 앞서기 위해 죽을힘을 다해 뛴다. 오직 옆의 양들보다 한 발이라도 앞서기 위해 옆만 보고 달리던 양들 앞에 천 길 낭떠러지가 나타난다. 벼랑을 발견한 양들이 급하게 서보려고 하지만 멈출 수 없다. 뒤에서 달려오는 양들이 그들을 밀어버렸기 때문이다.

이처럼 우리 주위 사람들은 방향도 목적도 없이 열심히 뛰기만 한다. 그 결과는 위의 사례처럼 위험천만할 수 있다. 그렇기에 때로는 숨을 돌리고 어디로 가고 있는지 고개 들어 돌아보아야 한다. 열심히 하는 것 못지않게 중요한 것은 올바른 방향으로 가는 것이다. 시급한 일보다는 소중한 일에 에너지를 써야 한다. 성찰 없는 무조건적인 열심은 개인이나 사회, 국가나 인류도 방향성을 잃고 경쟁만 하면 모두의 삶이 피폐해진다.

만일 자세하게 네트워크마케팅을 알아보았는데도 당신에게 호기심이 생기지 않는다면 당신은 하던 일을 계속하는 것이 낫다.

그러나 호기심이 생기는가? 가슴이 뛰는가?

그렇다면 먼저 제품이 좋은지, 수익구조가 합리적인지 시스템이 있는지 일단 알아보라. 일하든 하지 않든지 정보를 알아보는 것만으로도 크게 얻는 것이 많을 것이다. 아무리 이론이 달콤해도 제품 경쟁력이 없다면 최종 소비자에게 도움이 되지 않는다. 최종 소비자에게 도움이 되지 않는 정보라면 절대 오래갈 수 없다. 그래서 제품 경쟁력이 없는 네트워크 회사와 파트너가 되면 위험하다. 이같이 네트워크마케팅의 성공원리와 본질에 대해 제대로 알게 되면 마법처럼 또 다른 기회가 보일수도 있다.

CHAPTER 04

위협받는 **자영업**과 **전문직**의 암울한 현실

전문직, 더 이상 안전지대는 아니다
의사, 변호사, 약사 전문직도 위협받고 있다
자영업자의 처절한 현실, 치킨집 사장이 꿈이었나
프랜차이즈 사업의 허와 실을 밝히다

Part 01

전문직,
더 이상 안전지대는 아니다

지금은 그 어디에서도 안정적인 직장을 찾을 수 없다. 의사나 변호사 등 소위 '사'자가 붙은 전문직도 이제는 철밥통이 아니라 깨지기 쉬운 사기그릇으로 변해 버렸다. 쉽게 말해 '추락하는 전문직'이라고 해도 과언이 아닐 정도로 시대가 많이 변했다.

한때는 의사, 변호사, 공인회계사, 변리사, 세무사 같은 고급 전문 자격증은 과거 한국 사회에서 평생이 보장되는 인생 보증서였다. 그러나 자격증 소비자가 급증하면서 점차 매력을 잃어 지금은 자격증 공급 과잉시대를 맞고 있다.

한편, 한국인들의 의식을 급격히 바꿔놓은 결정적 계기는 1997년에 발생한 외환위기라고 할 수 있다. 수많은 기업이 도산하고, 대량 해고로 하루아침에 실직자가 되거나 준비 없이 어쩔 수 없이 등 떠밀려 자영업에 뛰어들었다가 망해 길거리에 나앉는 모습을 보면서 사람들은 전문직, 공무원과 같은 직업의 '안정성'에 큰 가치를 두게 되었다. 그러나 15년 이상이 지난 지금은 어떨까? 상위권 성적을 거두는 고교생의 목표는 여전히 의과대학과 법학대학이다. 그래도 전문직이 지금까지 비교적 높은 수입과 사회적인 위치를 보장해 왔기 때문이다. 하지만 앞으로도 변함없이 모든 전문직이 고수입과 사회적 위치를 누릴 수 있게 될까? 결론은 그리 긍정적이지 않다. 이제는 공급과잉과 기술발전으로 인해 전문직도 더 이상 안전지대가 아니다. 오히려 레드오션으로 뭐든 힘들어진 이 좁은 땅덩이에서 우수한 두뇌끼리의 피터지는 경쟁으로 10년 후에는 최악의 지역이 될 가능성도 있다.

지금 이들 직업을 지원하는 10대와 20대는 이런 치열한 경쟁을 충분히 이겨낼 수 있을 것이라는 막연히 희망적인 생각을 하고 있을지도 모른다. 또는 전문직 자격증을 취득하고 나면 별 어려움 없이 살 수 있을 것이라는 착각을 한다거나, 그래도 일반 직장인보다는 나을 것이라는 생각을 할 수도 있다. 하지만 냉정하게 말해서 앞으로는 전문직 내에서도 상위 20%와 하위 20%의 삶은 극명하게 갈라질 것이다. 모든 전문직종의 공급과잉은 날로 심각해지고 있고 기술 발전도 말도 안 되는 속도로 점점 빨라지고 있기 때문이다.

대부분의 전문직도 앞으로는 과거 노동자들이 그랬던 것처럼 과학기술로부터 생존의 위협을 받게 될 것이다. 대표적인 예로는 현재 은행의 ATM은 최소 6단계에 걸쳐 은행 직원들을 대신해 일하고 있다. 처음 ATM이 등장하자 은행 창구직원들의 상당수가 일자리를 잃었다. 그들은 창구직원이 사라지면 금융위기가 발생할 것이라고 주장하기도 했지만, ATM은 현재 거의 모든 은행지점이 비치되어 있고, 그 때문에 상당수 은행원의 일자리가 사라지고 말았다. 은행원 대신에 우리는 ATM기로 간단한 업무는 긴 대기시간이라는 불편함 없이 더욱 간편하게 처리를 할 수 있다. 이와 비슷하게 월스트리트에 온라인 주식시장이 자리를 잡자 거래 수수료는 낮아졌고. 많은 주식 거래인들 다수가 일자리를 잃게 된 사례도 있다.

의사의 경우를 보면, 오랜 시간 동안 많은 돈을 들인 공부를 해서 증상과 치료법을 암기하여 그를 바탕으로 의학 장비를 이용해 치료한다. 그러나 지금은 간단한 인터넷 검색으로도 의사들이 외워서 머릿속에 집어넣은 지식을 충분히 압도할 수 있는 시대이다. 즉 현직 의사들을 압도할 의학지식을 모두 소프트웨어 속에 담아 개인들이 소비할 수 있는 하나의 상품으로 판매할 수 있게 된다는 말이다.

현재 방사선 전문의는 진단 기계를 이용하고 있다. 그리고 최근에는 외과 수술도 로봇이 대신해 진행하고 있다. 로봇은 사람과 달리 어떤 감정이나 몸의 컨디션에 의한 실수나 오차가 없이 더욱 안전한 수술이 가능할 것이다. 물론 지금은 초기단계이지만 이미 국내 대학병원에서도 많은 로봇을 구매했고 앞으로 점점 더 수술 횟수가 증가할 것이다. 이런 변화의 흐름은 무엇을 뜻하는 것일까? 이는 앞으로 시간이 지나면 기술 진보로 인해 우리가 맞이할 기상천외한 일들이 많이 생기리라는 것을 보여준다.

그렇다면 앞으로 의사들은 모두 실업자가 된다는 말인가? 그렇지는 않다. 앞으로 의사 중에서 자신의 전문지식과 더불어 IT 기술 내지 기계공학적 기술을 결합하여 엄청난 사업을 벌이는 시대를 이끌어갈 선도적 리더가 분명 나올 것이다. 그러면 그는 엄청난 성공과 부를 누리게 될 것이고 그로 인해 파생된 수많은 일자리가 새롭게 생겨날 것이다. 그러나 이와 반대로 현재에 안주하고 새로운 기회를 찾지 않는 의사들은 상당한 어려움을 겪게 될 것이다.

변호사들도 맥락은 똑같다. 변호사의 지식은 의학지식보다 일반인들이 다루기가 훨씬 더 쉽다. 그렇기에 더 쉽게 더 빨리 소프트웨어화가 이루어질 것이다. 이미 선진국에서는 한참 전에 이 분야의 소프트웨어화가 이루어졌다.

우리나라 경우를 살펴보면 법률 사건은 대법원 판례 검색만 해도 사건 대부분이 해결된다. 우리나라에서 대부분의 판결은 대법원 판결을 따르고 있기 때문이다. 대법원 판례를 바탕으로 사건의 판결 방향을 깔끔하게 소프트웨어로 정리해 시중에 판매한다면 어떤 일이 생길까? 그리고 인터넷으로 실시간 법률상담을 한다면 어떨까?(물론 이것은 지금 많은 변호사가 하고 있다). 당연히 이는 다수의 변호사에게는 생존을 갈리는 큰 위기로 다가올 것이다. 더 나아가 앞으로 개인이 모든 소송을 직접 할 수 있도록 법이 완전히 개정된다면 변호사들은 더 큰 위기를 겪게 될 것이다. 게다가 법률 관련 글로벌 회사들이 국내에 진출한다면 이들과도 경쟁해야 하기에 더욱 힘들어질 것이다.

이처럼 수임료가 비쌌던 변호사 업무마저도 소프트웨어의 추격에 완전히 노출되어 있다. 보통 변호사 업무도 회계처리 업무와 비슷한 점이 많다. 변호사 업무의 대부분은 법률에 의거한 정형화된 패턴이므로 간단히 CD롬 한 장의 패키지로도 충분하다.

오마에 겐이치는 그의 저서 '자신의 부가가치를 높이는 법'에서 이렇게 말한다. "오로지 법률에만 정통한 변호사, 장부 기장에만 성실한 회계사. 지도요령만 읽어주는 교사는 이제부터 멀티미디어 시스템에 의해 소멸해 갈 것이다. 종래의 유망업종이던 산업 대부분이 패키지화, 소프트화되는 것이 우리 눈 앞에 펼쳐질 것이다."

이처럼 전문직도 시대적인 변화의 물결에서 결코 안전한 분야가 아니다. 현실이 이렇다 보니 많은 수입을 자랑하고 신분도 높은 변호사 업무가 서비스산업의 지적 블루칼라는커녕 제1 카테고리인 단순 노동집약적인 업무에 가까워지고 있다. 따라서 기존의 업무방식을 고수하고 변화하지 않는다면 수입이 절대 늘지 않는 것은 물론이고 심지어 사양화의 길을 걷게 될 수도 있다. 앞으로 이런 패키지 소프트웨어가 급격히 보편화하면서 아마도 변호사의 90%, 공인회계사의 95%가 도태되고 고작 CD롬의 오퍼레이터로 전락할지도 모른다. 현재 주변 변호사, 회계사의 열띤 영업활동과 경쟁적 홍보활동을 하고 있음을 조금만 알아봐도 이를 잘 알 수 있다.

앞으로의 기술 발전은 분명 의사나 변호사를 비롯한 모든 전문직에 큰 위기이자 큰 기회가 될 것이다. 준비하는 자에게는 새로운 기회가, 안주하는 자에게는 몰락의 길이 될 수도 있다. 그렇기에 시대적인 변화 앞에서 어떤 대응을 해야 할 것인지에 대해 모든 전문직은 깊은 연구와 고민을 해야 할 것이다. 그리고 그 대안으로는 시대의 변화에 발맞추는 것일 수도 있고, 자신의 분야에서 더욱 최고가 되는 것일 수도 있으며, 기존에 없던 새로운 블루오션으로 진출하는 것이 될 수도 있다.

그러나 이 중에서 가장 안전하면서도 이상적인 전략은 '시대의 변화를 발맞춰 가면서 새로운 블루오션으로 진출하는 것'이 될 것이다.

한편, 2015년 2월 유튜브에 새롭고 흥미로운 영상이 떴다. 자동으로 약을 조제하는 로봇과 관련된 영상이 하나 올라온 것이다. 중국 절강성 부속병원을 견학 갔던 한 관계자가 자동조제로 로봇에 의해 약을 조제, 분류, 투약하는 과정을 직접 찍어서 올린 영상이었다. 이 병원에서는 1명의 약사가 하루 6천 명의 외래환자를 담당한다. 1명의 약사가 6천 명의 환자의 약을 조제할 수 있는 비결은 바로 이것이다. 사람이라면 있을 수 있는 한 치의 오차나 실수 없이 자동으로 약을 분류하고, 조제해주는 자동조제 로봇 덕분인 것이다. 미국에서도 이미 약을 조제하는 로봇이 등장하여 실제 사용 중이다.

또한 2015년 방영된 KBS 시사 기획 창 '로봇 혁명, 미래를 바꾸다.' 편은 기술의 발전에 의해 많은 직업이 사라지는 현상에 대해 조명했다. 이 프로그램에서 방영한 내용에 따르면 미국 UCSF(캘리포니아 대학교 샌프란시스코) 등 5개 대학병원에서는 환자들이 복용할 약을 로봇이 직접 조제한다.

이 조제 로봇은 35만 건이 넘는 처방을 조제해왔지만, 단 1건의 실수도 없이 완벽하게 조제했다. 로봇에 의한 이 조제 과정의 가장 큰 장점은 역시나 인간은 완전히 조제 과정에서 배제되기 때문에 인간이라면 때때로 저지를 수 있는 실수는 100% 완전히 차단된다는 점이다.

이 같은 자동 조제 시스템 덕분에 2014년 기준으로 미국의 병원 약국에서는 일반 조제 업무의 97%가 자동화되었고 침대 수가 600개 이상인 병원에서는 로봇이 직접 조제를 담당하는 비중은 37%나 달한다고 한다. 이는 약사(특히 병원 내)의 입지가 점점 축소되고 있다는 것을 단적으로 보여주는 현실이다.

한국도 이미 종합병원에서 조제 로봇의 도입을 위해 준비 중이며, 개인 약국 중 약 30%가 이미 자동조제기를 도입해서 사용 중이라고 한다. 그리고 이 자동조제기의 도입 이후 개인 약국 다수에서는 당연히 약국에서 근무하던 보조 인력들의 해고가 줄을 이었다. 자동조제기 도입으로 조제 시간이 대폭 감소하여 보조 인력 고용이 불필요해졌기 때문이다.

Part 02

의사, 변호사, 약사 전문직도
위협받고 있다

우리 사회에서 최고 엘리트들이 소속된 직업군인 판사, 검사 등 법률직과 의사, 약사 등 의료직은 최고의 직업으로 손꼽는 전문직이다. 사회적으로 전문성을 인정받는 법조인과 의료인이라는 직업이 미래에도 장밋빛일까? 놀랍게도 우리나라 고소득 전문직 7명 가운데 1명은 연 매출이 2,400만 원에도 못 미친다고 한다. 즉, 월평균 수입 금액이 200만 원도 안 되는 데다 사무실 임대료와 인건비 등 각종 비용을 빼면 실소득이 상대적 빈곤층 기준소득인 월 146만 원에도 못 미친다는 의미다. 불과 20년 전만 해도 전문직은 우리나라에서 최고 소득을 올리는 계층이었다. 시험만 통과하면 무조건 상류층으로 진입하니, 경쟁도 치열했다. 하지만 세상은 변했다. 일단 판사, 검사는 계속 유망 직업 지위를 유지할 것이지만 변호사에 대한 전망은 그리 밝지 않다.

변호사 전망을 비관적으로 본 가장 큰 이유는 변호사 1인당 수임 건수가 감소할 것으로 예상하기 때문이다. 법학전문대학원 제도가 도입된 이후 신규 변호사 배출 수가 급증하고 있다. 2012년 법학전문대학원 졸업자와 사법시험에 합격하고 사법연수원을 졸업한 신규 법조인은 최소 2,500여 명. 무려 전체 변호사 수의 23%에 달하는 수이다.

법률시장 개방도 변호사 전망을 어둡게 보는 이유이다. 2015년 7월 1일한. EU 자유무역협정(FTA)발효로 법률시장이 개방되면 외국계 로펌이 국내에 진출할 수 있게 된다.

한국의 변호사는 평균적으로 볼 때 다른 직종보다 비교적 높은 수입을 올린다. 앞으로도 상위 20% 정도의 변호사는 경제적 풍요를 누릴 것이다. 또 상위 20~50%에 해당하는 변호사는 일반적인 중산층 생활을 할 수 있을 것이다. 그러나 공급과잉으로 하위 20~40%의 변호사들은 큰 경제적 어려움에 부닥치게 될 것이며, 이는 불과 10년 이내에 현실로 다가올 것이다. 실제로 의사들이 매년 회생절차를 신청하고 파산을 하며 심지어 자살까지 하듯 변호사들도 똑같은 전철을 밟을 가능성이 크다. 즉, 이들도 극도의 생존 위기에 처할 수 있다는 것이다.

2011년 2월 말 기준 전국 개업변호사 수는 1만 680명이고 당장 내년부터 매년 2,000명 이상의 변호사가 배출된다. 수년 내로 변호사 수는 2만 명을 넘어설 전망이다. 지금도 상당수 변호사가 빚으로 사무실을 운영하고 있는데 매년 2,000명의 변호사가 쏟아져 나오면 그 결과는 불 보듯 뻔하다.

지역에 따라 다르지만 사무실 임대료, 직원 임금으로 나가는 평균 2,000만 원 정도의 비용이 소요되므로 월평균 4건은 수임해야 사무실 운영이 가능하나 2009년 서울지방변호사회를 경유한 수임 건수는 17만 4,168건이다. 서울지방변호사회 전체 회원 7,380명으로 나누면 변호사 1인당 연평균 수임 건수는 23.6건으로 월평균 겨우 1.9건밖에 되지 않는다.

실제로 전체 변호사 시장의 절반 이상을 대형 로펌이 차지하는 현실을 감안하면 개인 변호사들은 한 달에 한 건 수임도 쉽지 않다. 이런 수임 건수로는 직원들 월급을 주기에도 빠듯할 수밖에 없다.

사법연수원을 수료하고 곧바로 로펌으로 향하는 변호사의 경우 최상위권 로펌에서는 1억 원 선의 고액연봉을 받는다. 그러나 10년 전 월급 변호사가 한 달에 500만 원을 받았으나 현재는 400만 원대까지 떨어졌다. 로스쿨 졸업생들이 쏟아져 곧 월 300만 원 이하로 떨어질 것이라는 얘기가 나돈다. 대한변호사협회가 개업 5년 차 이하 또는 40세 이하 청년변호사 108명을 대상으로 실시한 조사에 따르면 평균 순소득은 3,700만 원대로 조사되었다. 현재에도 수지를 맞추지 못하는 변호사들이 20% 이상이지만 수년 내로 40% 이상으로 높아질 가능성이 크다.

변호사의 경우 그들 스스로가 괜찮은 자격증 정도로 여길 뿐 더 이상의 의미를 두지 않고 있다. 이제는 사법시험이 평생 보장이라는 등식은 더 이상은 통하지 않는다. 법조 시장은 그야말로 포화 상태가 되었다. 이러다 보니 상당수 법조 초년생들은 기약 없는 변호사 생활 대신 다른 직업에 눈을 돌려 활로를 모색하는 안타까운 현상이 벌어지기도 한다.

부와 명예의 상징이었던 의사는 어떨까? 일단 과도한 업무량과 스트레스, 장시간 근무 등 근무 여건이 좋지 않아 의사의 지위, 그리고 근무환경, 전망은 빠른 속도로 어두워지고 있다. 실제로 필자가 대화한 수많은 정형외과 의사들이 놀랍게도 대부분 디스크환자였다. 장시간의 수술 등의 고된 업무환경에서 정작 자신의 건강은 챙기지 못하는 모습을 보고 놀랐던 기억이 있다. 게다가 요즈음 배출되는 의사의 수는 매년 3천 명 이상이다. 이미 의사면허 번호가 10만을 돌파한 지 오래다.

또 의사는 평균보다 사회 진출 시기가 늦다. 의사가 되기 위해서는 의대 6년, 전공의 과정 5년(인턴 1년, 레지던트 4년). 총 11년을 공부해야 한다. 이후에도 남자의 경우에는 군의관 혹은 공보의 3년, 펠로우 2년 등의 과정을 거쳐야 하는데 전임의 생활을 1~3년 하고 나면 이 말은 즉 20살에 의대를 입학해도 최소 31세에서 36세가 되어야 본격적인 이익을 얻을 수 있다. 의학전문

대학원 출신은 여기에 2년이 더 추가된다.

하지만 그렇게 힘들고 긴 과정을 거쳐도 문제가 남는다. 매년 인턴. 레지던트를 마친 전문의가 전국 42개 대학병원에서 3,000명씩 쏟아져 나오고 있고, 의사면허를 가지고 있는 사람만 10만 명 이상이다. 대학병원에 남는 의사는 극히 일부이다. 대체로 10% 안팎은 종합병원 월급의사로. 40%는 일반 병, 의원의 월급 의사로, 나머지 40%는 개인병원을 개업하지만 병원이 아닌 제약회사나 보건소로 가는 의사도 10%에 이른다.

의사가 된 후에는 개원하거나 돈 없으면 월급의사로써 직원으로 살아야 한다. 문제는 의사들은 오래 근무한다고 해서 결코 일반 회사원처럼 월급이 올라가는 구조가 아니다. 오히려 월급은 대략 1년에 50~100만 원씩 떨어지고 있는 추세이다. 월급이 오르기는 고사하고 떨어지지 않으면 다행이다. 병원 경영자 입장에선 당연히 신기술을 배운 젊은 의사들을 선호하기 때문이다.

결국 의사가 되면 90%는 원하든 원치 않든 결국 개업을 하게 되는데 수입도 천차만별이다. 전문의사와 일반의사 임금수준을 비교했을 때, 전문의 상위 25%는 월 1,230만 원, 하위 25%는 340만 원으로, 일반의사 상위 25%는 월 460만 원, 하위 25%는 220만 원으로 나타났다. 놀랍게도 생각보다 훨씬 낮은 수입이다.

개인병원을 개원하는 것도 만만치 않은 일이다. 만약 개원했는데 망한다면 재기할 방법이 거의 없다. 의사의 특성상 업종을 바꿔서 전직이나 이직이 되는 것도 아니고, 의학 이외의 지식이나 세상의 흐름에 어두워 다른 방면으로의 진출이 어렵다. 결국 실패를 대비한 대안이 없는 것이다. 요즘에는 개업 경쟁이 치열해져서 신규 개업한 의사들은 야간진료, 휴일 진료를 하는 경우도 많다. 물러설 곳이 없는 상태에서 경쟁은 더 치열해지고 있는 것이다.

서울 강남을 기준으로 하면 건물 보증금과 인테리어 비용, 의료기 등 구매에 최소 3~5억이 필요하고 다른 지역에 개원해도 최소 1~2억은 필요하다. 요즘에는 폐업하는 병, 의원이 많아 은행권에서도 의사를 대상으로 하는 대출액 한도액을 줄이거나 높은 이자율을 적용 중이다.

개인병원을 열어도 결코 성공하기 쉽지 않다. 건강보험심사평가원에 따르면 2007년 기준 전국 개인병원 중 보험적용 환자 수가 하루 30명 이하인 병원이 22.5%에 달했다. 이것은 비보험 수입이 많은 치과나 성형외과는 제외한 조사결과다. 개인병원도 임대료. 간호사 월급, 의료장비 리스료, 이자 비용 등을 합하면 최소 월 1,000만 원 안팎의 비용이 든다. 따라서 하루 30명의 환자로는 결코 수지에 맞지 않는다.

이런 상황으로 병원 문을 닫는 의사들이 속출하고 있다. 건강보험심사평가원의 의원급 개, 폐업 현황에 따르며 2005년에는 신규 개원한 의원이 2,479곳. 폐업을 한 곳은 1,613곳이었지만 2009년에는 1,986곳이 신규 개원을 했고 1,487곳이 폐업했다. 새로 개원하는 의사는 점점 줄어들고 폐업하는 의사는 늘고 있다. 결국 의사들의 부채도 증가해 대한의사협회 의료정책연구소가 2010년 4월 갤럽에 의뢰해 1,009명의 개원 의사들 대상 설문조사 결과를 보면 평균 3억 8,000만 원의 빚을 안고 있었다. 그 결과 의사들은 평일 진료시간 연장이나, 일요일에도 진료하며, 심지어 응급실 아르바이트나 택시기사를 하는 경우까지 있었다. 그래도 빚을 갚지 못해 서울중앙지방법원에 일반회생 절차를 신청한 의사와 한의사 수는 2006년 15명에서 2007년 22명, 2008년 55명, 2009년에는 88명에 달해 점점 더 늘어나고 있다.

월급의사가 되려고 해도 이 또한 경쟁이 치열하다. 2009년 서울 강북지역의 한 중견 병원에서 피부과 원장 1명을 모집하는 데 40여 명의 전공의가 몰렸다. 경쟁이 덜한 수도권 중소도시의 월급의사의 월 급여는 300~400만 원 선(신입 월급의사의 월 급여 최대치는 700만 원 선)에 그치고 있다. 그렇기에 요즘 의사들은 직접 광고와 마케팅에 상당한 시간을 들여 공부하고 어떻게 하면 조금이라도 더 자신을 돋보이게 할지에 대해 많은 고민을 하는 것이 한국 의사들의 모습이다.

과거에는 의사 면허증만 갖게 되면 모든 의사가 평생 돈 걱정 없이 살 수 있었던 성공의 보장수표였다면 이제 20~40% 정도의 의사들은 생존조차 힘들다. 앞으로는 의사들의 수가 더 많아지고 외국 자본까지 들어오고 있어 경쟁은 한없이 치열해질 수밖에 없기에 긴장해야 한다.

열풍을 몰고 왔던 인기직업, 한의사의 경우도 힘든 건 마찬가지다. 매년 전국 11개 한의과대학에서 850~880명의 한의사가 배출되며, 2010년을 기준으로 한의사는 1만 6,038명이었다. 한방 의료기관이 매년 수용 가능한 한의사의 최대치는 400명 선으로 나머지 400~500명의 한의사는 중소 한의원에서 일하거나 개업을 해야 한다.

대학을 졸업하고 의원급 한의원에 월급 한의사로 취업하면 첫 월급이 300만 원을 넘지 않는다. 2004년 월 급여 500만 원 선이 무너진 이후 2010년부터 300만 원 선으로 초봉이 떨어진 것이다. 그나마 한의사를 구하는 곳도 많지 않다. 서초구 보건소 계약직 한의사의 경쟁률은 30대 1까지 올라갔고, 지방 보건소도 경쟁률이 3대 1을 넘는다.

한의원의 주 수입원이 보약인데 불황이다 보니 사람들이 비싼 보약을 먹기가 쉽지 않아졌다. 게다가 중국산 한약재가 범람하면서 약재에 불신이 커져 한의원들의 상황을 악화시켰다. 한의원에서는 이에 보약 가격을 내렸지만 별 효과를 내지 못하고 있다. 현재 매출의 70~80%는 침과 뜸, 부항에서 나온다. 그러나 침을 놓고 뜸, 부항을 떠줘도 1회 시술에 6,000~7,000원에 불과하기에 환자 수가 아주 많지 않으면 매출을 올리기 어렵다.

근처에 한의원 4곳이 생기면서 평일 야간진료는 기본이고 휴일 진료도 했지만, 하루에 환자가 10명도 안 되는 날이 계속돼 빚만 잔뜩 쌓여간다. 결국 국내 한의사 간의 경쟁이 너무 치열해서 블루오션을 찾아 해외로 나가는 한의사들이 늘어나고 다이어트, 한방 성형 등 특화된 진료를 하는 한의사들도 증가하고 있다. 그러나 한의사도 조만간 그 수요에 비해 공급이 넘쳐날 예정이라 안정적인 직업이라 장담하기 어렵다.

과거 품위와 안정적인 수입을 올리던 직업, 약사 역시도 2000년 의약분업 시작 후 전문의약품의 처방권이 의사에게 넘어가면서 종합병원급 이상 문전 약국의 약사를 제외하고 월 300만 원을 넘게 버는 경우가 드물다. 또 대학병원에서 월급을 받는 약사나 제약업체에서 연구직 약사로 일을 하는 경우에도 대기업 직원의 연봉을 넘어서지 않는다. 약국 폐업이 속출하고 있는 와중에 약사 면허증을 가지고 다른 일을 하는 사람만 해도 50%가 넘는 상황일 정도이다. 이처럼 모든 분야의 전문직도 미래를 보장받는 시대는 막을 내렸다.

Part 03

자영업자의 처절한 현실,
치킨집 사장이 꿈이었나?

'회사는 전쟁터 밖은 지옥'이라는 말이 있다. 잦은 야근과 까칠한 직장 상사 비위 맞추기 힘들어 직장인의 다수가 전쟁터 같은 회사를 관두고 다시 취준생(취업준비생)으로 돌아가거나 자영업을 시작해 전보다 치열한 삶을 사는 사람들이 많아졌다.

한 예로 A씨는 명문 대학을 졸업 후 대기업에 취직 이후 오직 성공을 위해 자신과 가족을 희생하면서 회사에 헌신해 30대 중반 부장이 됐다. 명석한 두뇌와 치밀한 일 처리, 원만한 대인관계로 출세 가도에 탄력이 붙어 초고속 승진을 했다. 그런데 그 후 자기보다 늦게 승진한 동료들이 하나둘 자신을 앞질러 승진했다. 또 번번이 승진자 명단에 누락되었다.

결국 얼마 전 인사담당자로부터 다음과 같은 연락을 받았다. "작년 지방에 새로 생긴 공장 알죠? 회사 발전을 위해 현지 공장을 맡아 주실 수 있나요?" 이는 부탁으로 위장된 명령이었고, 이 말은 대기업의 정서상 좌천을 의미했다. 그 후 며칠 동안 밤잠을 설쳤다. 오직 회사만을 위해 온몸으로 헌신했지만 40의 나이에 되돌아본 일에 공들였던 과거는 허무함과 아쉬움으로 가득했다.

그는 순간 분노가 치밀어 올라 '회사를 위해 그동안 내가 얼마나 헌신해왔는데….'라며 억울해한다. 1년 후, A씨는 스스로 명예퇴직을 신청했다. 더이상 회사에 자신이 필요 없다는 사실을 알게 된 이상 구차하게 남아있기보다 빨리 독립하는 편이 옳다는 생각이었다. 그렇게 그는 퇴직금으로 신도시 아파트 밀집 지역에 레스토랑 체인점을 개설했다. 아파트 단지가 어느 정도 규모를 갖추자 장사는 잘되어 갔고 돈 버는 재미에 더욱 열심히 일했다.

그러던 어느 날 원치 않는 일이 생겼다. 유명 브랜드의 고급지고 눈에 띄는 실내 인테리어로 고객을 끌어들이는 세계적인 레스토랑 체인점이 바로 옆에 들어선 것이다. 많던 손님들은 하나둘씩 빠져나갔고, 불안감은 더해만 갔다. 따져보니 가격, 서비스, 인테리어, 홍보 등 그 어떤 것에서도 옆 가게와 경쟁이 될 것 같지 않았다. 결국 간판을 내리고 새롭게 치킨점을 시작하기로 했다. 그는 오늘도 직접 주방에 뛰어들어 열심히 치킨 튀기기에 여념이 없다. 인건비를 줄이기 위해 밤낮 직접 일하며 고생을 하지만 치킨을 많이 튀기면서 무리가 왔는지 손목은 점점 아파져 오고 오랜 야간업무로 인해 건강은 점점 나빠지고 있었고 한숨만 깊어진다.

위의 이야기는 직장인이나 자영업을 하는 사람이면 누구나 경험했던 사례일 것이다. 회사 같은 모든 조직은 신입사원으로 시작해 대리, 과장, 차장, 부장으로 올라갈수록 승진의 사다리가 점점 좁아진다. 그만큼 당연히 일정한 수만큼의 사람들은 승진에서 탈락하거나 회사를 떠날 수밖에 없다. 결국 조직을 위해 열심히 일해도, 어느 단계가 되면 경쟁에서 탈락하여 회사를 떠날 수밖에 없는 것이다.

그럼에도 대부분 사람은 직장이 아니면 다른 대안이 없다는 듯이 목숨 걸고 직장에 매달린다. 월급이라는 '달콤한 마약'에 사로잡혀 다음 월급날만 목 빠지게 기다리며 사는 것이다.

하지만 근거 없는 낙관주의에 빠져 냉혹한 현실을 직시하지 못하고 준비하고 대비할 시기를 놓친 사람들이 처하게 되는 현실은 비참하다. 준비되지 않은 묻지마 자영업 창업 등과 같은 막다른 골목에 다다르지 않기 위해서는 냉철한 이성을 가지고 미리 준비해야 한다.

보통 직장인들이 자의 반 타의 반으로 직장에서 밀려나면 가장 먼저 생각하는 것이 '자영업'이다. 그래서인지 경기의 체감지수가 매우 낮은 상태에서도 자영업의 세계는 늘 경쟁이 치열하다. 그런데 놀랍게도 자신이 오픈한 바로 그 자리는 얼마 전 누군가가 눈물을 삼키며 문을 닫아야 했던 아픈 기억의 현장이기도 하다.

사실 자영업을 통해 신규로 시장에 성공적으로 진입하는 것은 매우 힘든 일이다. 노련한 경험으로 탄탄한 사업기반을 구축해 놓았고 막강한 자금력을 동원해 경쟁적 우위를 확보해놓은 사업자들과 겨뤄 성공을 거두기란 하늘의 별 따기만큼 어렵다. 사업의 세계는 결코 만만한 세계가 아니다.

그래서 대다수가 상대적으로 위험 부담이 적고 쉽게 뛰어들 수 있는 업종을 선호한다. 그래서 새로 창업하는 분야는 대부분 음식점, 주점, 액세서리점 등 몇 가지 카테고리로 제한된다. 하지만 이 업종 역시 쉽지 않다. 아무리 평수가 작아도 위치가 좋은 장소는 자금 부담이 클뿐더러 체인점 가맹에 들어가는 비용도 많다. 특히 장사가 잘된다고 소문이 나면 금방 경쟁업자가 치고 들어와 소규모 사업으로 벌 수 있는 돈은 한계가 있다.

실제로 소규모 창업의 성공 확률은 10%에도 미치지 못한다는 암울한 통계가 나와 있다. 이는 창업자 대다수가 겨우 현상을 유지하거나 폐업하는 처지에 놓이게 된다는 것이다. 심지어 반평생 직장생활을 통해 모아 놓은 재산을 몽땅 털어 넣은 가게가 1년도 안 되어 쫄딱 망해 하루아침에 알거지 신세로 전락하는 경우도 종종 있다.

설사 아이템이 좋아 초반에 성공해도 5년 이내에 다른 사업으로 업종 전환을 도모하지 않으면 계속 성공할 확률은 희박하다. 온종일 매달려 고되게 일을 해도 수입은 뻔하고 몇 년 후에 다시 다른 업종을 찾아 변화를 모색해야 겨우 수입을 유지해 갈 수 있다고 한다면 삶의 질을 향상하게 한다는 것은 멀고도 험한 일이다.

그나마 성공률이 높은 사업이라는 프랜차이즈의 경우 30~40% 정도의 성공률을 보인다. 물론 모든 프랜차이즈가 그런 것은 아니고 건실한 프랜차이즈일 경우가 그렇다. 맥도날드의 경우 97%의 성공률을 자랑한다. 맥도날드의 성공비결은 오랜 경험에서 오는 성공 시스템이 있기 때문이다. 프랜차이즈는 성공 시스템에 따라 운영되는 것이기에 다른 창업에 비해 안전하다고 볼 수 있지만, 무엇보다도 초기자본이 많이 들어가는 것이 단점이다. 보통 5~10억 원이 든다고 하는데, 20억 원 이상이 드는 경우도 많다. 이 정도의 금액은 평범한 사람들은 웬만해선 꿈도 못 꿀 정도의 큰돈이다.

현실적으로 명예 퇴직자를 포함한 은퇴자 중 창업에 나서는 사람들 상당수는 준비되지 않은 어쩔 수 없는 자영업 창업에 내몰린 경우가 많다. 그래서 자영업으로 망하는 사람들이 많은 것도 당연한 일이다. 평생 직장생활만 해온 사람들이 특별한 기술이나 사업 수완도 없이 무작정 가게를 차리면 성공확률이 당연히 희박할 것이다.

창업하면 대부분은 음식점을 생각하는데 문을 열면 어떻게 될까? 창업 아이템으로 가장 인기 좋은 업종은 보통 치킨점, 카페, 피자집 등 속된 말로 '먹는장사'이다. 2014년 기준으로 국내 음식점 수는 65만여 개로 인구 78명당 1개꼴이다. 음식점을 창업해서 1년 후 성공할 확률은 0.1%라는 한 전문가의 말이 있다. 100명이 창업해도 성공하는 사람이 거의 없는 것이나 마찬가지다. 폐업하는 음식점도 많으나, 폐업을 안 해도 수익은 못 내고 이 돈

저 돈 끌어 쓰고 대출로 겨우 버티던지, 겨우 본전치기 정도로 현상 유지만 하는 음식점이 대부분이다.

창업하고 1년 뒤 제대로 수익을 내고 돈을 버는 음식점은 1,000개 중 겨우 1개꼴이라는 말도 안 되는 현실이다. 다행히 운이 좋게 기회를 많이 만들어 여러 번 망해보니 결국 성공하는 노하우를 알 수 있어 결국 재기하는 사람은 행운아이다. 안타깝게도 은퇴 후 돈을 탈탈 털어서 창업했다가 실패해서 즉시 노후 위기에 몰리는 사람들이 태반이다.

그다음으로 많이 생각하는 것은 편의점 창업이다. 그런데 잘 알려지지 않은 사실은 편의점의 경우 장사가 잘 안되어 폐업하고 싶어도 돈이 없으면 마음대로 폐업하지 못한다는 사실이다.

폐업할 경우 편의점 체인 본사는 1년 치 로열티에 해당하는 수천만 원의 금액을 위약금으로 내도록 하고 있다. 가맹점주가 자살하는 사건이 잇달아 벌어지고 사회적으로 문제가 커지자, 최근 들어 경우에 따라 위약금을 면제 또는 감면해 주기도 하지만 소수에 불과하다. 그러니 어떻게든 끝까지 버티려고 힘쓴다. 아르바이트를 쓸 여건이 안 되어 가족들이 돌아가면서 24시간 편의점을 지키는가 하면 가진 통장 잔액를 다 털고 친척들 돈을 빌리거나 대출을 받아서 버티려고 한다. 그런 사이에 주위 편의점은 계속 늘어나고 더욱 벼랑 끝으로 몰리게 된다. 편의점 시장이 커지면 각 매장의 매출이 느는 것이 아니라 본사 차원의 점포 늘리기 경쟁이 벌어져서 대부분 업주에게는 편의점 호황이 사실 빛 좋은 개살구일 뿐이다.

만일 장사가 잘된다고 해도 감춰진 폭탄이 또 있다. 바로 건물주다. 열심히 노력해 자리를 잡고, 입소문으로 단골손님도 늘었는데, 건물주가 계약 연장을 할 생각이 없어 나가라고 하거나 임대료를 대폭 올린다는 폭탄 발언을 한다. 간혹 장사가 잘되니 기존의 임차인을 밀어내고 자기와 똑같은 업종으로 장사를 하는 악덕 건물주도 있다. 또한 대기업 프랜차이즈의 물량 공세도 이런 밀어내기에 한 몫 거들었다. 개인들이 땀 흘려 노력해서 상권을 살려놓으니 대기업 프랜차이즈가 치고 들어와 높은 임대료를 부른다. 가만히 있어도 임대료를 대폭 올려준다는데 마다할 건물주는 당연히 없을 것이다. 여기서 밀려난 사람들은 근처의 덜 활성화된 지역에 새롭게 둥지를 틀고, 또 그곳이 활성화되면 대기업들이 밀고 들어와 다시 쫓겨나는 신세가 반복된다.

우리나라도 상가건물 임대차보호법으로 임차인을 보호하는 장치들이 있지만, 선진국에 비하면 매우 취약하다. 유럽 선진국들은 임대차계약 기간에 많게는 10년까지이고 임차인이 원하면 건물주가 계약 연장을 거부하기도 힘들다. 임차인을 내보내려면 법원에서 인정받을 정도로 확실한 사유가 있어야 한다. 임대료 연체가 너무 많다든지, 뭔가 불법행위를 하거나 말썽을 일으켜 건물주와 주변 매장에 손해를 끼친다든가 하는 정도가 아니면 마음대로 임차인을 내보내기 어렵다. 임대료 역시 건물주가 횡포를 부리기 어렵게 강한 규제를 한다.

이에 비해서 한국은 '조물주 위에 건물주'라는 말이 있을 정도로 최고 갑의 위치에 있다. 그 정도로 임차인 보호가 취약하다. 열심히 일해서 장사가 잘되는 것은 자신의 노력인데, 건물주가 임대료를 올리면 땀 흘려서 남 좋은 일만 하는 꼴이다. 막상 가게를 옮기자니 인테리어 시설비용에다 그동안 힘들게 모았던 단골손님들이 아까워 울며 겨자 먹기로 요구를 들어주기도 한다. 심지어 계약 만료도 안 됐는데 건물주가 온갖 이유를 대면서 임차인을 내쫓을 수 있는 것이 생생한 현실이다.

실제로 역삼동 대로변의 한 유명 프랜차이즈 커피전문점의 점주가 대문짝만하게 다음과 같은 제목의 대자보를 붙인 것을 최근 목격한 경험이 있다.

"가게 망하게 생겼어요! 건물주가 임대료를 50% 올려 달래요! 커피 팔아서 얼마 남는다고…!"

이처럼 장사가 안되면 자신과 가족들까지도 위기에 몰리고, 장사가 잘되어도 혹시 건물주가 계약 연장을 안 해주면 어떡하나, 임대료를 올리면 어떡하나 하고 불안해하는 것이 대부분 한국의 자영업자들의 현실이다.

프랜차이즈 사업의
허와 실을 밝히다

창업 시장은 그야말로 개미지옥인데 아이러니하게 한국은 프랜차이즈 공화국이다. 평균수명이 늘면서 은퇴한 베이비붐 세대가 창업 전선에 대거 뛰어들었기 때문이기도 하다. 하지만 이들이 할 수 있는 건 식음료에 국한된 프랜차이즈 업종뿐이다. 사실 단독으로 사업을 벌이는 것보다 프랜차이즈로 사업을 하는 게 망할 확률이 더 낮다. 본점이 가지고 있는 브랜드 가치와 사업 노하우가 공유되기 때문이다. 그러나 외식 창업의 평균 생존 기간은 3.1년으로 전체 창업 중 가장 짧다. 대부분 본사와 가맹점주 간 여러 비용문제로 승강이를 벌인다. 그런데 최근 은퇴한 베이비붐 세대의 대거 진출로 더욱 어려움이 예고되어 대책 마련이 절실하다.

그런데 프랜차이즈에 가맹점이 된다고 해도 리스크는 따른다. 가맹 본사의 무리한 마케팅을 위해 속임수를 쓰거나 준비되지 않은 사람들을 끌어들이면서 고발 프로그램의 먹잇감이 되는 것이 대표적이다. 고발 프로그램에 등장한 외식업체는 일단 시한부 선고를 받은 것과 다름없다. 한 번에 끝장날 수 있다는 것이다. 대왕카스테라가 대표적 사례다.

작년 한 방송 프로그램이 '대왕카스테라' 제조법을 고발했는데 다량의 식용유와 전날 남은 크림을 사용한 모습이 그대로 방영된 것이다. 방송에서는 "업체가 원가 절감을 위해 반죽에 버터 대신 다량의 식용유와 화학첨가제를 썼다"며 "대왕카스테라 촉촉함의 비밀은 다량의 식용유"라고 폭로했다. 대왕카스테라 이미지는 바로 추락했다. 이후 온라인을 중심으로 "기름 덩어리에 속았다"라거나 "충격적인 제조법"이라는 비판의 목소리가 드세졌다. 급기야 카스테라를 사러 오는 손님은 뚝 끊겼고 방송이 나간 뒤 250여 곳에 달하는 대왕카스테라 프랜차이즈 가맹점의 매출은 반 토막 났다. 화살은 가맹점주에게 돌아왔고, 대왕카스테라 간판을 내건 타사 브랜드까지 줄줄이 타격을 입었다. 투자금을 손해보고 문 닫은 가맹점주도 생겼다.

적금 깨고 빚까지 내면서 어렵게 낸 매장인데 매일 적자만 내고 있다며 초기 비용을 메우려면 사람들이 줄을 서도 모자라는 판에 파리만 날리고 있다고 하소연했다.

문제는 한 업체가 타격을 입으면 그와 유사한 다른 업체들도 싸잡아서 한번에 피해를 본다. 대만 단수이 지방에서 건너온 이 대왕카스테라도 한 방송에 소개된 뒤 반년 만에 30여 개 브랜드가 생길 정도로 반짝 인기를 끌었다. 대만카스테라 프랜차이즈는 하나같이 '대왕카스테라'라는 이름을 사용해 소비자 입장에서는 모든 브랜드가 다 똑같이 인식되고 있었다. '단수이 대왕카스테라' 프랜차이즈의 한 점주는 "방송이 나간 뒤 하루에 6000원짜리 카스테라 한 덩어리를 팔거나 하나도 못 파는 날도 있다"고 하소연했다. 심지어 매장 매출이 90% 급감해 문을 닫게 됐다고 성토한 점주도 있었다.

이처럼 프랜차이즈를 비롯한 자영업은 개인의 잘못과 무관하게 사회적인 요소로 유사업체가 공격을 받으면 의도치 않게 위기가 함께 몰려올 수 있다. 과거 조류인플루엔자나 만두 파동 등의 사회적인 문제가 불거지면 해당 업체는 물론 동종 업체 모두가 도미노처럼 확산하여 모든 업체가 어려움을 겪게 되었던 사례와 마찬가지다.

한편 프랜차이즈 창업의 많은 부분을 차지하는 한순간 반짝 뜨고 지는 유행 아이템 창업은 몇 년을 버티기 어렵다. 소비자를 현혹하는 아이템이 확 떠오를 때면 본사는 가맹점주 모집에 혈안이 되어 문제가 되기도 한다. 본 사는 짧은 시간 안에 최대한 사람들을 끌어모으고 무리한 마케팅을 전개한 다. 가맹본부는 가맹점주에게 판권 수익률 등을 명확히 보여줘야 하는데 가 맹점 모집에만 급급한 곳이 많다. 계약할 때도 가맹본부에 유리한 조항을 넣 어 부당한 비용이 발생하기도 한다. 상권 분석을 간과한 가맹점 모집에 시 장 경쟁만 치열해졌다. 이러한 악순환은 되풀이되어 왔다.

자세히 들여다보면 업계 사정은 대부분 열악하기 그지없다. 프랜차이즈 브랜드 중 사업경력 10년 이상, 가맹점 수 500개 이상인 브랜드는 전체 외 식 프랜차이즈의 0.8%에 불과하다. 프랜차이즈 브랜드 대부분은 평균 4~5 년도 버티지 못하고 폐업에 들어간다.

가맹점의 짧은 수명은 국내 프랜차이즈산업의 고질적인 문제다. 국내 프 랜차이즈 시장 매출 규모는 100조 원을 넘지만 가맹점이 5년 이상 버티기 는 어렵다. 공정거래위원회와 한국프랜차이즈산업협회 자료를 보면 프랜차 이즈 브랜드 중 10년 이상, 가맹점 수 500개 이상인 브랜드는 전체 외식 프 랜차이즈의 0.8%에 불과했다. 국내 프랜차이즈 브랜드의 평균 수명은 고작 4~5년에 그친다.

또한 공정거래위원회 가맹사업정보제공시스템에 따르면 2015년 폐업한 프랜차이즈 식당 수는 1만3241곳이다. 이는 2014년 대비 18.7% 늘어난 수치며 2008년 이후 가장 가파른 증가세다. 반면 높은 폐업률에도 불구하 고 가맹본부와 가맹점 수는 꾸준히 늘고 있다. 가맹본부 등록현황을 살펴보 면 2012년 2678개에서 지난해 4268개까지 늘었다. 또 가맹점 수 역시 2012년 17만 6788개에서 지난해 21만 8997개까지 확대됐다.

특히 가맹본부가 운영하는 업종에서는 줄곧 외식업이 가장 높은 비율을 차지하고 있다. 외식업이 가맹사업 전체에서 차지하는 비율은 2012년 67.5%에서 지난해 75.4%까지 올랐다. 당연히 진입장벽이 낮기에 외식업에 베이비붐 세대가 대거 몰린 것이다.

외식부문에선 커피전문점 같은 음료가 평균 3년 10개월로 가장 짧았다. 분식, 주점의 평균 수명도 5년을 못 넘긴다. 그나마 패스트푸드와 아이스크림이 각각 7년, 6년 8개월로 긴 편이다. 전체 가맹점 신규등록률은 전년 대비 8.2% 증가했으나 등록 취소율도 2.3%를 기록했다.

흔히 '기-승-전-치킨점'이라고 할 정도로 치킨점 창업을 선택하는 사람들이 많다. 그중 절대다수는 프랜차이즈를 통해 창업한다. 치킨 프랜차이즈를 통해 창업한다고 치면 보통 프랜차이즈 업체에는 창업지원팀이 있어서 상권 분석과 준비, 시설과 인테리어, 홍보에 이르는 준비 작업을 대신해 준다. 또 교육 시설이 있어서 단기간 속성 과정으로 치킨 조리법이나 고객 서비스를 대신해 준다. 창업지원팀은 1~2달 내로 점포 하나를 찾아 주는데 나름대로 상권 분석을 한다고 하지만 예비 창업자가 원하는 지역이 있으면 그 지역 위주로 찾아 주는 정도이고 실제로 상권을 들여다보면 꽤 부실한 경우가 많다. 가장 문제가 되는 점은 같은 업종의 가게가 주위에 몇 개가 있고, 가게 간 거리가 어느 정도인가 하는 것이다.

과거 공정거래위원회에서 제정한 '모범 거래 기준'이라는 것이 있었다. 이 기준에 따르면 편의점은 점포 간 거리가 250m, 치킨점은 800m와 같이 업종별로 거리를 제한하는 기준이 있었다. 하지만 2014년에 이 기준은 '자유로운 기업 활동을 제약하기 때문'이라는 이유에서 폐지되었다. 이는 당연히 프랜차이즈 가맹점 난립으로 이어졌다. 상권이 10% 성장한다고 해도 그 지역 가게의 1~2개가 되면 가게별 매출은 확 떨어진다. 대부분의 프랜차이즈 업주들이 그야말로 '생계형'을 벗어나지 못하는 상태에서 갑자기 늘어나면

적자를 보게 된다.

반면에 프랜차이즈 본사는 이익이다. 일단 가맹점 유치를 맡은 영업사원들은 점포 하나가 문을 열 때마다 수당이 생기고, 본사는 창업 준비 과정에서 가맹비, 보증금, 교육비, 인테리어 및 시설비용, 간판, 홍보물과 같은 여러 가지 항목으로 이익을 얻는다. 여기에 음식 재료도 본사에서 공급해 주는 대로 받아야 한다. 같은 재료를 직접 구매하면 싸게 받을 수 있다고 해도 본사에서 받지 않으면 계약 위반이다.

그리고 2~3년마다 한 번씩 인테리어를 바꾸도록 계약으로 강제하기도 한다. 실제로 한 유명 치킨 프랜차이즈 브랜드는 2~3년에 한 번씩 브랜드 로고와 디자인을 바꾼다. 계약 때문에도 어쩔 수 없지만 브랜드 리뉴얼을 함으로써 인테리어를 바꿀 수 없게 만드는 것이다. 이에 따른 매장의 온갖 교체 비용은 전부 가게 주인 주머니에서 나간다. 밤낮도 없이 휴일도 없이 일해서 돈을 좀 모으려고 하면 2년 뒤에 인테리어 비용으로 대부분 까먹는다.

직장인들은 은퇴 후 자영업으로 내몰리는 사람 중 다수가 치킨집을 운영한다. 국내 치킨 가격을 두고 각계에서 말이 많다. 재료비에 인건비까지 빼버리면 남는 것도 없다고 한다. 사업자 측은 수지타산이 안 맞는다는 푸념을 늘어놓는 반면 소비자들은 원가에 비해 치킨값이 너무 비싸다는 불만을 표출한다. 알 만한 유명 치킨 브랜드 사업을 진행하면서도 각종 비용을 빼면 수익이 얼마 남지 않는다고 어려움을 토로하는 경우도 많다. 결국 무늬만 빛 좋은 개살구인 격이다. 우선 매출에서 본사에 내는 재료비가 52%를 차지한다. 여기에 콜라값과 인건비를 빼면 가맹점주가 가져가는 금액이 남는다. 비용을 조금이라도 줄여 수익을 내려고 직접 배달에 나서도 야간장사로 지친 체력의 한계로 어쩔 수 없이 아르바이트생 두 명을 쓰고 있는 경우도 있다.

시중에 치킨값이 평균 1만6000원인 점을 감안하면 재료를 포함에 본사에서 가져가는 비용이 8000원에 달한다. 남은 8000원 중 건당 아르바이트생 인건비 2500원을 빼면 다시 5500원이 남고, 여기서 카드 수수료, 임대료, 전기·수도료 등등 빼면 쥘 수 있는 돈은 마리당 몇천 원이다.

그런데 종일 매달려서 판매하는 치킨이 평균 70마리를 넘지 않는다. 보통 한 마리당 3000원을 남긴다고 해도 두 사람의 인건비로 나누면 최저 시급에 불과하다. 모델 광고비 때문에 치킨값이 비싼 게 아니라 대부분 차지하는 부분이 재료비와 인건비다. BBQ 같은 경우는 가장 작은 10평 기준으로 개점비용은 7,000만 원에 달한다. 해당 비용은 가입투자비(가입비, 교육비), 시설투자비(인테리어, 간판 및 파사드, 주방 집기, 의·탁자, 오토바이) 등이 모두 포함된 금액이며 부동산 투자금은 포함되지 않았다.

수익은 매출에서 재료비와 광고비 등 기타 부대비용을 내고 남은 돈을 가져가는 구조였다. 다만 인건비 부담이 너무 커서 차라리 직원을 쓰지 않고 부부가 배달하는 경우가 많다. 배달원을 썼을 때 1인당 월급으로만 200만 원 이상이 나간다며 이는 치킨 마릿수로 환산하면 최소 300마리는 더 팔아야 하는 말이다.

이밖에도 프랜차이즈 사업의 어려움은 사회적으로 다양한 요소에 그 원인이 있는데 최근 청탁금지법과 경기불황도 큰 악재로 작용했다. 특히 3~4년 동안 부동산가격이 크게 뛰면서 가맹점주들이 임차료 문제로 큰 어려움을 겪는다.

또 가맹본부의 무책임한 경영도 한 이유가 될 수 있다. 사업을 벌이려면 경제 상황을 분석하고 다양한 여건을 고려해야 하는데, 가맹 본점은 출점 중심의 전략만 취하고 있다며 본사에서 가맹점주의 모집은 과장된 형태로 광고를 하지만 막상 출점이 이뤄지고 나면 수익관리에 책임을 지지 않는 경우가 많다. 과거 본점에서 소홀했던 영업지역 보호에 관해서는 가맹계약을 맺을 때 영업지역을 보호하기로 법적으로 보완은 된 상황이라며 하지만 영업지역을 설정하는 건 가맹 본점이 일방적으로 결정하기에는 한계점도 남아 있다. 프랜차이즈 창업이 오히려 안정성은 높지만 여러 부분을 고려해서 신중하게 접근해야 하는 부분이 있다.

불안한 미래,
속 시원한 대안
'프로슈머'

빌 게이츠가 예언한 '프로슈머', 돈을 쓰면서 번다
대기업 제품이 비싼 이유? 광고비 거품
유통의 변화가 돈의 흐름을 바꾸고 있다
똑똑한 소비만으로도 돈 버는 소비자
인터넷 시대에 꼭 맞는 네트워크 비즈니스
개인사업자로 활동하는 똑똑한 디지털 소비자들
회사선택을 잘해야지 잘못하면 말짱 꽝!!
미국 전직 대통령인 빌 클린턴도 인정한 마케팅

Part 01

빌 게이츠가 예언한 '프로슈머',
돈을 쓰면서 번다?

앨빈 토플러
〈부의 미래〉中

프로슈머 경제가 폭발적으로 증가함에 따라 새로운 백만장자들이 수두룩하게 나타날 것이다. 물론 주식시장, 투자자, 방송 매체가 프로슈머 경제의 중요성을 인식하기 전까지는 알아차리지 못할 것이다. 선진제조방식, 틈새 마케팅, 고도로 숙련된 지식 노동자를 보유하고 있는 일본, 한국, 인도, 중국과 미국이 첫 번째 수혜국이 될 것이다.

역사적으로 시대 흐름에 가장 민감하고 밝은 사람들은 미래경제학자이다. 다양한 분석을 통해 현재와 미래의 흐름을 예측하는 그들이 네트워크마케팅을 두고 '시대적 조류'이자 평범한 사람에게 주어진 '최고의 기회'라고 주장한다.

미래학자 앨빈 토플러(Alvin Toffler)도 1979년에 출간한 저서 '제3의 물결'에서 다음과 같이 예견한 바와 같이 이제는 프로슈머가 경제 전면으로 부상하면서 21세기의 소비자를 지칭하는 상징적인 존재로 새로이 자리매김하고 있다. "미래는 프로슈머의 시대이다. 소비자가 소비는 물론 제품개발과 유통 과정에 직접 참여하는 '생산적 소비자'로 거듭날 것이다." 이 '프로슈머(Prosumer)'란 말은 새롭게 탄생한 21세기 신경제 용어이다. '프로듀서(Producer: 생산자)'와 '컨슈머(Consumer:소비자)'의 합성어로서 생산자이자 소비자이며, 소비자이면서 생산자라는 뜻이다. 혹자는 프로슈머를 '돈을 버는 소비자(pro-fessional consumer)'로 해석하기도 한다.

그런데 프로슈머는 인터넷의 발달이 큰 기폭제가 되어 본격적으로 돈을 쓰는 소비생활을 하면서 동시에 추가적인 수입을 가져올 수 있게 되었다. 최근 들어 이처럼 생산자와 소비자의 경계가 모호해지면서 새로운 개념의 소비자들이 출현한 것이다. 캐시백을 통해 지출액의 일정 비율을 되돌려 받는 방식의 소비가 보편화하면서 돈을 쓰는 소비 활동과 동시에 돈을 버는 생산 활동도 겸하게 되는 독특한 경제활동이 나타난 것이다. 이러한 방식의 소비를 하는 소비자를 가리켜 '프로슈머(Prosumer)'라고 한다.

오늘날 소비자들은 캐시백으로 포인트나 적립금, 현금 등 뭔가 되돌려주지 않는 가게나 판매자에게는 다시는 가려고 하지 않는 분위기다. 오히려 어떻게 하면 더 좋은 조건의 캐시백을 받을 수 있는지 적극적으로 찾아 나선다. 이처럼 프로슈머의 등장은 소비자들로 하여금 단순히 돈을 지출하는 주체로서의 역할만 하는 것이 아니라 소비를 통해 돈 일부가 다시 들어오는 수입이 되도록 하는 보다 적극적인 소비자로 거듭날 필요가 있음을 각성하게 하는 계기를 마련했다.

그런데 이 같은 프로슈머에 대한 해석은 네트워크마케팅에서 소비자에게 일부를 돌려주는 캐시백(cashback) 혜택이 최근 시장에서 점점 확대 적용되고 있음을 염두에 둔 것이지만 크게 다른 것은 아니다. 토플러가 주장하는 프로슈머의 본래 의미는 '소비자(consumer)들이 사회적 가치(value)를 생산(producing)한다'인데 캐시백 또한 하나의 가치로 간주하기 때문이다. 자연스럽게 네트워크마케팅 비즈니스를 이해하는 사람들이 맥락이 거의 비슷하기 때문에 프로슈머를 자주 인용하게 되었고, 거스를 수 없는 이 같은 시대적 흐름을 따라 네트워크마케팅에 대한 인식도 크게 변화하고 있다.

흥미롭게도 토플러는 프로슈머의 개념을 다양하게 설명했다. 그중에서 인상 깊은 설명이 있다. 미국의 월마트(Walmart) 등 대형 마트가 출현하고 그 후에 인터넷 등 기술의 발전, SNS 출현, 그에 따른 소비문화의 변화가 이루 어졌는데 그것이 이제까지 생산-유통의 과정에서 비용을 들여야 만들어지 던 가치들(광고 등)이 소비자들에 의해 자발적으로 생겨나고 형성되고 있다는 내용이다. 즉 소비자(consumer)가 가치를 생산(producing)한다는 의미이다.

예를 든다면 대형 마켓의 선반에서 물건을 내리거나 신속하게 계산하기 위해 사람들을 더 많이 고용하는 대신에 소비자들이 직접 그 일을 하게 만 들고, 유튜브 등 SNS라는 공유 가능한 장소(platform)에 소비자들이 자발적으 로 내용(contents)을 만들어 올림으로써 수많은 정보가 공유되면서 새로운 사 회적 가치를 만들어 낸다. 그밖에도 곳곳에서 프로슈머(가치를 소비하는 소비자)가 출현하고 확장되면서 많은 이들이 이를 새로운 비즈니스의 기회로 활용하 고 있다. 토플러의 새로운 개념은 더 이상 단순히 개념으로서만 존재하는 것 이 아닌 우리 생활에 밀접하게 다가와 현실이 되어 삶의 일부가 되고 있다.

이때 소비자가 자발적으로 만들어내는 가치로 인해 혜택을 본 기업 혹은 누군가가 혜택(매출 증가, 비용 절감 등)에 기여한(value producing) 소비자에게 그 대가 로 금전적 보상을 해주겠다고 한다면 그것이 바로 소비자 중심의 네트워크 마케팅으로 이어진다. 이로 인해 소비자에게는 전에 없던 추가수입이 생기 고, 이는 다시 재소비의 동기 되어 기업의 매출 증대로 이어지는 선순환이 이루어진다. 단순히 평소에 해왔던 소비와 구전 활동만으로도 소비자에게 는 놀라운 기회가 주어진 것이다. 뭔가를 만들거나 파는 일은 어렵지만 구 전으로 자신의 제품 구매 경험을 소문내는 것은 우리의 일상생활이기에 쉬 운 일이다. 어쩌면 토플러가 네트워크마케팅에 대해 잘 이해하고 있었기에 프로슈머란 단어는 네트워크마케팅을 염두에 두고 만들어진 신조어일지도 모른다는 생각을 하게 될 정도로 의미가 비슷하다.

프로슈머 마케팅은 기존에 다른 곳에서 했었던 소비 습관을 바꿔 자신의 새로운 쇼핑몰에서 쇼핑하고 그러한 방식의 소비를 다른 사람들에게도 구전 광고를 통해 널리 알리는 것이다. 이로써 장기적으로는 복제소득의 시스템을 구축하려는 직업적인 프로슈머들이 네트워크 마케팅의 독특한 마케팅 방식을 접목하여 자신만의 시스템을 만들어 나가는 새로운 유형의 마케팅을 말한다. 다시 말해 프로슈머와 네트워크 마케팅의 절묘한 결합이 프로슈머 마케팅을 탄생시킨 것이다.

한편, 프로슈머 마케팅은 마음만 먹으면 누구나 할 수 있는 비즈니스라는 것은 모두에게 기회가 된다. 큰 자본이 있어야 하는 것도 아니고 점포가 필요한 것도 아니며 풍부한 경험이 있어야 하는 것도 아니다. 그래서 흔히 프로슈머 마케팅을 가리켜 '무자본. 무점포, 무경험'의 '3무 사업'이라고도 한다.

그러나 바로 이 부분 때문에 프로슈머 마케팅은 누구나 쉽게 참여할 수 있지만 투자한 것이 없기에 반대로 언제든지 그만두기도 쉬운 사업이다. 프로슈머 마케팅은 비록 금전적인 투자가 있어야 사업적으로 성과를 내는 비즈니스는 아니지만, 분명한 것은 상당한 시간과 노력을 먼저 투자해야만 열매가 맺어지는 사업이다. 또한 비즈니스 리더로서 갖춰야 할 자질과 소양을 겸비하고 있지 않으면 절대 크게 성공할 수 없고 어느 순간 한계에 다다르게 된다.

물론 누구나 최선을 다해 열심히 뛰면 노력한 만큼 정직하게 성과가 나오는 것은 사실이다. 그러나 이 사업의 성공을 위한 핵심 포인트는 '소비자 네트워크'라는 '시스템'을 안정적으로 구축해야 성공할 수 있는 사업이다. 초창기의 열정만 가지고 적극적으로 도전했다가 소비자 네트워크의 규모가 커짐에 따라 그룹을 이끌어나가는데 필요한 리더십을 제대로 발휘하지 못하고 비틀거리면 지속적으로 안정적인 수입을 얻기 힘들다. 리더가 중심을 잡지 못한다면 당연히 그룹은 전체가 표류하기 마련이다.

그러므로 프로슈머 마케팅에서 성공하여 큰 리더가 되기 위해서는 먼저 기본적으로 지녀야 할 리더로서의 덕목을 반드시 갖추고 있어야 한다. 큰 조직을 이끌고 유지하려면 리더가 큰 그릇으로 준비되어야만 한다. 그릇이 작으면 조금만 담아도 금방 가득 차 더 이상 담을 수가 없듯이, 리더의 자질이 부족하면 어느 단계 이상의 성장은 불가능하고 한계점이 온다. 그렇기에 반드시 성공하기 위해서는 먼저 그릇이 커야 한다. 그래야 그 안에 많은 성과와 가치들을 담을 수 있다는 것은 당연하다.

한편, 우리는 소비자가 아닌, 판매자와 상점의 입장에서 생각할 필요가 있다. 만약 당신이 고정관념을 따르는 대다수와 동일하게 생각한다면 분명 소비자의 입장에만 머물러 있을 것이다. 우리가 기존에 생각하는 고정관념에 따르면 상점은 물건을 판매해 부를 창출한다. 이 때문에 상점은 점점 더 부유해지고 반대로 손님은 계속 소비만 하기에 가난해진다는 것이 우리의 생각이다. 이게 정말 사실일까? 우리가 굳이 소비자처럼만 행동해야 한다는 법이라도 있는가.

이제는 한번 다른 시각으로 생각해보자. 당신은 상점의 미로에서 뛰쳐나와 소비자가 아니라 생산자의 입장에서 생각할 수 있어야 부자가 될 수 있다. 고용된 직원의 입장이 아닌 주인인 경영자의 입장에서 생각할 수 있어야 사장이 될 수 있다. 상점 주인의 입장에서 돈을 버는 방법을 생각해보면 돈이 따라오게 된다. 다시 말해 소비자의 입장에서 벗어나 프로슈머의 입장이 되어보자.

부자가 되기 위해 다르게 생각하는 첫걸음은 소비자의 입장에서 벗어나 생산자 입장이 되어보는 것이다. 간단히 사고방식만 전환할 수 있어도 갖지 못한 자에서 풍요롭게 가진 자로, 빈자에서 부자로 당신의 삶을 역전시킬 수 있다. 이미 이러한 시대 흐름의 급물살을 따라서 자신의 의도와 무관하게 원하던, 원하지 않던 자연스럽게 네트워크 마케팅은 이미 우리의 삶의 일부가 되어가고 있다. 시대의 흐름을 거슬러서 빈자로 남을 것인가, 시대 흐름을 선도해 부의 대열에 참여할 것인지는 각자의 선택이 될 것이다.

'메가트렌드'의 저자 미래학자 존 나이스비트도 "네트워크마케팅이야말로 21세기에 등장한 가장 강력한 변화로서, 한 개인이 성공할 수 있는 최고의 기회"라고 주장했다.

또한 향후 10년 내로 모든 상품과 서비스의 50% 이상이 네트워크마케팅을 통해 유통되리라고 전망한 바 있다. 이는 네트워크마케팅이 미래 사회에서는 필수적인 소비 형태이자 비즈니스가 될 것을 예견한 것이다. 미래를 내다보는 저명한 경제학자. 미래학자, 전문가들은 입을 모아서 네트워크마케팅의 시대적인 흐름에 관해 주장하고 있는 이 시대 흐름을 앞서간다면 부의 물결도 당신을 따라올 것이다.

Part 02

대기업 제품이 비싼 이유?
광고비 거품

우리는 눈만 뜨면 보이는 광고의 홍수 속에 살고 있다. 대다수 사람이 광고의 바닷속에서 헤엄을 치며 살아가고 있다. 심지어 광고에 물든 사람들은 제품 품질보다는 브랜드를 보고 물건을 사기도 한다.

그렇기에 기업들은 엄청난 비용을 들여가며 집요하게 광고를 하는 것이다. 광고에 등장하는 CF 모델들은 억대 수입을 올리는 경우도 많다. 유명 연예인 광고비로 인한 가격거품으로 고스란히 소비자에게 부담으로 돌아가는 것은 당연하다.

한 온라인뉴스의 취재결과 아모레퍼시픽이나 LG생활건강의 브랜드 오휘, 시슬리 등의 화장품의 유통비용과 광고비가 제조원가의 8배인 것으로 드러났다. 20만 원짜리 화장품의 제조원가는 고작 2~3만 원에 불과하다고 한다. 이처럼 불합리한 유통구조에서 비롯된 가격거품은 그대로 소비자에게 금전적 부담을 주고 있다. 백화점에서 22만 원에 판매되고 있는 아모레퍼시픽의 '설화수자음생 크림'은 실제로 제조원가가 3만 원을 넘지 않는다. 판매가격 22만 원 가운데 30% 수준인 6만 6,000원가량은 백화점이나 홈쇼핑, 방문판매 등 유통업자들이 유통수수료로 가져가고 나머지 70% 가운데 화장품 제조사가 챙기는 이윤이 10%, 광고와 판촉비용 20~25%, 연구개발비와 물류비, 제조사 인건비 등이 나머지 20%를 차지했다.

그러나 정보공유가 현대의 빠른 인터넷 발달로 인해 가격거품에 대한 사실을 아는 똑똑한 소비자들이 늘고 있다. 또한 1인 가구 증가와 기술 향상으로 기존 오프라인 할인마트 등 유통시장이 위협받고 있는 상황에서 광고로 알려진 유명 브랜드보다는 가성비를 따지는 현명한 소비자들이 급증하고 있다.

대표적으로 이마트 초저가 PL(자체라벨) 브랜드 '노브랜드'는 '가성비의 끝판왕'으로 소비 트렌드를 이끌어왔다. 상품의 본질적 기능을 남기고 포장 디자인이나 이름을 없앴고, 가격도 최소 20%에서 최대 60%나 저렴하다. 또한 PL 브랜드는 '질이 좋지 않다'는 인식 대신에 '싸지만 질 좋은 제품'으로 많이 바뀌고 있다.

한편, 현재 일본에서 매출 규모 1등을 자랑하는 유명한 모 세제 회사는 1년간 4,950억 원이라는 막대한 광고비를 방송국, 신문사, 출판사, 탤런트 등에게 지급했다고 한다. 그러나 네트워크마케팅에서는 입소문이라고 할 수 있는 '구전'으로 제품의 장점이 전해지므로, 방송국 등에 비싼 광고비를 들여 광고할 필요도 없고, 광고비로 사라졌을 거금을 신제품의 연구 개발비와 설비 투자에 돌릴 수가 있다. 당연히 가격거품은 줄어들고 연구 개발비로 많이 투자한 만큼 품질은 더 뛰어나게 된다. 이처럼 네트워크마케팅의 유통 시스템은 제조업자나 소비자에게 큰 이익이 되는 합리적인 유통 시스템임은 틀림없다.

네트워크마케팅 유통 시스템을 간단히 정리해 보면 기존에 도소매 등 여러 단계를 거쳤던 중간 유통 업자를 통하지 않고 제조업체에서 만든 제품을 다이렉트로 소비자(디스트리뷰터)로부터 직접 주문받아 그들에게 직접 보낸다. 또한 소비자(디스트리뷰터)는 전 제품을 30% 할인해서 구매할 수 있고, 그것을 팔면 바로 수입이 된다.

만일 판매를 하지 않고 자신이 직접 제품을 소비했을 경우에도, 이익은 없지만 30%가 절약된다는 이득이 있다. 이처럼 네트워크마케팅에서는 소비자(디스트리뷰터)가 제품을 싸게 살 수 있을 뿐만 아니라, 금전적 이익을 얻을 기회까지 생긴다. 그래서 어떤 사람은 네트워크마케팅을 소비자 참가형 유통시스템이라고 부른다.

이제 당신도 네트워크마케팅이 합리적인 사업임을 충분히 인식했으리라 본다. 예전처럼 동네 슈퍼나 백화점에서 상품을 사고 중간업자의 주머니를 두둑하게 해주는 것이 좋을까? 아니면 네트워크마케팅을 해서 조금이나마 소비를 하면서 금전적 이득을 남겨 가계에 도움을 주는 것이 좋을까? 합리적인 생각을 할 수 있는 소비자라면 당연히 후자를 선택하게 될 것이다. 그렇기에 네트워크마케팅을 시대적인 흐름에 맞는 유통시스템이라고 하는 것이다.

그동안 모든 제품을 광고를 통한 노출로 접하면서 소비생활을 했던 것에 익숙한 사람들은 "네트워크마케팅 회사제품은 그렇게 좋다는데 그 회사는 왜 광고를 안 할까?"라고 궁금해할 수도 있다. 그러나 회사가 네트워크마케팅 방식을 선택하는 데는 합리적인 이유가 있다.

예를 들어 화장품을 제조하는 회사가 있다고 가정하면 좋은 화장품을 만들고 싶어서 연구하다가 화장품의 제조 원가는 너무 저렴한 데다가 일반적인 화장품에 인체에 유해한 성분이 많이 들어가 있다는 사실에 충격을 받았다. 그래서 유해성분을 다 빼고 매우 탁월한 성분만 넣어 화장품 제조에 성공했다. 그런데 문제는 일반 화장품은 원가 500원에 제조가 가능한데 새로 개발한 안전한 화장품은 원가가 2,000원에 달하는 것이다. 품질이 좋으니 가격이 더 비싸도 소비자가 알아서 제품을 사 줄까? 당연히 브랜드도 없는 데다 비싸면 사지 않을 것이다.

일반 화장품은 원가 500원짜리 화장품보다 더 비싼 화려한 케이스를 만들고 인기 드라마에 출연하는 유명 연예인을 앞세워 대대적으로 광고를 한다. 그런 다음 도소매 등 복잡한 유통단계를 거쳐 매장에서 1만 원에 제품을 판매한다. 회사의 수익이 10% 수준이다. 심지어 다른 회사와의 마케팅 경쟁이 과다해지면 수익은 10% 미만으로 떨어진다.

안전한 고품질 화장품을 개발한 회사는 깊은 고민에 빠진다. 일반 화장품과 같은 방식으로 유통하면 그들의 화장품은 4만 원에 판매해야 한다, 과연 경쟁력이 있을까? 고민 끝에 이들은 한 가지 사실에 주목한다. 바로 화장품 가격의 85%가 원가나 수익과 상관없는 거품 가득한 광고, 유통비라는 사실을 말이다. 더구나 화장품보다 비싼 케이스는 말도 안 되게 사치스럽고 심지어 적은 용량을 많아 보이게 하려고 착시효과를 내는 등 용기에 비싼 돈을 들인다.

쓸데없이 화장품 비용에 들어가는 광고를 남발하는 대신 비용이 적게 드는 합리적인 마케팅 방식으로 제품을 유통하면, 가격경쟁력도 유지하고 수익도 낼 수 있다. 케이스는 제품을 보호할 수 있는 과하지 않은 실용적인 수준으로 적당하게 만들고 마케팅은 광고 대신 소비자의 입소문으로 바꾼 것이 바로 네트워크 마케팅의 원리이다. 1만 원짜리 제품 중 85%를 차지하는 광고, 유통비용 8,500원을 쓰지 않고 제품을 유통시키면 원가 2,000원과 마케팅비용 6,000원을 고려해도 회사는 2,000원의 고정수익을 올릴 수 있다. 이는 소비자는 물론 회사도 이득이다.

이처럼 광고비와 유통비 등 불필요한 비용을 줄이면 제품 품질은 더 좋게 가격은 저렴하게 생산하면서 좋은 수익성을 유지할 수 있는 합리적인 방법이다.

중요한 것은 유통 방식의 변화인데 급격한 IT 기술 발달로 SNS 등을 통해 사람들의 정보 공유가 훨씬 더 간편해졌다. 그리고 특히 우리나라는 택배 시스템이 잘 발달한 것으로 유명한 만큼 배송도 쉽다. 이처럼 유통방식을 바꾸면 소비자는 좋은 제품을 더 저렴하게 살 수 있고 네트워크마케팅 사업자는 수익 창출이 가능하다. 그리고 회사는 다른 회사와의 광고, 유통비 출혈경쟁에서 벗어나 보다 안정적으로 수익을 확보할 수 있다. 요즘처럼 똑같은 제품을 두고 온라인 쇼핑몰 등 최저가 가격경쟁이 치열해 수익을 내기 힘든 상황에서 이 시대에 잘 맞는 가장 이상적인 유통구조가 될 것이다.

한편 우리는 무의식적으로 일상생활에서 구전 광고를 하면서 생활하고 있다. 가령 맛집에서 기막힌 음식을 먹었던 추억을 인터넷 블로그나 SNS에 올리고, 재미있는 영화를 보면 친구들과 수다를 떨면서 자연스럽게 영화를 홍보하는 역할을 하는 것이 일상생활이 됐다.

그런데 당신 역시 무수히 많은 광고를 해 주면서 한 푼도 받지 못한다는 점이다. 당신이 공짜로 광고를 해 주고 있다는 사실을 알고 있는가? 당신은 맛있는 갈빗집, 머리를 잘하는 미용실 혹은 서비스 좋은 술집 등에 대해 한 번쯤은 누군가에게 소개를 해 준 적이 있을 것입니다. 뿐만 아니라 슈퍼, 할인점, 백화점, 약국, 병원 등 우리는 항상 누군가에게 어디가 좋다고 누군가를 만나면 수다 떨면서 광고를 하고 있어 우리 자신을 움직이는 광고판이라고 해도 과언이 아니다.

입소문은 생각보다 놀라운 효과를 발휘한다. 입소문으로 퍼진 소문으로 많은 고객이 찾아온다. 그런데 무수히 많은 광고를 해 준 대가로 단돈 10원도 받은 적이 없었을 것이다. 결국 우리는 돈 한 푼 받지 못하면서 인간 광고판 역할을 하는 가게는 수십, 수백만 원이 들어가야 할 광고를 공짜로 하는 셈이다.

그런데 우리가 무보수로 인간 광고판 역할을 하고 있을 때 어떤 이들은 자본도 없이 자기 몸과 노력만으로 구전 광고로 인해 한 달에 수십만 원, 수백만 원 혹은 수억 원을 벌어들이고 있다. 이제는 당신도 그런 역할을 하고 싶지 않은가?

이처럼 앨빈 토플러가 '프로슈머'를 예견한 것처럼 자연스럽게 소비자는 돈을 쓰면서도 돈을 벌고 싶다는 욕구를 가지게 됐다. 그는 이런 사람들을 '프로슈머'라고 지칭했다. OK캐쉬백이나 포인트로 적립되는 것도 이를 반증하는 한 예이다. 프로슈머라는 것은 쉽게 말해 편리성뿐만 아니라 판매의 용이성을 소비자 네트워크로 제공할 테니 그에 대한 대가를 달라고 요구하는 것이다. 유통에서의 조직력은 자산이다. 인적 자신이 곧 돈인데 소비하는 사람의 숫자만큼 매출이 비례하기 때문이다. 그렇기에 거대한 네트워크를 가진 사람들의 요구와 목소리는 당연히 갈수록 커질 수밖에 없다. 그만큼 소비력을 좌우하는 막강한 힘이 있기 때문이다. 이것이 네트워크마케팅의 가장 큰 비전이다.

가령 자녀를 키우면서 가지게 된 지식과 정보를 공유하고자 해서 만든 인터넷 카페의 주인은 그런 욕구를 가진 사람들의 네트워크를 만들었고 이제는 수많은 기업체로부터 각종 스폰과 프러포즈를 받고 있으며, 혹은 반대로 기업체에 뭔가를 요구하거나 제안할 수도 있게 되었다.

이러한 소비자의 욕구를 알고 미리 준비한 사람들은 항상 돈을 벌 수가 있었다. 준비하지 않고 있다가 다른 사람들을 보고 뒤늦게 뛰어든 사람은 결국 먹고사는 정도의 수입만을 얻을 뿐이다. 당연히 일찍 준비한 사람들은 그만큼 부가 따라오는 것은 당연하다.

네트워크 마케팅의 본질은 분명 구전 광고이다. 인간은 사회적 동물인데 눈뜨며 눈 감을 때까지 구전 광고를 한다. 의식하든 못하든, 밥 먹듯이 숨 쉬듯이 광고한다. 재미있는 영화를 보거나 맛있는 음식점을 찾으면 자연스럽게 주위 사람들에게 알린다. 물티슈는 뭐가 좋은지, 영어학습법은 어디 것이 좋은지, 명절 귀경길은 어디가 덜 밀리는지, 하다못해 상조회사는 어느 회사가 좋은지 수많은 정보를 나눈다.

이제는 제품 이야기로 모든 수다의 종류만 바꾸면 그것이 구전 광고가 되어 네트워크 마케팅의 시작이 된다. 일반 사업은 전문성이 있어야 하고 매장을 지켜야 하고 무엇보다 자본이 많이 든다. 이와 달리 네트워크 마케팅은 일상생활에서 사용하는 제품 경험을 구전하면 된다. 구전 광고는 파급력이 대단하다. 구전 광고의 핵심은 감동이다. 고가의 김치냉장고가 단기간에 뿌리를 내리는 것은 구전 광고의 힘이었다. 고급 아파트 부녀회장들에게 무료로 주고 사용 소감을 솔직하게 나눠달라는 똑똑한 전략이 대박을 터트린 것이다. 언론 매체를 통해 불특정 다수에게 하는 일반 광고와 비교해서 구전 광고의 파급력은 크다. 단, 솔직하게 마음에서 우러나온 진심 어린 느낌을 열정과 정성을 더 해 감동적으로 전달하면 최고다. 감동적인 사용 경험을 느끼기 위해서는 먼저 제품이 탁월해야 한다. 매출 유도를 위해 거짓으로 하는 광고는 인간관계를 파괴한다.

추가 소득이나 경제적 자유에 관심이 있으면 우선 관심을 가지고 제품을 사용해보라. 사업설명회를 참여해 제품의 자세한 장점을 공부하면서 사용해보면 가장 좋다. 그리고 제품 감동을 열심히 나누어라. '좋은 것을 좋다고 하는 것'이 구전 광고다. 그동안 사람들은 자신도 모르게 열심히 구전 광고를 해왔다. 소비의 패턴을 바꾸고 수다의 종류만 바꾸는 것으로 사업이 된다.

Part 03

유통의 변화가
돈의 흐름을 바꾸고 있다

20세기의 유통은 생산자인 기업을 중심으로 총판, 도매, 소매가 공존하는 시스템이었다. 당시에는 공급보다 수요가 많아 무엇이든 만들기만 하면 잘 팔려 나갔던 시절이었다. 따라서 그 무렵의 유통은 자본만 있으면 성공할 확률이 높은 황금알을 낳는 거위였고 실제로 유통 사업으로 큰 부자가 된 사람이 많았다.

하지만 21세기에 들어서면서 유통에 급격하게 새로운 변화의 물결이 들이닥쳤다. 그 변화를 이끈 것은 인터넷과 교통의 발달이다. 고속도로와 철도는 전국을 1일 생활권으로 연결해 교통 단계는 줄어 생산자가 직접 유통에 참여하게 되었다. 특히, 인터넷의 붐은 세상을 더욱 편리하고 빠르게 바꿔놓았다. 이처럼 제품 이동이 빨라지고 장소의 한계를 탈피하자 유통업에 직접 뛰어드는 대기업이 점점 늘어났다. 이때 생긴 것이 대형 할인마트, 인터넷 쇼핑, TV 홈쇼핑이다.

유통 단계를 대폭 줄여 저렴한 가격을 언제, 어디서나 자유롭게 제품을 구매하도록 장소 제약까지 뛰어넘은 이들은 편리성으로 무장하고 승승장구했다. 좀 더 저렴한 가격에 사기 원하는 소비자들은 가까운 슈퍼보다 10~20% 저렴하게 E마트 같은 대형 할인마트에서 구매했다. 또 인터넷 쇼핑몰에 접속해 한 번의 클릭으로 배송받는 편리한 쇼핑 문화에 즐거운 비명을 질렀다.

그래서 대형 할인마트, 인터넷 쇼핑, TV 홈쇼핑은 빠르게 유통의 거인으로 급성장했다. 무엇보다 여러 단계의 유통이 직거래로 바뀌면서 생산자와 소비자는 모두 금전적 혜택을 누리면서 더욱 편리하게 되었다.

그만큼 소비자는 매우 똑똑해졌다. 절대 원가를 모를 것 같던 소비자들은 컴퓨터와 인터넷의 발달로 마진과 유통비에 대해 눈을 뜨게 되었다. 대표적으로 '다나와'라는 가격 비교 사이트는 소비자에게 강력한 칼자루를 쥐어 주는 계기가 되었다. 소비자의 좀 더 비교해보고 저렴하게 구매하고 싶다는 욕구충족을 위해 등장한 사이트 '다나와'는 기똥찬 아이디어로 소비자에게 큰 인기를 얻었다. 이 사이트는 원하는 제품가격을 검색하면 여러 사이트의 판매가격을 동시에 보여주고 가장 저렴한 쇼핑몰을 알려준다. 이를 통해 소비자들은 유통에 많은 거품이 끼어 있다는 사실을 깨닫게 되었다. 또한 인터넷에 올라오는 제품 정보와 사용 후기는 소비자들의 현명한 제품 선택을 이끌었다. 사용 후기는 제품구매를 좌우하는 매우 강력한 힘을 발휘한다.

즉, 과거에 TV 속 광고나 점원의 설명에만 의존하던 수동적인 구매 패턴이 소비자가 다양한 인터넷 정보를 검색해 사는 능동적인 구매 패턴으로 변화한 것이다. 이제 유통의 갑은 바로 소비자이다. 진짜로 '손님은 왕'이 된 시대가 온 것이다.

정보통신의 발달로 언제 어디서든 소비자와 생산자가 접촉할 수 있게 되었다. 가장 빠르고 효과적인 구매가 가능해졌다는 것이다. 생산자는 그저 생산만 하고 분명 누군가는 광고, 유통해야 할 것이다. 그런데 네트워크마케팅은 중간 유통단계를 생략하고 직접 판매로 구매한 제품을 사용한 소비자가 광고, 유통하는 방식이다. 총판, 도매, 소매와 같이 중간 유통이 지배하던 시대는 끝났고 생산자와 소비자가 주축이 되는 진정한 프로슈머의 시대가 열렸다.

지금은 수요보다 제품 공급이 늘어나고 결국 공급 과잉 상태에 놓여 회사들이 어려워졌는데 기술 발달과 '유통이 돈이 된다.'는 사실을 합리적으로 활용하게 되었다. 그동안 유통 시장이 바뀌고 제품의 종류와 유통 채널이 다양해지면서 소비자들은 행복한 고민에 빠졌다. 기업은 더 이상 비싼 돈 들인 광고에만 의존해 매출을 올리려 하지 않았고 새로운 마케팅 기법인 '캐시백 제도'를 도입했다.

가장 유명해진 것이 'OK캐쉬백'이다. 이것은 S회사 계열사인 휴대전화, 주유소, 마트, 영화관을 대상으로 소비자가 사용한 금액의 일정 비율을 현금처럼 사용하도록 돌려주는 제도로 뜨거운 인기를 끌었다. 캐시백 제도는 소비 시장 전반에서 가장 좋은 마케팅 기법으로 자리를 잡았다. 이와 더불어 소비자의 소비 패턴과 성향이 변해갔다. 소비자들은 이왕이면 캐시백을 많이 주는 곳을 적극적으로 찾아 회원으로 가입해서 소비한다.

점점 현명해지는 소비자들은 여기서 그치지 않았다. 물론 캐시백도 챙겼지만 제품을 구매할 때 더 이상 광고에만 의존하지 않고 인터넷을 통해 여러 정보를 충분히 활용하기 시작했다. 그중 하나가 제품 사용 후기이다. 소비자들은 광고를 통한 일방적인 정보전달이 아닌 소비자들의 직접 사용 경험을 담은 입소문 광고에 귀를 기울이기 시작했다. 이때부터 소비자들 사이에 블로그가 인기를 끌기 시작했고 회원이 많은 파워블로그는 잘나가는 인터넷 쇼핑몰 못지않은 고수익을 올렸다. 지금도 회원이 많은 파워블로그는 엄청난 수익을 올리고 있다.

이러한 변화 속에서 기업들은 점점 소비자의 말에 귀를 기울일 수밖에 없게 됐다. 특히 많은 회원을 확보한 쇼핑몰이나 블로그를 활용한 마케팅을 시도했다. 예를 들어 휴대전화 제조업체 L사는 소비자 체험단을 모집해 신제품을 직접 사용해보게 하고 불편사항이나 문제점 등 수정 사항을 수집해 반영하는 활동을 벌였다. 그리하여 더욱 편리한 휴대전화를 만들 수 있게 되어 많은 매출을 올렸다.

시대가 변하면서 과거에 소비만 하던 소비자가 자연스럽게 소비와 동시에 돈도 버는 방법을 알게 된 것이다. 드디어 현명한 소비자들이 제품 생산 및 유통 단계에 직접 관여해 금전적 이익을 창출하기 시작했다. 이제 본격적으로 소비자는 유통을 통해 소비와 소득을 함께 창출할 기회가 열렸다.

그렇기에 결국엔 네트워크 마케팅에서 지급하는 보너스의 원천은 광고 유통비다. 네트워크 사업자 보너스는 소매 마진이 아니라 기존에 광고 모델이나 광고회사, 유통회사가 가져가던 광고 유통비가 소비의 새로운 소득의 원천이 된다. 네트워크 마케팅으로 유통되는 제품 대부분에는 일정 포인트가 책정되어 있다. 포인트는 보너스 테이블에 입각해서 현금으로 지급된다. 자가소비와 더불어 구전 광고로 파생된 그룹 소비까지 함께 지급된다.

이처럼 빠른 변화의 물결 속에서 이미 1인 기업가로서 유통에 직접 참여함으로 소비와 동시에 소득을 창출하는 현명한 소비자들이 존재한다. 이처럼 새로운 유형의 소비자가 되어 참여하고 있는 신(新)유통 방식은 바로 네트워크 마케팅이다.

이처럼 네트워크마케팅과 프로슈머는 시대적인 흐름을 타고 이미 우리의 생활 깊숙이 들어와 있다. 단지 우리가 그것을 인식하지 못할 뿐이다. 그렇기에 편견을 가지고 정보를 차단해 버리는 것은 시대적인 흐름을 거부하는 것과 같은 것이다. 눈뜬장님이 되고 싶지 않으면 현재 유통 흐름이 어디에서 어떻게 흘러가고 있는지 알고 있어야 할 것이다.

이렇게 21세기의 현명한 소비자는 네트워크 마케팅과 프로슈머의 원리를 활용하는 네트워크마케팅 회사와 본격적으로 윈윈하고 있다. 그 원리는 간단하다. 일단 네트워크마케팅 회사가 뛰어난 제품력의 생필품을 만들어 소비자와 직거래 유통을 한다. 그러면 소비자는 저렴하고 좋은 고품질 제품을 사용한 후 좋다고 입소문을 낸다. 그렇게 구전 광고로 유통을 도와준 대가로 소비자는 현금 캐시백을 받는다. 더 매력적인 것은 그렇게 소비자가 구축한 유통망의 크기만큼 그 모든 권리를 소비자 본인이 권리이익을 얻을 수 있다는 사실이다.

네트워크마케팅은 이미 회사와 소비자 모두를 만족하는 합리적인 방식의 신유통으로 자리를 잡고 있다. 미국에서는 유명 방송국이 네트워크마케팅 사업을 '경제 불황을 뛰어넘을 기회'로까지 소개하기도 했다. 중국에서는 공영방송이 직접 나서서 네트워크마케팅 회사를 직접 소개했다. 그리고 한국에서도 한국직접판매협회와 함께 네트워크마케팅회사를 방송과 지하철 광고로 홍보하는 모습을 볼 수 있다.

요즘에는 꽤 많은 사람이 네트워크마케팅 회사의 제품을 사용하거나 제품 만족도가 좋아 직접 사업을 하는 경우도 많다. 이처럼 현명한 소비자가 늘어나고 있는 이유는 무엇일까? 또 전 세계적으로 네트워크마케팅 회사가 점점 늘어나고 사업을 알아보거나 동참하려는 사람들이 늘어나는 변화는 무엇을 의미하는 것일까? 그 이유는 시대의 흐름과 소비자의 욕구가 딱 맞아 떨어진 시대적인 타이밍이기 때문이다. 뭐든지 돈을 벌려면 타이밍이 중요하다는 말을 한다.

앞서 말한 것처럼 네트워크마케팅의 원리는 매우 간단한데 직거래 유통 방식으로 광고를 하지 않는 대신 소비자가 직거래 제품을 직접 써보고 입소문을 내면 유통비와 광고비를 아껴 소비자에게 현금 캐시백으로 다시 돌려주는 방식이다. 물론 대형 할인마트, TV 홈쇼핑, 인터넷 쇼핑처럼 네트워크마케팅도 직거래 유통 방식이지만 다른 유통업체와는 분명한 차이가 있다.

기업(생산자)이 주도하는 대형 할인마트, TV 홈쇼핑, 인터넷 쇼핑은 수익 대부분을 기업이 가져간다. 현금처럼 사용할 수 있는 캐시백도 수익 증대를 위한 도구일 뿐이기에 아주 낮은 비율(%)만 소비자에게 준다. 소비자는 소비할 때마다 캐시백을 받기에 그곳에서 꾸준한 소비를 한다.

반면, 소비자가 주도하는 네트워크마케팅은 제품 유통을 소비자에게 맡기는 구조다. 그리고 수익이 발생하면 입소문을 내준 소비자에게 보상으로 현금 캐시백을 준다. 네트워크마케팅 회사는 대부분 생산자로 이들은 제품 개발, 생산, 재고 관리, 회계, 택배 등의 제조 및 물류와 경영 전반을 담당하고 딱 한 가지인 마케팅(유통)만 소비자에게 직접 위임하는 방식이다. 대형 할인마트나 인터넷 쇼핑에서 소비하던 소비자들이 한층 발전된 형태인 직거래 방식을 선호하는 이유가 여기에 있다.

정리하면 네트워크마케팅에서는 전문 영업인이 아니어도 누구나 유통자 역할을 함으로써 현금 소득(보상)을 얻을 수 있다. 제품이 생산자에게서 소비자에게로 가는 유통 과정에 전문 유통인 대신 일반 소비자가 참여한다는 것이다. 그리고 이들은 네트워크마케팅 회사(생산자)와 소비자 사이에서 제품에 대해 써보니 좋다는 입소문을 내주고 제품이 팔릴 때마다 그 입소문을 통해 다른 소비자에게 제품이 유통된 양만큼의 보상을 받는다.

즉, 네트워크마케팅 회사의 제품을 사용해보고 만족한 소비자는 그 사용 경험을 주변 사람들에게 보통 자연스럽게 자랑하게 되는데, 그 소비자를 신뢰하는 주변 사람들이 제품을 사용하게 된다. 그때 네트워크마케팅 회사는 입소문(광고)을 내준 대가로 유통에 기여한 만큼의 현금 캐쉬백을 해준다. 이 얼마나 합리적이고 효율적인 방법인가? 어차피 누구나 사용하는 일상생활 용품을 네트워크마케팅 제품으로 브랜드만 바꿔서 쓰고 게다가 추가적인 소득을 벌 수 있다면 소비 패턴을 바꾸지 않을 사람이 없을 것이다.

Part 04

똑똑한 소비만으로도
돈 버는 소비자

"소비자는 돈을 쓰고, 생산자는 돈을 벌고, 프로슈머는 돈을 만든다."

우리는 매 순간 소비를 한다. 매일 먹는 음식, 매일 입는 옷, 매일 쓰는 생활용품 등 소비가 없는 곳이 없다. 소비 자체가 거대한 돈의 흐름이다. 통계에 따르면 우리 월급의 약 70% 이상은 매달 필요한 필수품 등의 재화를 사들이는 데 소비한다고 한다.

우리가 구매하는 물건에 지급한 엄청난 돈은 다 어디로 흘러갈까? 물건을 살 때 결재하는 금액에는 물건값 외에 지급하는 비용이 있는데 바로 유통비와 마케팅 비용이다.

과거에는 판매자가 생산한 물건이 소비자에게 전달되기까지 보통 생산자 → 공급자 → 도매상 → 소매상 → 소비자라는 과정을 거쳤다. 여기에 대량의 마케팅 비용까지 더해지면서 물건값은 생산 비용의 몇 배로 치솟았다. 즉, 소비자들은 여러 단계의 유통 비용과 마케팅 비용까지 지급하면서 원가는 본래 저렴한 물건을 비싸게 구매할 수밖에 없었다.

그러나 시대는 달라졌다. 21세기를 흔히 인터넷(Internet)과 인적 네트워크(network) 혁명의 시대라고 부른다, 인터넷 쇼핑몰 매출도 급속도로 성장해 약 16억 원에 이르는데 인터넷과 인적 네트워크의 발달은 소비 흐름과 우리 삶을 어떻게 바꿔놓았을까?

첫째, 인터넷상에서 클릭 한 번으로 간편하게 물건 구매가 가능한 전자상거래의 발달로 기업들의 박 터지는 가격 경쟁이 시작됐다. 둘째, 인터넷을 기반으로 회원제 인적 네트워크를 운영하는 소규모 기업들이 안정적으로 자리 잡기 시작했다.

소비자들도 인터넷을 통해 자유롭게 정보공유를 하며 더 이상 대기업의 횡포에 흔들리지 않고 최상의 물건을 가장 싼 가격으로 살 수 있게 되었다. 또 인터넷이나 인적 네트워크를 통한 직거래가 활발해지면서 마케팅과 유통비를 남기지 않는 가성비가 훌륭한 상품들이 등장했다. 또 "제값 주고 물건 사는 것은 바보"라는 말이 있을 정도로 인터넷과 회원제 네트워크를 통해 질 좋은 물건을 싸게 구매해 그동안 마케팅과 유통에 쓸데없이 지급했던 불필요한 지출을 줄여 합리적인 소비생활을 추구하는 시대이다.

한결 똑똑해진 소비자들이 제품을 살 때, 네트워크마케팅에서 구매할 수 있는 가격과 다른 곳의 가격을 비교한 후 품질대비 비교적 가격경쟁력이 높다면 당연히 네트워크마케팅을 통해 구매할 것이다. 점점 소비자층이 많이 형성되어 네트워크마케팅 회사의 회원이 많아져 구매력 있는 네트워크 조직을 갖추면 네트워크마케팅 회사가 갑의 위치에 있게 되고 제조사가 을의 위치에 있게 된다. 그럼 당연히 기존에 제품을 유통할 수 있는 소비자 조직이 있기에 광고, 마케팅 비용 지출이 필요 없기에 다른 유통보다 네트워크로 판매되는 제품이 더욱 저렴한 고품질 제품이 공급될 것이다.

물론 제조사도 네트워크 회사에 싼 가격에 제품을 납품할 수 있는데 그 이유도 단순하다. 제조사의 경우 따로 영업사원 관리를 하지 않아도 되고 대리점 운영비도 들지 않는다. 제조사는 보통 네트워크 회사로부터 제품가격을 선지급으로 먼저 받고 난 후 제품을 보낸다. 어음을 받지 않고 종업원도 매장관리도 필요 없이 제품을 안정적으로 판매할 수 있기에 제조사 입장에서는 네트워크마케팅 회사를 통하는 것이 최고의 판매 루트다. 결국 네트워크마케팅은 제조사와 소비자 모두에게 이득인 합리적인 비즈니스 모델이다. 시간이 흘러 네트워크마케팅 회사가 취급하는 상품이 백화점이나 대형마트에서 취급하는 제품 수만큼 제품 종류가 풍부하게 확대되면 네트워크마케팅은 판매가 소득이 아니라 소비가 소득이 될 것이다.

만일 일반 생활용품 외에 항공, 카드, 의료, 주유, 법률, 자동차 수리, 여행사, 스마트폰 등 생활에 필요한 온갖 서비스 및 용역 제품까지 네트워크마케팅에 런칭되면 생활이 곧 소득이 되는 시대가 본격적으로 열릴 것이다.

보통 쇼핑업체는 한 명의 고객이라도 붙잡기 위해 애쓴다. 매출의 일정금액을 포인트로 적립해주어 이탈고객을 막고 단골고객을 확보하기도 한다. 대표적인 예로는 OK캐쉬백 적립포인트제가 있는데 마트, 커피숍, 백화점 등 포인트제를 실시하지 않는 곳이 거의 없을 정도다. 그럼에도 불구하고 풍부한 정보와 폭넓은 구매선택을 누리고 있는 소비자들은 할인과 같이 좀 더 조건이 좋은 곳으로 금방 이동해버리는 특성이 있다.

그렇기에 홍보비를 절약해 고품질의 저렴한 제품을 생산해야 한다. 소비자는 품질이 뛰어난 제품을 사용해보고 효과가 좋으면 당연히 주변에 소개한다. 그 소개로 매출이 발생하면 소비자는 포인트를 받고 이는 통장에 현금으로 쌓인다. 이처럼 합리적인 소비 활동을 할 수 있는 최고의 시스템이 네트워크마케팅이다.

네트워크마케팅을 통해 소비하면서 지출되는 모든 소비 일부가 소득으로 되돌아올 수 있다. 휴대폰 대리점을 통해 스마트폰을 개설하면 내가 매달 사용하는 금액 일부가 대리점 통장으로 들어간다. 반면 스마트폰을 네트워크마케팅 회사를 통해 개통하면 내가 사용하는 요금과 나를 통해 스마트폰을 개통한 소비자가 사용하는 통신요금의 금액 일부가 내 통장으로 꾸준히 들어온다. 이처럼 스마트폰이 네트워크마케팅에서 판매된다면 꾸준히 소비되는 통신요금 일부도 소득이 되는 것이다.

요금 체계와 단말기 구매 조건 등은 똑같다. 차이는 하나뿐이다. 대리점에서 개통하면 매달 대리점 사장의 통장으로 돈이 들어가고, 네트워커를 통해 개통하면 원래 대리점 사장 통장에 들어가야 할 금액이 소개비 명목으로 내 통장으로 돌아온다.

자동차보험도 마찬가지다. 자동차보험 영업사원을 통해 보험에 가입하는 것보다 네트워크마케팅을 통해 보험에 가입하면 보험료도 시중보다 저렴하고 금액 일부분이 내게 돌아온다. 당연히 나를 통해서 자동차보험에 가입하게 된 사람의 보험료 일부분도 내게 입금된다. 이렇게 나로부터 파생된 회원 수만큼의 자동차보험 대리점, 휴대폰 대리점, 신용카드 대리점, 주유소 등을 무점포로 나는 종업원도 없이 종합 무점포대리점을 운영하는 셈이다.

만일 네트워크마케팅에 주유소까지 입점 되면 나와 내 고객은 전국에 있는 협약된 주유소에서 주유할 것이다. 그러면 나는 거금을 들여 주유소를 차리지도 않았는데 내가 유치한 회원 수만큼의 고정 고객을 가진 주유소 사장과 같은 소득을 얻을 수 있다.

이렇게 네트워크마케팅을 통해 소비를 넘어 생활에서 지급하는 모든 지출이 소득으로 만들 수 있다. 생활한다는 것은 당연히 지출한다는 것과 같은 의미이다. 자본주의 사회에서는 그저 숨만 쉬어도 돈이 나간다. 우편함에 있는 청구서를 봐도 수도세, 전기세, 가스비 등의 청구서로 가득하다. 그러나 우리의 모든 생활비 지출이 소득이 되는 비즈니스인 네트워크 비즈니스로 소비를 소득으로 만들 수 있다. 이것이 네트워크 비즈니스의 가장 큰 비전이다. 물론 처음에는 내 노력이 전부겠지만 일정 규모 이상의 회원 그룹이 쌓여 거대한 네트워크가 형성되면 생각지도 못했던 인세 소득이 발생하는 것이 네트워크마케팅의 가장 큰 매력이다.

이렇게 소비 패턴과 수다의 종류만 내가 애용하는 제품에 대한 감동을 전달해도 상상을 초월하는 소득을 얻을 수 있다. 네트워크마케팅은 우리가 매일 당연하게 반복하는 소비생활에서 나부터 현명한 소비를 하고 주변인들에게 현명한 소비를 하도록 안내하고 컨설팅하는 간단한 일이다. 현명한 소비를 통해 시간과 정보를 효율적으로 활용해 평생 인세 자산을 만드는 일이다.

그런데 이 같은 현명한 소비 형태는 이미 앨빈 토플러의 저서 '미래충격, Future shock'을 통해 기업에 미래의 변화를 예견해 주었다. 돈을 쓰는 것은 항상 소비자들이었다. 그래서 유통에서 유통공급자 쪽을 생산자 즉 프로듀서(producer)라고 하고 소비하는 소비자를 컨슈머(Consumer)라 한다. 상식적으로는 프로듀서(producer)가 아무리 할인판매를 해도 거래가 이루어지면 돈은 컨슈머(Consumer) 지갑에서 빠져나간다. 결국 생산자(유통공급자)는 돈을 벌게 되어 있고 아무리 싸게 사더라도 소비자는 손을 쓰는 구조다.

그런데 앨빈 토플러 눈에 기이한 현상이 포착되었다. 네트워크마케팅이라는 시스템을 보니 소비자가 프로듀서(producer)로서 유통에 직접 참여하는 것이다. 그동안은 소비자가 소비를 하면 지출로 끝났는데 소비자가 직접 유통에 참여하고 유통을 통한 소득의 일부를 가져가는 유통생산자가 된 것이다. 소비를 통해 자기 지갑에서 빠져나간 돈이 다시 일정한 룰(보상 플랜)에 따라 본인에게 되돌아오는 것이다. 또 나로부터 시작한 네트워크마케팅 조직의 전체 매출을 기반으로 일부가 캐시백이 되어 소비자의 주머니로 캐시백이 되는 현상이 발생한다.

이런 소비를 하는 소비자를 앨빈 토플러는 현명한 소비자(Prosumer)라고 말한 것이다. 현명한 소비자가 생산자 위치에서 유통공급에 관여하는 것을 포착한 것으로 그의 저서 '제3의 물결'에서 이야기한 프로슈머(Prosumer)라는 제

3의 세력이 생긴 것이다.

이게 얼마나 충격적이었으면 앨빈 토플러는 이와 관련한 내용을 30여 페이지나 할애해 이야기했다. 향후 소비자들이 현명해져서 유통과 생산에 직접 참여해 소득을 재창출해가는 거대한 물결이 밀려온다는 것으로 거대한 네트워크마케팅의 물결을 예견한 것이다. 또 그의 최근 저서인 '부의 미래 (Revolutionary Wealth)'에서는 이를 '혁명적 변화가 발생해 강력하면서도 역사적으로 전례 없는 새로운 부의 창출 시스템이 창조되고 있다'고 강조했다.

앞으로 21세기의 소비 패턴은 예전처럼 단지 저렴한 가격이나 우수한 품질 또는 양질의 서비스만으로는 고객 만족이 어렵다. 이미 돈이 되는 소비, 즉 '돈을 쓰면서 돈을 버는 소비의 시대'가 왔다. 이는 결코 일시적인 유행이 아니라 본격적인 모습을 드러내기 시작한 초기일 뿐이다. 그래서 기업과 개인 그리고 정부 또한 이러한 시대의 조류에 탄력적으로 대처하는 유연함과 현명함이 필요하다. 법적으로도 보완하거나 정비해야 할 부분을 시대 상황에 맞게 맞춰야 한다. 발 빠른 기업과 개인은 이미 새로운 조류를 간파하고 민첩히 대응함으로 시대를 선도하는 뉴프런티어들로 급성장하고 있다.

그렇기에 당연히 프로소비자, 즉 프로슈머(Prosumer)의 등장과 이들의 연합을 알지 못하면 기업에 큰 위기가 올 것이다. 특히, 앨빈 토플러는 '미래충격, (Future shock'을 출간하고 10년이 지난 1980년에 '새로운 변화의 실체, 기존에 보지 못했던 새로운 큰 흐름의 주체'라는 뜻의 'The Third, 제3'이라는 단어와 '미래의 충격이 쓰나미(tsunami)가 되어 밀려온다.'는 의미로 'Wave(물결)'를 써서 '제3의 물결, The Third Wave'라는 책을 냈다.

이 책은 한마디로 프로슈머에 의한 미래의 충격이 거대한 쓰나미(tsunami)가 되어 한 번에 덮쳐온다는 것이다. 유통에서도 대기업이 주도하는 메가트랜드 경제체제를 프로소비자(Prosumer)들의 활동에 의한 마이크로트랜드 경제체제로 변화하지 못하면 기업의 존립을 보장받을 수 없다는 말이다.

이제는 프로슈머들도 인터넷을 통해 상호 커뮤니케이션을 하면서 강한 결속력을 지닌 커뮤니티를 형성하고 있다. 이에 기업들은 이들의 특성을 이해하고 대처하지 못하면 생존조차 힘들 것이다. 다가올 거대한 물결(wave) 앞에 쓰나미(tsunami)의 충격이 덮쳐오기 전에 미리 준비해야 한다. 이러한 변화에 준비가 잘되었던 기업들은 현재 살아남았고 대비를 못 한 기업들은 점점 문을 닫고 있다.

한편 우리는 그동안 매일 반복되는 소비 활동을 통해 소수의 대형 마트와 재벌 기업들을 배 불려주는 일만 해왔다. 그러나 재벌이라는 거대한 포식자의 식욕은 날로 커지고 그칠 줄 모른다. 심지어 동네의 구멍가게조차 기업형 슈퍼마켓(SSM)이 잠식했다. 우리는 언제까지 소중한 돈을 재벌들 손에 쥐여주어야 할까? 앞으로는 현명한 소비를 해야 한다. 과거 소비자들의 손을 빠져나간 돈이 유통비, 광고비 명목으로 생산자와 유통자에게 돌아가는 소비가 아닌, 소비한 주체에게 되돌아온다면, 소비생활의 혁신이 될 것이다.

지금이 기회다. 누구나 보는 것은 TV이고, 남들이 보지 못하는 것을 보는 것은 황금알을 낳는 큰 비전이다. 남들이 비전을 보지 못할 때 먼저 비전을 보고 준비하면 미래 성공의 열매가 그만큼 클 것이다.

Part 05

인터넷 시대에 꼭 맞는
네트워크 비즈니스

디지털로 시작해 디지털로 끝나는 세상이다. 지하철에서 신문을 접어 읽던 모습은 사라지고 스마트 폰이 대체했다. 식당을 찾기 위해 두리번거리는 대신 스마트폰 지도에서 주변 맛집을 검색한다. 이처럼 스마트폰에 일상생활을 의존하면서 이게 없이는 생활이 불편할 정도로 스마트 폰은 삶에 가까이에 있다. 스마트폰은 날로 발전을 거듭해 '종합 문화 서비스 플랫폼'으로서 정보습득, 업무수행, 사회적 관계 형성, 여가 활용 등을 하는 '스마트 라이프(Life)' 혁명의 원동력이 되었다.

지금 세계는 인터넷을 통한 사이버 시장이 혁명을 몰고 있다. 인터넷과 홈쇼핑 시장을 합쳐 10조 원 이상일 정도다. 인터넷은 밤낮도 없고 지역적 제한이 없다. 특히 관세도 없이 국경을 넘나드는 무역이 시작되었다. 시공을 완전히 초월해 대부분 시장이 오프라인에서 가상세계인 인터넷으로 옮겨왔다.

그만큼 소비자의 선택은 확실히 달라진다. 모든 정보는 스마트폰 터치로 금세 알아낼 수 있다. 소비자층이 젊어지면서 온라인 쇼핑 시장이 급성장하고 있다. 그렇기에 만일 가격에 걸맞은 품질을 보증하지 못하면 제품은 외면당하고 만다. 요즘 소비자는 가성비를 따지는데 가격에 걸맞은 수준을 못 맞추면 시장에 발붙이기 어렵다.

이처럼 전자상거래는 매장이 불필요하기에 물류비용을 절감할 수 있어 소비자에게 저렴한 가격으로 공급할 수 있을 뿐 아니라 편리하다. 인터넷이나 홈쇼핑을 즐기는 사람들 대부분은 가격이 저렴하고 빠르고 편리하기에 애용하고 있다. 이렇게 인터넷은 우리 삶의 일부가 되었다.

과거에는 소비자들이 제품을 구매하기까지 생산자 → 공급자 → 도매상 → 소매상 → 소비자라는 복잡한 과정을 거쳤다. 게다가 대량의 마케팅 비용까지 덧붙으면서 물건값은 생산 비용의 몇 배로 치솟았다. 소비자들은 여러 단계의 유통 비용과 마케팅 비용까지 지급하면서 값싼 물건을 비싸게 사들일 수밖에 없었다.

그러나 시대는 달라졌다. 21세기를 '인터넷을 통해 형성된 네트워크 혁명' 의 시대라고 부른다. 인터넷 쇼핑몰의 매출도 엄청난 속도로 약진하면서 소비 흐름에 큰 변화를 가져 왔다. 인터넷에서 클릭 한 번으로 물건 구매가 가능해지면서 치열한 가격 경쟁이 시작되었고, 인터넷 기반의 회원제 마케팅 기업들이 탄생했다. 소비자들도 인터넷이라는 열린 공간 속에서 대기업의 횡포에 좌지우지하지 않고 고품질 물건을 싼 가격으로 살 수 있게 됐다. 또 인터넷이나 인적 네트워크를 통해 직거래가 활발해지면서 마케팅과 유통비를 남기지 않는 합리적인 상품들이 등장했다. 이젠 인터넷과 회원제 네트워크를 통해 얼마든지 질 좋은 물건을 싸게 살 수 있게 되었다.

이는 이미 인터넷에 엄청난 돈의 흐름이 형성되고 있음을 나타낸다. 어떤 이들은 이 기회를 놓치지 않고 새로운 기회를 찾고 있다. 혹자는 인터넷의 힘을 이용해 새로운 네트워크를 구축하고 기업과 직접 소통하며 혁신적인 사업가로 변신한다. 이젠 일상에서 항상 사용하는 인터넷과 소비재들만으로도 부담 없이 누구나 1인 네트워크 사업이 가능해졌다.

그렇기에 우리는 인터넷을 중심으로 한 성장 가능성이 무한한 부의 흐름을 읽어야 한다. 부동산 투자가 무너지고 주식이 휴지 조각이 되어도 인터넷세상은 정지하지 않고 확장된다. 또한 국경이나 국적도 없이 널리 시장이 형성되고 사람들 간의 자유로운 소통의 장이 되었다.

최근 큰 주목을 받는 '페이스북'을 보라. 세계 각국의 회원들이 몰려드는 이곳에 엄청난 부가가치가 생겨났다. 이 놀라운 사업 확장을 보라. 제한적인 물리적 투자에서 탈피해 인터넷 공간에 대한 새로운 개념을 창조하고, 그 안에서 무궁무진한 크기의 부가가치들을 생산하는 데 성공했다.

마크 저커버그는 인터넷 네트워크를 통해 전 세계를 하나로 묶고, 이를 세계적인 시장으로 확대한 디지털 시대의 대표적인 성공 사례다. 그는 스마트폰이 우리의 생활방식, 삶의 여건과 산업을 변혁시키고 있음을 알아차리고 새로운 사업의 장을 마련했다. 그의 성공은 앞으로 돈의 흐름이 글로벌 네트워크를 토대로 형성될 것이라는 점을 보여준다. 이제는 반드시 디지털 네트워크를 알아야 어떤 사업에서도 성공할 수 있다.

오늘날과 같이 빛의 속도로 변하는 지식 정보화 시대를 살아가는 개인과 기업들은 변화하는 시대 상황에 신속히 대응하지 않으면 도태될 수밖에 없다. 과거 산업혁명을 기억하는가? 첨단화된 기계의 발견으로 공산품 대량화 공장 모델이 가능해져서 수많은 노동자가 실업자로 전락했다. 그러나 반대로 그 공장식 모델로 막대한 부를 쌓은 사람도 있었다. 이처럼 현재 진행되고 있는 디지털 혁명은 과거 산업혁명이 가져온 놀라운 변화처럼 돈의 흐름을 확 뒤바꾸어놓는 매우 중요한 계기가 되고 있다.

현재 인터넷을 기반으로 한 수많은 수익 시스템들과 사이트들, 콘텐츠 등 이동통신유치 관련 신종 사업들이 크게 각광받고 있는 것만 봐도 잘 알 수 있다. 비로소 잘 갖춰진 통신 인프라들을 바탕으로 하나의 거대한 '디지털 경제'가 폭발적으로 형성되고 있다.

앞으로는 인터넷상에 형성된 엄청난 돈의 흐름을 잘 이용하는 사람과 그렇지 않은 사람 사이에 부의 격차가 상당할 수밖에 없다. 한 걸음 먼저 새로운 사업에 도전하여 미래를 준비하는 사람만이 부의 대열에 합류할 것이다.

그런데 이러한 격변기일수록 유연한 패러다임을 갖는 것이 중요하다. 이젠 누구나 가상공간에 주목해야 하는 시대임을 알아야 한다. 우리 경제활동은 온라인과 오프라인이 혼재된 형태로 나타나고 있다. 그렇기에 유통부문에 혁명적인 변화가 일어남은 너무 당연한 시대적 흐름이다.

특히 온라인 쇼핑 문화는 소비자들로 하여금 시간과 거리의 제약을 뛰어넘도록 했다. 온라인상에서는 마우스로 클릭 한 번 하면 고객들은 얼마든지 쇼핑몰을 이리저리 옮겨 다닐 수 있다. 또한 온라인 쇼핑몰은 거리 제한을 완전히 없애 전국 방방곡곡의 소비자들이 마음대로 쇼핑몰을 옮겨 다니며 쇼핑을 즐긴다. 또한 시간 제약에서도 완전히 자유로워져 24시간 365일 쇼핑을 즐길 수 있다.

이러한 디지털 시대에 고객관리를 둘러싸고 온라인 기업들의 사활을 건 새로운 라운드의 경쟁이 벌어질 것이다. 그와 관련된 구체적인 마케팅 전략이 우리 주변에서 급속히 확산 중인 포인트 적립과 실적에 따라 고객에게 돌려주는 '캐시백(Cash-back)' 방식의 마케팅이다. 이같이 전방위적으로 퍼져 나가고 있는 이러한 마케팅 전략은 힘들게 확보한 고객을 다른 곳으로 쉽게 빼앗기지 않기 위해 고안한 기업들의 전략이라고 할 수 있다. 대망의 캐시백의 전성시대가 온 것이다.

인터넷을 이용한 전자상거래는 역사상 최초로 진정한 소비자 중심의 경제 시대를 열어 가고 있다. 이제 고객을 왕으로 섬기지 않는 기업은 생존하기 어렵다. 자신의 쇼핑몰에 고객을 끌어오기도 어렵지만, 언제 떠날지 모르는 고객을 다른 곳에 빼앗기지 않고 단골로 계속 붙잡아두기 위한 전략을 세우지 않으면 안 된다.

누적, 적립, 마일리지, 포인트, 캐시백과 같은 용어들은 모두 고객관리와 깊은 관련이 있다. 이제 어디서 소비를 해도 포인트를 주지 않는 경우는 드물다. 치킨 한 마리를 주문해도 쿠폰을 주지 않는 치킨점이 없고, 어떤 기업은 전국의 수만 개에 달하는 가맹점과 제휴해 식사하거나, 차를 마시거나, 운동하거나, 여행을 가거나, 쇼핑을 하면 고객의 캐시백 카드에 모두 적립시켜주는 마케팅 방식을 도입해 좋은 성과를 얻었다.

이처럼 포인트와 캐시백 같은 특별한 마케팅은 갈수록 변덕을 부리며 옮겨 다니는 소비자들에게 사이트에 대한 '충성'을 담보로 현금이나 포인트로 되돌려 준다는 파격적이고 합리적인 마케팅 전략이다. 이런 캐시백 마케팅은 아직 초기에 불과하다. 이미 캐시백 방식에 맛 들인 소비자들은 계속해서 더욱 강력한 캐시백을 제공하는 쇼핑몰에서 쇼핑을 즐기고자 할 것이고, 그에 따라 고객을 더 유치하기 위해서는 더 많이 되돌려주는 판매 전략을 세우지 않으면 불가능하기 때문이다.

한편, 인터넷은 이처럼 우리 사회의 경제 부문 곳곳에서 황금알을 낳는다. 인터넷의 발전이라는 새 패러다임을 능동적으로 받아들여서 새로운 경제 주체로 우뚝 설 수 있다. 변화의 파도를 타고 인터넷이라는 공간에 대한 많은 정보를 수집, 분석해 황금알로 바꿔놓은 사람들이 오늘날의 성공자다. 부자와 가난한 자의 차이는 눈 앞에 펼쳐진 기회를 받아들이는 태도, 기회를 행동으로 옮기는 행동력에서 나온다. 부자가 되려면 눈앞의 핵심 패러다임을 파악하고 중요한 정보를 수집해 직접 행동해야 한다. 최근 눈부신 발전을 거듭하고 있는 네트워크비즈니스 세계도 마찬가지다. 사회경제적 변화는 분명 사업의 패러다임을 바꿔놓게 마련이며 네트워크마케팅도 이 같은 시대 변화를 타고 탄생한 하나의 기회라고 볼 수 있다.

네트워크마케팅이라고 할 수 있는 프로슈머 마케팅은 평생 사업이며 많은 사람에게 새로운 일자리를 창출한다. 지금 한국에서는 수백만 명의 고급 인력들이 경제활동을 하지 못하고 있다. 이들 대다수가 주부들과 청년층에 집중되어 있다. 이들은 대부분 고학력의 고급 두뇌들이다. 만약 이들이 경제활동에 참여한다면 한국의 취업률은 지금보다 훨씬 높아지며 우리 사회는 더욱 역동적인 모습이 될 것이다.

끝으로 다음과 같이 사회 환경에 따른 마케팅 변천 과정을 살펴보면 디지털시대에 왜 네트워크마케팅이 시대적인 흐름인지 알 수 있다. 마케팅의 기본원리는 근본적으로 재화의 교환에 있다. 사회 환경이 변함에 따라 마케팅 전략도 변한다. 어떻게 마케팅의 변천 과정이 지금 사회에 네트워크마케팅까지 발전하게 되었을까?

50년대는 농경사회로 자급자족을 해왔다. 물물교환이 이루어지기도 했다. 60년대는 산업사회로 기계문명이 발전했고, 가전제품 등을 대량 생산했던 시기다. 대량 마케팅이 성행했다. 70년대는 신상품을 기획하여 표적 마케팅이 이루어졌다. 경제적인 면에서 안정되어 가던 80년대 들어 사람들은 품질을 선호하게 되었고, 니치 마케팅이 이루어졌다. 90년대는 개성과 멋을 선호하게 되었고, 기업들은 서비스 마케팅을 진행했다. 2000년대에 와서 이미 컴퓨터 발달로 인해 정보화 사회가 열리게 되었다.

인터넷에 의한 전자상거래와 휴먼 네트워크가 활발히 진행 중이다. 즉, 지식 마케팅이 이루어지고 있다. 앞으로 지식정보 사회는 얼마나 존속할 수 있을까? 지식정보 사회는 당분간 계속될 것이다. 여러 디지털 기기의 기능들이 하나의 장치로 통합되고서 하나의 시스템으로 연결되는 디지털 기술 융합이 이루어질 것이다. 화려하게 펼쳐질 그 미래의 청사진을 그려보면 시대에 걸맞은 비즈니스가 보일 것이다.

2010년대부터는 사람들이 꿈의 사회를 원했다. 지식정보 사회를 보완하게 될 감성 사회가 도래한 것이다. 사람의 감성이 그리운 시대는 휴먼 네트워크를 더 절실히 요구하는 시대가 될 것이다. 그렇기에 인간과의 교류를 중심으로 한 네트워크마케팅은 시대적인 흐름인 것이다.

연대	중점 포지셔닝	마케팅 구분	사 회
50년대	자급자족	물물교환	농경사회
60년대	대량생산	대량마케팅	산업사회
70년대	신상품기획	표적마케팅	
80년대	품질	니치마케팅	
90년대	개성(멋, 디자인)	서비스마케팅	
2000년대	인터넷, 휴먼네트워크	지식마케팅	정보사회
2010년대	휴먼네트워크	감성마케팅	꿈의 사회

Part 06

개인사업자로 활동하는
똑똑한 디지털 소비자들

경제 현장에 거대한 변혁을 가져다준 디지털 기술로 인터넷상에서는 매일 수억 명의 사람들이 빛의 속도로 활동한다. 이들 각각은 인터넷이라는 망망대해에 떠 있는 조그만 배처럼 작고 외로워 보이지만, 네트워크는 수천, 수만 명을 불과 몇 초 만에 하나로 묶어주는 마법을 부린다. 그래서 정보의 확산속도가 매우 빠르고 인기를 끄는 인터넷 사이트는 거대한 부를 창출하는 원천이 된다.

오늘날 인터넷의 광대한 바다를 누비며 엄청난 부를 거머쥐는 '디지털 상인'들이 떠오르고 있다. 그들이 현실 세계에서 가진 가게는 의외로 시골이나 시장 골목의 허름한 몇 평짜리인 경우도 있다. 아예 가게가 없기도 하다. 그러나 이들은 디지털을 통한 연간 수십억 원의 매출 창출로 새로운 부의 대열에 합류하고 있다.

이런 시대 상황에 맞게 네트워크마케팅도 인터넷 쇼핑몰로 확 바뀌었다. 네트워크마케팅 사업이 과거와는 확 달라졌다. 불과 몇 년 전에는 물건을 싸들고 다니며 팔아야 하는 것처럼 보였지만 이제는 인터넷 쇼핑몰에서 구매자가 직접 살 수 있게 되었다. 네트워크마케팅 회사의 쇼핑몰에는 모든 제품이 완벽한 제품 구성이 갖춰졌고, 클릭 몇 번의 간편한 인터넷 비즈니스로 변신했다. 덕분에 교수나 의사와 같은 전문직은 물론, 기업체 임직원 등 소위 잘 나가는 사람들도 이 사업에 많이 참여하고 있다.

우리는 디지털 세상에 살고 있기에 고정관념에서 벗어나 새로운 세상에 어울리게 생각하고 행동해야 한다. 디지털 사회의 생존 법칙을 알아차리지 못하면 부자 대열에 끼기 힘들다.

과거에는 가게를 열고 손님 오기만을 기다렸으나 이제는 숨어 있는 고객을 찾지 않으면 안 된다. 시간과 장소, 물량에 제한받지 않는 디지털시대에 디지털 상인들의 등장으로 거대한 유통의 혁명으로 다가왔다.

인터넷과 네트워크의 결합은 돈의 흐름과 밀접한 새로운 사업 기회를 가져왔다. 단순 소비자로만 머물지 않고 판매자로도 병행해 인터넷 공간 안에서 판매 활동을 하는 똑똑한 디지털 소비자들이 탄생했다. 인터넷상에서 자기 상품을 마케팅하는 거대한 장이 되었고, 어느덧 소비자와 판매자의 구분이 사라지고 소비와 판매를 겸하는 현명한 디지털 소비자들이 등장했다.

이들은 단순히 인터넷으로 물건만 구매하는 것이 아니라 인터넷을 통해 많은 정보를 얻고 서로 힘을 합쳐 기업의 상품에 자신들의 영향력을 행사해 홍보하고, 때때로 소비자 자신이 판매자로 변신해 활발하게 상품을 판매하고 있다. 즉, 21세기 정보통신과 네트워크 사회에서는 판매자는 판매자, 소비자는 소비자라고 정확히 분리되지 않는다. 기업과 소비자가 협력하고 서로의 이익을 나누고 발전하는 윈윈의 소통 방식이 이뤄지고 있다.

또한 네트워크 비즈니스는 점포 없이 직거래에 가까운 가격으로 물건을 팔고 있다. 인터넷 공간을 이용하고, 인적 네트워크를 구축해 판매를 시행함으로써 생산 기업의 마케팅과 유통 비용을 내 몫으로 가져온다. 이 사업의 본질인 소비가 수입을 창출하는 캐시백 마케팅이 대중화되어서 매우 편리하게 사업 진행이 가능하다.

그런데 보통 대기업은 물론, 전자상거래나 홈쇼핑으로 상품을 파는 회사들은 상품을 직접 생산하지 않거나 직접 생산해도 결코 소비자와 이익 분배를 안 한다. 그래서 소비자와 이익을 분배하는 네트워크 마케팅을 선택한 회사들에 비해 경쟁력을 따라잡기는 힘들다. 인터넷은 네트워크마케팅을 채택한 회사에게 폭발적인 성장기회를 제공할 것이다. 네트워크 마케팅에 있어서 소비자는 곧 사업자이므로 전자상거래 사업에 참여할 수 있고, 이는 곧 수입이 된다.

한편 인터넷 사이트를 통해 각종 정보를 검색하고 교류하면서 사람들을 만날 수 있다. 인터넷 사이트가 이렇게 만난 사람들에게 자연스럽게 전자상거래 사이트를 소개하고, 네트워크 사업자가 되도록 안내하게 된다. 인터넷은 새로운 인맥을 이어주는 가교 구실을 한다.

e비즈니스는 무자본 무점포로 소비자에게 직접 판매할 수 있는 네트워크 비즈니스를 촉진하는 촉매 역할을 하여 추가 수익을 올릴 수 있다.

"제값 주고 물건 사는 것은 바보"라는 좋은 물건을 싸게 구매하길 원하는 소비자 욕구에 맞춰 인터넷으로 싸게 살 수 있다. 이것이 이 시대의 새로운 비즈니스의 기회이다. 불필요하게 과다 지출됐던 비용을 다시 내 호주머니로 되돌려 받는 수익구조로써, 광범위한 네트워크 구축으로 보상받는 사람들이 많아지고 있다.

IT의 발달로 시대 방향이 e비즈니스 쪽으로 자리 잡고 있으며 시간과 장소에 무관하게 소비자와의 접근이 용이해지고, 더 빨라지고 있다. 특히, 국민 3명 중 1명은 모바일 쇼핑을 즐긴다. 스마트폰이 우리 삶과 친숙해질수록 모바일 쇼핑 문화의 확대가 필연적으로 따라온다.

그런데 가게 주인에게 점포가 중요하듯, 디지털 상인들에게는 인터넷이 매우 중요한 기반이다. 이들은 인터넷을 통해 정보를 얻고 네트워크조직을 구축해 기업의 상품에 자신의 영향력을 행사하고, 때로는 유통자로 변신해 활발히 상품을 전하는 1인 비즈니스를 펼친다. 단순히 인터넷으로 물건만 사는 게 아니라 직접 유통까지 관여해 이익을 얻는 것이다. 이 디지털 소비자는 프로슈머, 아이덴슈머, 크리슈머 등 다양한 이름으로 불려왔다.

네트워크 비즈니스는 무점포 직거래로 저렴한 가격으로 물건을 구매할 수 있다. 인터넷 공간을 이용해 인터넷과 오프라인에서 구축한 인적 네트워크에 기업의 상품을 유통함으로써 생산 기업의 마케팅과 유통 마진을 내 몫으로 가져와 수입을 얻는 것이다.

인터넷 쇼핑에 익숙해진 현대인들은 '원스톱 쇼핑(One-stop Shopping)'을 원할 것이다. 원스톱 쇼핑의 대명사라고 할 수 있는 월마트가 오프라인에서 최고의 쇼핑몰로 자리매김한 이유도 한 곳에서 한 번에 모든 쇼핑을 마치고자 하는 소비자 욕구를 꽤 잘 충족시켰기 때문이다.

온라인 쇼핑을 할 때 A사이트에서는 책을 주문하고, B사이트에서는 음료를 구매하며, C사이트에서는 컴퓨터를 주문하고, D사이트에서는 의자를 사려는 사람은 없다. 주문도 따로 해야 하고 배송비도 각각 이중삼중으로 부담하기 때문이다.

따라서 향후 온라인 유통의 큰 흐름은 각자 흩어져 있는 쇼핑몰들을 하나로 통합하는 '주문통합 서비스 방식'이 주도할 것이다. 이 방식은 인터넷에서 고객이 하나의 사이트에 접속하면 수천 가지의 다양한 제품을 한 번에 쇼핑할 수 있게 해주는 편리한 서비스다.

이 서비스를 이용하면 보통 할인점에서 구매할 수 있는 거의 모든 제품을 집에서 쉽게 살 수 있다. 이렇게 다양한 형태의 상품과 서비스를 판매하는 생산자 집단을 하나의 중앙 사이트로 집합시켜 고객은 모든 주문을 원스톱으로 해결할 수 있다. 이 통합 사이트는 모든 쇼핑몰을 한 자리에 모아놓았기에 고객은 번거롭게 다른 쇼핑몰들을 찾아다닐 필요가 없다. 한 마디로 통합 쇼핑몰은 '원스톱 쇼핑 포털(One-stop Shopping Portal)'이 완성된다.

컴퓨터를 사고 싶으면 통합 사이트에 들어가 파트너십 관계에 있는 컴퓨터 제조회사의 쇼핑몰로 접속 후, 원하는 컴퓨터 모델이나 구매조건 등의 정보로 주문을 넣는다. 그렇게 구매한 컴퓨터는 부여된 포인트만큼 자신의 캐시백에 적립된다.

이뿐 아니라 이 포털 사이트에는 MP3, 식기세척기, 컴퓨터, 반지, 가구, 화장품, 혼수품, 주방용품, 사무용품, 식료품, 장난감, 스포츠 레저용품, 소프트웨어, 보험 상품, 금융 상품 등 거의 모든 카테고리의 제품들이 '파트너숍'의 형태로 올라와 있는 구조다.

여기에서 중요한 사실은 당신이 이 쇼핑몰의 회원으로 등록되었기에 이 통합 쇼핑몰 자체가 바로 당신의 쇼핑몰이자 당신의 웹 사이트가 된다는 것이다. 당신은 자신의 쇼핑몰에서 필요한 쇼핑을 즐김은 물론, 더 나아가서 이 같은 사실을 다른 사람들에게 알려줌으로써 새로운 수입을 창출할 기회를 갖게 된다.

당신이 주변 친구나 친척들에게 당신의 쇼핑몰의 특징과 장점을 열심히 홍보해서 그들 중 일부가 쇼핑몰의 다양성과 편리성 그리고 간편성에 끌려 쇼핑몰 회원으로 가입해 소비했다고 하자. 이게 바로 일반 소비자들과는 달리 자가소비와 구전 광고를 동시에 한 프로슈머로서의 최초의 역할을 한 것이다.

그러면 그들도 자신의 쇼핑몰에서 소비하고 주변 지인들에게 이 쇼핑몰과 소비방식에 대해 홍보할 것이다. 이렇게 사이트에 대한 소문이 구전으로 전해져 회원이 증가하면, 당신은 스스로 자가소비한 모든 실적과 당신이 소개한 사람이 구매한 모든 것에 대해, 그리고 그가 또 다른 이들에게 구전 광고로 전달해 이뤄진 모든 매출에 대해 통합적으로 캐시백을 받게 된다.

이처럼 자가소비는 물론이고 주변 다른 이들에게도 동일한 방법으로 소비가 일어나도록 홍보를 했을 뿐만 아니라 그들을 통해 당신이 전혀 모르는 또 다른 사람들의 소비까지 창출시키는 연쇄적인 효과를 가져온다. 그래서 회사는 그에 상응하는 보상을 하게 된다. 이게 바로 자가소비와 구전 광고를 통해 복제소득이 발생하는 과정이다.

이제 당신은 그저 일방적으로 돈을 쓰기만 하는 소비자가 아니다. 돈을 쓰는 소비 활동을 돈을 버는 생산 활동으로 변환시켜서 매력적인 복제소득을 만드는 것이다. 이 같은 소득은 기업가들의 돈 버는 방식과 성격이 비슷하다. 사업가로서 당신이 올릴 수 있는 수입의 양은 전적으로 당신의 역량과 노력이 좌우한다. 당신이 이 정보를 끊임없이 전달하고 당신의 파트너들도 다른 사람에게 열심히 전달하면, 당신으로부터 시작된 소비자 네트워크 규모는 점점 커지고, 그룹 전체의 매출 실적에 비례해서 캐시백으로 받는 수입도 '기하급수적으로 증가'할 것이다.

당연히 이 기하급수적인 수입의 증가가 처음부터 나타나지는 않는다. 이 것을 잘 설명하는 것이 '메칼프의 법칙(Metcalfe's Law)'이다. 이 법칙은 미국의 밥 메칼프가 주장한 것으로, '네트워크의 가치는 이용자 수의 제곱에 비례한다'는 일종의 경험 법칙이다. 즉, 당신의 소비자그룹 네트워크의 가치는 거기에 참여해 지속적인 매출을 일으키는 회원들의 수의 제곱에 비례한다는 것이다. 회원 수가 100명인 그룹과 1,000명인 그룹은 회원 수만 따지면 10배 차이가 나지만, 실제 그룹의 파워 측면에서는 10의 제곱인 100배의 차이가 난다.

여기서 유념할 것은 당신의 소비자 네트워크를 구축하는 초기과정에는 많은 시간과 노력 투자에 비해 보잘것없는 수입만 생긴다는 것이다. 그 같은 노력과 수입 간의 격차는 일정 기간 지속될 수 있다. 그러나 그 과정을 인내로 극복해야 기하급수적인 수입에 진입할 수 있다.

이러한 수입을 올릴 수 있는 이유는 현재 네트워크마케팅으로 성공한 회사들의 경우 좋은 상품을 생산하는 생산시스템과 원활한 물류시스템, 신속한 A/S 시스템이 구축됨은 물론이고 온라인상점과 오프라인의 연결된 것 등의 시스템이 있기 때문이다. 이처럼 온라인인 사이버와 오프라인인 생산 그리고 물류의 연결이 선행되어야 한다. 만약 상품 주문 폭주나 재료비 폭등으로 상품생산이 원활하게 이루어지지 않아 제때 공급이 어렵다면 회사의 신뢰성에 오점이 된다.

Part 07

회사선택을 잘해야지
잘못하면 말짱 꽝!!

회사선택은 매우 중요하다. 간혹 '크게 될 사람'이지만 성공하지 못하는 이유 중 하나는 올바른 회사를 선택하지 못했기 때문이다. 네트워커가 뛰어난 능력을 갖춰도 회사가 운영을 잘못하거나 경쟁력 있는 제품으로 받쳐주지 않으면 성공이 어렵다.

화려한 겉 무늬에 현혹되지 말고 속을 보고 믿을만한 회사인지 잘 분석해보라. 네트워크 마케팅 사업자는 십중팔구 지인이나 주변 컨택(contact)을 통한 인연으로 회사를 알게 된다. 회사를 소개한 사람에게 이끌려 덥석 참여하는 경우가 대부분이다.

국내에는 이미 네트워크 비즈니스를 표방하는 수백 개의 회사가 있다. 회원 직접판매가 기회가 되는 사업이고 명품이라면 분명 짝퉁도 많이 생겨난다. 수많은 회사 중에서 제대로 된 명품 회사를 만나기는 쉽지 않다. 단순히 보상체계만 보고 네트워크 사업에 뛰어드는 우를 범하면 안 된다. 네트워크 비즈니스는 다단계 판매보다 훨씬 진보된 개념이라 정통 네트워그마케팅을 하는 회사는 드물기에 제대로 된 정통 네트워크마케팅 회사를 선택하는 것이 좋다.

좋은 회사를 선별하는 기준은 크게 네 가지가 중요하다. 제품(Product), 마케팅 플랜(Plan), 인적 구성(People), 사업 시스템(Procedd) 등으로, 통틀어 4P라고 지칭한다. 이를 점검해보기 위한 가장 효과적인 방법은 사업 설명회나 미팅에 참석해 보는 것이다. 이를 통해 제품에 대한 지식, 플랜에 대한 지식, 어떤 사람들이 사업을 하며, 어떻게 사업을 하고 있는지에 대한 정보를 얻을 수 있다.

우선 네트워크마케팅 사업을 시작하려면 먼저 공부를 하고 제품을 바꿔 써보라. 일단 제품이 좋다고 스스로 느낄 수 있는 회사여야 한다. 그리고 회사, 수익구조, 시스템, 함께 사업하는 사람들도 만나보라. 네트워크마케팅은 노동소득(임시소득)을 위한 직장이 아니고 자산 소득을 위한 사업이다. 꼼꼼히 알아보고 결정하라. 제품이 좋고 수입 구조가 이해됐다면 책도 읽고 CD도 들어보라. 미팅, 세미나, 랠리 등에 가서 직접 몇 달간 관찰하고 공부도 해보라.

첫째, 정통 네트워크 마케팅을 채택한 합법적인 활동을 하는 회사인가?

회사가 합법적인지 불법적인지와 네트워크마케팅 회사의 투명성과 성장성을 구체적으로 알아보려면 한국직접판매협회(www.kdsa.or.kr)나 한국특수판매공제조합(www.kossa.or.kr)을 방문해보라. 이들 단체는 네트워크마케팅 회사와 거래하는 소비자를 보호하기 위해 조직된 단체로 이 중 어느 한 곳에 가입하지 않으면 방문판매 등에 관한 법률에서 정하는 다단계 영업을 할 수 없도록 규정하고 있다. 또한 공정거래위원회에서 '다단계판매회사'를 검색하면 회사마다 성장 실적을 비교 검토할 수 있다.

세상에는 무늬만 네트워크마케팅 회사일 뿐 불법에 가까운 사업을 하는 회사도 꽤 있다. 명품회사인지를 판단하는 기준은 역사성과 합법성, 성공자의 수이다. 세월은 옥석을 구별해준다. 회사의 역사를 살펴보라. 소비자 수와 매출이 제품의 생명력을 알게 해 줄 것이고, 법이 합법성을 통해 부당한 수입구조를 거른다. 결국 회원 직접판매의 성패 여부는 제품경쟁력과 합리적인 수익구조에 달렸다. 세상에 일확천금은 없고, 지나친 욕심은 화를 부른다.

간혹 네트워크마케팅 회사의 CEO가 어느 날 갑자기 본인의 임의대로 보상플랜을 바꿔버렸는데 사업자들이 자신보다 훨씬 더 많은 수익을 받는 게 탐탁지 않다는 이유 때문인 경우도 있다. 초심과 달리 회사와 사업자들은 윈윈 관계가 아닌 경영진과 상하 관계로 전락했고 신뢰는 깨졌다.

그래서 우선 개인 회사가 아닌 상장 회사가 안정적이고 대외적인 신용도, 지속적인 성장 등이 뒷받침되는 회사를 찾아야 한다. 그래야 당신이 선택한 회사가 사업적 안정성을 담보해준다. 또한 긴 역사를 자랑하는 회사일수록 안정적이다. 사업은 타이밍이 중요한데 너무 많이 알려져서 사업이 어려운 경우도 있다. 그래서 혹자는 적어도 10년 이상 된 네트워크마케팅 회사를 선택한다면 여러분은 안정적으로 사업을 진행할 수 있다고 주장하기도 한다.

간혹 회사 역사가 짧은 회사는 간혹 6개월도 채 되지 않아 문을 닫기도 한다. 설령 사업을 더 이어가더라도 대개는 5년이나 10년 이내에 문을 닫는다. 만일 여러분의 파트너인 회사가 문을 닫으면 여러분의 장기적인 인세 소득도 얻을 수 없고, 평생 소득이 발생하는 파이프라인 구축의 꿈도 무너진다. 그래서 대부분의 신규 회사는 실패하거나 도중에 사업을 그만두기 때문에 가능하면 7~10년 이상 된 외국계 회사를 선택하는 것이 가장 좋다는 말도 있다. 그러나 잘 알려지지는 않은 사실이지만 의외로 유명한 외국계 유명회사인 경우도 보상플랜에 함정이 숨어 있는 경우가 많다. 그래서 알게 모르게 최고 직급자가 되어도 수익이 안 되어 그만두는 경우도 상당히 있기에 전체적인 마케팅플랜도 꼼꼼히 따져봐야 한다.

특히, 5년 이상 된 장기 사업자가 얼마나 되는지 확인해보면 좋다. 이는 그 회사의 안정성을 정확히 판단할 수 있다. 가령 회사는 10년 가까이 사업을 진행하고 있는데 오래된 사업자가 많지 않다면 그 회사는 사업자가 계속 신규 사업자로 채워지고 있다는 의미이다. 회사는 제품 유통으로 매출이 발생하나 사업자들에게 불리한 이유가 있기에 오래 못 버티고 기존 사업자들이 빠져나가는 것이다.

둘째, 그 회사 신용도는 견실한가?

신용도가 떨어지는 회사를 선택할 경우, 잘못하면 열심히 사업을 진행하는 도중에 회사가 문을 닫아 공중에 붕 떠버릴 수 있다. 사업자가 아무리 열심히 노력해도 회사가 부실해 뒷받침이 안 되면 모든 것이 무너진다. 그래서 그 회사의 역사와 주주 현황, 투자자, 그리고 신용등급 등을 잘 점검해 황당한 일을 겪지 않도록 주의해야 한다.

또 회사의 매출 실적이 얼마나 되는지 살펴보고, 최고의 매출을 기록하는 제품과 그 성장 추이를 반드시 확인하라. 그리고 이를 뒷받침하는 재정 상태도 빼놓을 수 없는 점검 사항이다. 가용자금이 얼마나 되는지, 투자자가 그 회사의 장기적인 성공에 얼마나 헌신적인지 알아낼 필요가 있다.

셋째, 합리적인 보상플랜(마케팅 플랜)을 갖추고 있어야 한다.

불법 피라미드처럼 '가입 순'이 아니라 '노력 순'으로 보상이 돌아가고, 늦게 합류했어도 열심히 노력하면 당연히 그에 걸맞은 소득이 발생해야 한다. 늦게 참여했어도 얼마든지 수입의 역전이 가능한 수입구조를 갖춘 회사를 선택해야 한다. 먼저 가입했거나 매출이 크다고 소득이 높다면 연공서열이거나 피라미드 판매. 그룹 매출이 작거나 나중에 가입했어도 노력의 정도가 크다면 많은 소득을 보장해야 한다. 이를 수입의 역진이라 한다. 미국 연방 통상위원회에서는 새로운 네트워크 마케팅의 수익구조가 나타나면, 수입의 역전 가능 여부를 기준으로 합법인지 불법인지를 가린다. 이 같은 수

당체계가 얼마나 체계적인지, 개인 노력에 따라 합리적으로 배분되는지, 배분되는 수익구조는 명시적으로 문서화되어 있는지 등에 대한 꼼꼼한 검토가 이루어져야 한다. 또한 진입(인터넷상의 가입)과 탈퇴가 자유로워야 한다(외국에는 소정의 가입비가 있다).

불법 피라미드 회사들은 제품의 가격 경쟁력이 없으며, 수당 구조도 구체적이지 않은 데다 자주 바뀌고, 먼저 시작한 사람만 유리하게 설계되었거나 소수의 사람만이 많은 보상을 받을 수 있도록 설계되어 있기에 만일 이러한 점이 발견되면 즉시 그만두어야 할 것이다.

간혹 역사가 오래된 유명한 글로벌 네트워크마케팅 회사의 최고 직급자가 되면 무조건 평생 인세 수입을 받으면서 부유한 삶을 누릴 것이라는 환상을 갖는 경우도 있다. 그러나 규모 있는 글로벌 네트워크마케팅 회사라고 해도 최고 직급자가 되어 수당을 받는 데는 일부 숨겨진 '함정'이 있는 경우도 있다. 최고직급자의 자리에 가야지 비로소 알 수 있는 보상플랜의 함정이 있는 것을 알지만 본인이 사업을 하면서 사실을 폭로하면 사업 진행이 곤란해지기에 가슴앓이로 이 사실조차 말하지 못하면서 답답해하는 경우가 꽤 있다.

간혹 국내 네트워크마케팅 회사 중에는 처음에는 정통 네트워크마케팅을 표방한 것처럼 시작했다가 회사가 성장하면 오너 마음대로 마케팅을 변경하는 경우가 종종 있다. 가령 초기에 특수 판매 공제조합이나 직접 판매 공제조합에 가입한 합법적인 회사로 시작했다가 중간에 덜되는 경우도 있어서 믿었던 사업자들이 난관을 겪기도 한다. 또 네트워크마케팅으로 시작되었지만 자리를 잡은 후, 엉뚱하게 사업방식을 방문판매나 프랜차이즈로 변경하는 경우이다.

평생 인세 수입을 바라보고 힘들게 사업에 공들인 사업자들에게 좌절감을 안겨주는 일이다. 안타깝게도 국내회사 중에는 끝까지 회원들을 책임지고 함께 갈 수 있는 곳은 몇 되지 않다는 현실을 절감하게 되는 경우도 있다. 심지어 회사가 사라지는 경우도 무수히 많다. 이게 한국 네트워크마케팅 회사의 한계점이기도 하다. 그렇기에 회사의 창업주가 정통 네트워크마케팅을 바르게 이해하고 올바른 철학을 갖고 있는 사람인지 유심히 살펴봐야 한다. 간혹 제품의 품질이 매우 탁월해서 제품에 확 매료되어 무턱대고 사업을 시작하는 경우가 있다. 제품이 좋다고 그 회사가 안정적으로 네트워크마케팅 사업을 지속할 수 있을 것이라 착각하는 실수를 해서는 안 될 것이다.

또한 보너스에 물가 인상률이 반영되어야 한다. 물가는 7.2년당 2배씩 오른다. 모든 물가가 오르면 네트워크 마케팅에서 유통되는 제품 가격도 오른다. 이때 물가 인상 폭만큼 보너스도 올라야 실질소득 인상 효과가 있다. 물가 인상이 반영되어야 동일하게 라이프 스타일이 유지된다. 그러나 판매처가 같아도 현재나 10년 후나 보너스 액수가 같으면 삶의 질이 떨어진다. 물가 인상에 따른 보너스 인상이 탄력적으로 제공되지 못하면 잠깐 하다 마는 사업이 된다.

국내법상 광고 유통비는 제품 가격 대비 35%를 넘지 못하다. 35%의 한도 내에서 초기에 보너스를 많이 책정할 수도 있고 나중에 책정할 수도 있다. 35% 내에서 분배하는 수익구조는 매우 다양하고 복잡해서 비전문가로서는 구분하기 어렵다. 아무리 많은 보너스를 지급한다고 해도 35%가 한계치다. 정확한 보너스 근거를 제시하지 않고 일확천금의 분위기를 만들면 뒤도 안보고 돌아서라.

가장 손쉬운 구분법은 가입비가 있거나 의무구매량, 의무소비량, 의무판매량이 있거나 사업자가 되는 자격으로 제품을 패키지로 구매하게 한다면 다단계나 피라미드 판매로 보면 된다.

제대로 한번 네트워크마케팅 사업을 해보고자 하면 철저히 공부해야 한다. 네트워크마케팅 책도 읽어서 본질을 파악하고, 갓 런칭 네트워크 회사를 분석하고, 마케팅을 듣고, 아직 런칭조차도 안된 극 초기 사업도 알아보면 좋다. 그럼 어쩌면 당신은 수십 년간 사업을 한 사람보다 네트워크마케팅의 불편한 진실을 많이 알게 될 것이다.

실제로 지금도 전 세계에 수많은 성공자가 배출되는 이 업계에서 왜 수많은 피해자가 속출하는지 고민해보자. 또 기본에 충실해서 좋은 제품을 자가소비하는 수준에서 저절로 소득이 생기는 수입이 생겨야 하는데, 그 소득을 받는 조건으로, '유지'라는 쉽게 알아채기 힘든 뒤로 숨겨진 직급의 함정을 만들어서 왜 300~400만 원씩 매월 판매를 해야만 하는지. 또한 무리한 직급 마케팅으로 강압하고, 절대적인 비전만 내세워 세뇌 교육하고, 매월 유지를 위해서 어쩔 수 없이 사재기해야만 하는지? 그걸 못하면 근본문제가 있다는 생각이 아니라 개인의 노력과 열정이 부족하다는 기준으로 억누르고 있는지. 제대로 된 회사라면 사업자와 함께 윈윈하는 정상적인 구조인 회사는 과연 어디에 있는지 깊은 고민을 해봐야 한다.

이처럼 회사의 신뢰가 완전히 무너진 경우도 종종 있었다. 1세대 네트워크마케팅으로 암웨이와 비슷한 시기에 들어온 썬라이더는 약 20년간 네트워크 마케팅 채널에서 운영하다가 하루아침에 프랜차이즈로 바꾼 대표적인 예이다. 오랜 시간 공들여 성실하게 조직을 구축해왔던 리더들의 인세 소득을 하루아침에 물거품으로 만들어버렸다. 이 회사는 현재 프랜차이즈로 대리점 형태의 회사 운영을 하고 있다. 사업자들이 열심히 권리소득을 위해서 피땀 흘려 키워놓은 회사. 그러나 경영자의 욕심과 윤리의 부재로 결국 회사 좋은 일만 한 셈이다.

왜 일이 일어났을까? 그 이유는 네트워크마케팅으로 시작한 회사들이 점점 회사가 커지면서 경영진들이 사업자들보다 갑이 되어 더 큰 이익을 위해 경영을 좌지우지 맘대로 휘두르기 때문이다. 얼마 전인 2016년 10월에 예보코리아도 돌연 폐업을 해서 직원들과 사업자들이 빈손으로 나올 수밖에 없었다. 굳이 이런 극단적인 예가 아니어도, 회사만 유리하도록 보상플랜의 변경, 상위 사업자와 회사 경영진의 뒷거래가 이루어져서 일부만 이득을 챙기는 행위, 상위 사업자 간의 볼륨 나눠 먹기 등 네트워커들이 상상하지도 못할 일들이 많이 이루어지고 있다. 이런 사람들 때문에 열심히 정직하게 사업을 진행하는 네트워커들이 싸잡아 욕을 먹는다. 또한 사업자들과의 의논이 전혀 없이 이루어지는 폐업, 합병, 정책 변경, 플랜 변경 등, 탑 리더들만 설득하면 하위 사업자들은 거의 따라온다는 점을 알고 맘대로 하려는 경우가 있다.

넷째, 그 회사 제품이 자가소비를 통한 반복구매가 가능한 '제품 경쟁력'을 갖추는 것은 매우 중요하다.

다양한 제품군을 확보한 회사를 선택하는 것이 매출에 당연히 유리하다. 이미 검증된 오프라인 기업들과 제휴하고 있으며 경쟁력을 갖춘 다양한 제품들을 온라인 쇼핑몰에 올려놓아야 회원들이 자유롭게 쇼핑하며 캐시백을 받을 수 있기 때문이다.

제품 '재구매율'은 네트워크마케팅 사업에서 중요한 핵심 포인트이다. 네트워크 마케팅 회사는 주로 생활필수품을 취급하기에 사업의 특성상 네트워크망을 통해 지속적인 제품 소비가 이뤄져야 한다. 이처럼 제품의 품질이 뛰어나 반복구매가 꾸준히 일어나야 안정인 수입을 얻는다. 만일 시장에 유사 제품이 많아 제품 경쟁력이 떨어지면 네트워커가 아무리 열심히 노력해도 성공 확률은 낮다. 네트워크 비즈니스는 결국 소비자 그룹을 구축하는 사업이므로 제품의 우수성을 먼저 느끼고 난 후, 타인에게 제품의 매력과 회사의 성장 가능성과 비전 공유를 하는 것이 사업의 핵심이다. 제품이 매력적이지 않다면 보상플랜 등 장점이 많아도 무의미하다.

제품이 수입원이 되는 원리는 먼저 새로운 사업자(회원)가 초기 주문을 해서 매출이 생기면 그에 따른 커미션이 발생한다. 이 커미션을 지속시키기 위해 기존의 사업자들은 새로운 사업자들을 열정적으로 후원한다. 또 후원하는 사업자들의 재구매를 통해서 매출이 일어나고 그에 따른 커미션도 발생한다. 이러한 과정들이 반복되는 사이클이 이어져 안정적인 인세 소득을 올릴 수 있다. 뛰어난 제품력이 받쳐줄 경우 이 과정은 사업자라면 누구나 가능한 일이다. 결국 사업에서 성공률의 핵심요소는 바로 '제품'의 우수성이다.

네트워크 비즈니스 회사는 주력(Core) 제품을 직접 생산하는 제조 회사가 좋다. 제조 회사라야 제품의 품질을 100% 책임지고, 가격경쟁력이 있다. 주력 상품을 직접 생산하지 않고 납품받는 회사는 다소 위험할 수 있다. 언제든 상황에 따라 상품이 철수할 수 있고 가격 경쟁도 불리하게 바뀔 수 있다. 그래서 연구개발비 투자는 얼마나 하는지 특허 보유량, 브랜드 인지도, 주력 상품의 시장점유율을 확인하라.

다섯째, 체계적인 교육 시스템을 갖춰야 한다.

네트워크 마케팅은 '복제사업'이다. 사업에 대한 올바른 비전을 제시하고 회원으로 가입하여 자가소비를 통한 소득 창출이 어떻게 가능한지를 알리는 것은 대충은 안 된다. 현재 업계 선두에 있는 회사들의 공통점은 매우 체계화된 교육 시스템을 구축했다는 것이다.

네트워크 마케팅은 처음부터 끝까지 '교육으로 시작해서 교육으로 끝난다.'고 해도 과언이 아니다. 따라서 훌륭한 교육 시스템을 얼마나 잘 갖추고 있느냐가 회사와 사업자의 성공 여부를 가름하는 중요한 관건이 될 것이다. 그러나 많은 교육 시스템이 고작 권장도서 몇 권을 추천하거나 제품 판매 방법을 알려주는 것에 그친다. 심지어 친구나 가족을 끌어오도록 교육하는 데만 초점을 둔다. 반면 훌륭한 교육 및 훈련 시스템을 갖춘 회사는 다른 곳에서 받을 수 없는 최고의 비즈니스 훈련의 기회를 제공해 모든 사업자를 리더로 성장시킨다.

여섯째, 함께 할 구성원이 좋은 사람인지 확인하라

가장 중요한 점은 바로 대표 경영자의 윤리적인 경영 마인드이다. 사업자를 교육시키는 전문 마케터에게 교육프로그램을 진행하도록 뒷받침하는지 잘 따져봐야 한다.

또 회사와 제품이 아무리 좋고 보상체계가 합리적이고 윤리적일지라도 사업을 권유하는 사람이나 같이 일을 하는 사람들이 어떤 부류인지도 매우 중요하다. 네트워크 비즈니스는 인적 사업이므로 같이하는 사람들이 누구인가는 매우 중요하다. 같이 사업을 하게 될 사람들이 어떠한지를 잘 살펴보고 결정해야 한다.

이를 위해서는 사업장이나 미팅 장소에 나가보는 것이 가장 확실하다. 세미나에 참가하여 주위를 둘러보고 몇 마디 대화를 나눠보면 어떤 사람들이 사업을 하고 있는지 빠르게 파악할 수 있다. 그들에 대해 좀 더 자세히 알고 싶다면 스터디그룹이나 소그룹 미팅에 참여하는 것도 좋은 방법이다.

만약 모여 있는 사람들이 특정 연령대에 너무 몰려 있거나 대부분 특정 직업을 가지고 있다면 조금 더 경계심을 가지고 살펴볼 필요가 있다. 예를 들어 젊은 대학생들만 있다든지 나이 많은 노년층만 있다면 문제가 있는 회사일 수 있다.

일곱째, 회사의 문화가 질적으로 우수한가?

겉으로는 합법적인 회사로 포장되어 있지만 내부 분위기가 물건 사재기를 유도하거나 핀업(Pin-up)의 지나친 강조로 불필요한 경제적 부담을 떠안기는 문화가 팽배한 회사는 피해야 한다. 어쩔 수 없이 지인을 따라간 경우는 객관적으로 판단할 정신이 없을 것이다. 그래서 단순히 추천자의 말만 듣고 사업을 진행하다 도중에 쉽게 포기해서 노력과 시간을 허비하는 사람이 꽤 많다.

그래서 그 회사의 분위기, 흐름, 방향 등 추구하는 문화가 어떤지 꼭 확인해야 한다. 소개해준 사람의 최상위 스폰서 라인과 회사의 책임자를 만나보길 권한다. 네트워크마케팅 사업의 성공 열쇠는 팀워크와 복제이기 때문이다. 리더들을 보면 위에서 내려오는 그룹문화를 알 수 있다.

초기에 잘 따져보지 않고 어설픈 실패 경험을 한 사람은 자신이 잘못된 선택을 했다는 생각을 못 하고 편견에 사로잡혀 안티 사이트에 나쁜 글을 올리기도 한다. 즉, 객관성이 떨어지는 시각으로 본 것을 쉽게 판단해서 부정적인 정보 바이러스를 퍼뜨리는 것이다. 보통 지인 등 아는 사람의 말만 믿고 쉽게 시작하곤 하는데 철저한 검토와 준비 없이 주위의 말만 듣고 뛰어들면 몇 개월 만에 실패할 확률이 높다.

또 경영진의 마인드가 가장 중요한데 네트워커를 단순히 매출을 올리는 도구나 상품을 소비하는 소비자로 취급하는 회사는 쉽게 등 돌리기 쉽다. 고품질을 유지하지 못하고 시장 상황에 따라 쉽게 철수한다면 곤란해진다. 회사는 당신 능력 밖의 문제이기에 처음부터 정직한 파트너십을 가진 회사를 꼼꼼하게 따져보고 찾아라.

결국 회사의 신용도가 높고 고품질의 제품을 공급해야 하는데 단순히 재무제표만 좋은 것을 경계하고 오너의 경영철학을 봐야 한다. 많은 기업이 재무제표를 거짓으로 만들어 주식을 파는 경우가 있기 때문이다.

네트워크마케팅은 휴먼릴레이션십으로 이루어지기에 잘못된 제품이나 회사를 안내해서 인간관계가 무너져 신뢰를 잃으면, 다시 사업을 시작하기도 매우 힘들어지기에 잘 따져봐야 한다. 개인 능력으로 아무리 결과를 내더라도 부실한 회사나 허접한 제품으로 네트워크가 자동으로 무너질 수 있다(사실 이런 일이 수도 없이 많다). 평생 동지로 함께할 신용 있는 회사를 찾아라. 회사를 선택할 때, 먼저 역사를 보라. 오랜 역사를 가진 회사는 시장에서 검증받은 것이기에 비교적 안정적이다. 오너의 철학이 당연히 건강해야 하는데 단군 이래 최대 사기였던 JU 설립자 주수도는 전과 6범이었다.

미국 전직 대통령인
빌 클린턴도 인정한 마케팅

네트워크마케팅은 이미 선진국에서 전문직의 하나로 빠르게 자리를 잡아가고 있다. 이는 직접판매 방식으로 중간 유통 단계를 줄여 가격거품을 뺀 유통 방식으로 절감된 유통, 광고비를 되돌려주는 포인트 마케팅이자 제휴 마케팅이다. 기본적인 제품 외에도 위탁 판매 제품, 서비스 상품, 몰 대 몰 제휴까지 영역을 확장했기 때문이다. 더불어 네트워크마케팅은 인터넷 쇼핑이다. 이처럼 네트워크마케팅의 핵심 키워드는 마일리지, 캐시백, 인터넷 홈 쇼핑이다. 즉, 자본금 없이 자신의 인터넷 쇼핑몰을 운영하는 것이다(인터넷 쇼핑몰을 개인이 운영한다면 홈페이지 제작비, 경쟁력 있는 입점 상품 섭외, 엄청난 광고비, 물류, 카드사 섭외, 반품 등의 문제를 직접 해결해야 한다).

네트워크마케팅은 미국 전직 대통령 빌 클린턴도 인정한 대표적인 마케팅이다. 다만 한국에서 초기에 실패했던 원인은 네트워크 마케팅 자체에 있는 것이 아니고 사업자들이 사업을 진행하는 방식에서 잘못된 것이다. 그래서 대다수가 신진국에서 이미 검증된 네트워크 마케팅의 장점을 알고 있어도 선뜻 사업에 나서지 못하는 이유다. 특히, 한때 '피라미드'라 불리며 사회 문제로 떠오른 불법 다단계의 부정적 인식의 잔재가 아직 남아있는 것은 사실이다.

한때 한국의 많은 이들이 네트워크 마케팅에 열광하며 사업자 수가 기하급수적으로 증가했으나 이 열기는 얼마 못 갔다. '사람 장사'로 불리는 불법 피라미드가 기승을 부리면서 네트워크 마케팅의 훌륭한 시스템과 본래 취지는 바람처럼 사라졌다. 한국의 잘못된 일부 사업자들이 무조건적인 제품 판매와 하위 사업자 늘리기에만 몰두하는 등 네트워크마케팅의 본질을 흐린 잘못된 사업방식으로 진행했다. 이에 수많은 가계가 파산했고 상위 사업자들의 불법 행위가 점점 드러나 네트워크 마케팅에 대한 신뢰는 추락했다. 일부 불법적 방식을 벌인 사업자들도 문제이지만, 근본적인 문제는 네트워크마케팅에 대한 중대한 '오해'로부터 비롯된 것임을 알아야 한다.

자세한 내용은 뒷부분에서 살펴보도록 하자.

네트워크마케팅은 본래 구전 광고를 통한 노력의 복제에서 발생하는 힘을 이용한 유통 방식이다. 즉, 소수의 판매원이 다량의 제품과 서비스를 판매하는 전통적인 마케팅과 달리, 다수의 사업자와 소비자가 소량의 제품과 서비스를 판매한다. 또 일반적인 영업사원 같은 일회성의 지급 방식이 아닌 사업자들에게 다차원적인 보상을 하는 직접 판매의 한 형태다.

네트워크마케팅은 선진국에서 상당히 오랜 기간에 걸쳐 발전해 왔고 그 출발은 일대일 직접 판매 중심의 재택사업이었다. 모든 것을 집에서 할 수 있다는 것은 장점이다. 실제로 컴퓨터, 인터넷, 전자우편, 휴대전화, 팩스, 오디오, 비디오, CD, DVD 등 여러 전자매체 발달로 첨단을 최대한 수용하는 직접 판매 종사자의 75%가 집에서 사업을 진행한다. 교육 사업이라는 특성에 맞게 다양한 첨단기술 활용으로 최신 사업의 틀을 구축하는 것이다.

이 첨단기술은 주로 제품 전달보다 예상 고객의 교육 도구로 활용된다. 특히 네트워크마케팅이 한층 발전하고 성숙해진 지금은 사업자들이 이 사업의 기본 정신, 즉 개인적인 인간관계를 구축에 중점을 두고 있다. 개인적인 접촉 대상이 많을수록 사업이 더욱 탄탄하게 진행되기 때문이다. 이처럼 여러 사업가와 개인적 친분을 맺고 탄탄한 평생 사업체를 구축함으로써 진행되기에 본질적으로 '인간관계 마케팅'이라고 할 수 있다. 인간관계 마케팅이 사업의 본질임을 제대로 알고 이에 충실하면 원하는 것을 얻을 수 있다. 네트워크마케팅은 이미 선진국에서 오랜 시간 기반이 다져진 유통 방식이며 앞으로 안정적으로 발전할 것이기 때문이다.

그런데 누군가 네트워크마케팅에 대해 알아보거나 시작했다고 하면 주변이 시끄러워진다. 왜 이런 일이 생겼을까? 한때 비누세제협동조합이라는 유령 단체가 있었다. 이는 거대 언론사들을 앞세워 네트워크마케팅 회사를 수개월 간 여러모로 비방해 국민들 마음속에 네트워커들을 마치 괴물처럼 무섭고 사악한 존재로 인식시켰다. 네트워크마케팅을 무서운 괴물이나 벌레 취급하게 만들어놓은 이들은 한때 잠깐 존재했던 유령 단체다.

그러나 같은 시기 미국에서 네트워크마케팅을 어떻게 대했을까?

아래는 미국의 전직 클린턴 대통령의 네트워크마케팅 격려사다.

[클린턴 대통령의 네트워크마케팅 격려사]

"미국 경제 성장의 역군이자 아메리칸 드림을 실현하고 있는 직접 판매인 여러분에게 말할 기회를 얻게 되어 기쁘게 생각합니다. 미국은 규칙을 준수하면서 열심히 일하고, 자신과 가족에 대한 의무를 기꺼이 지키는 모두에게 밝은 미래의 기회를 제공합니다. 그것은 미국의 근본적인 약속입니다. 저도 그렇게 해서 대통령이 있었고, 또 그것은 '네트워크 마케팅'이 매일 추구하는 목표입니다.

여러분 개인의 성공은 경제와 나라를 튼튼히 할 뿐만 아니라 다른 이들에게 기회를 제공합니다. 여러분은 또한 세계 경제 운동의 주역들입니다. 이미 전 세계에서 비약적인 성공을 거둔 바 있습니다. 지난해는 700만 명 이상이 네트워크 마케팅 업계에서 활동했습니다. 7만 명의 신규 판매인이 매주 새롭게 참가하고 있습니다.

기회 제공뿐만 아니라 여러분은 새로운 공동체를 건설 중입니다. 직업과 인종, 신념을 초월해 모두 네트워크 마케팅의 기회를 잡으려 하고 있습니다. 그중에 30만 명 이상이 65세가 넘은 노인입니다. 또한 50만 명 이상은 각종 장애인입니다. 또한 4분의 3은 여성입니다. 가족을 부양하고 자녀를 양육하면서도 역경을 헤치며 전진하고 있습니다.

여러분은 미국의 보편적 가치를 전 세계에 전파했습니다. 현재 50개국에서 3000만 명이 디스트리뷰터로 종사하고 있습니다. 업계의 수년 간 성장 속도를 봤습니다. 놀랄 수밖에 없었습니다. 개방된 러시아에는 디스트리뷰터가 10만 명, 중국에는 60만 명, 일본에는 250만 명, 한국에는 100만 명이었습니다.

우리가 해낸 것이 자랑스러웠습니다. 우린 지난 4년 동안 미국 경제를 회생시켰습니다. 여러분의 성공에도 도움이 되었습니다. 1000만 개가 넘는 새로운 일자리와 60%의 재정적자 삭감, 낮은 이자율로 인해 남북전쟁 이후 처음으로 4년 연속 재정적자가 줄었습니다. 7년 반 만에 가장 낮은 실업률, 180만 명이 최저임금 수혜자에서 벗어났으며 아동복지기금이 40% 증대되었습니다. 지난 3년간 스몰 비즈니스는 계속 기록을 경신 중입니다.

저는 특히 많은 자영업자가 생긴다는 사실이 자랑스럽습니다. 정부는 이들에게 최대의 자원을 할 것입니다. 백악관도 모든 스몰 비즈니스 지원 방안을 강구 중입니다. SBA는 여성에 대한 대출을 300% 증대시켰으며 자영업자에 대한 세금은 250% 감소시켰습니다.

스몰 비즈니스에 투자하는 모든 분은 감세 대상입니다. 또 퇴직보험에서 제외함으로써 판매원 확보를 용이하게 했습니다. 최근에는 세금 부담을 더 줄이는 의미에서 건강보험을 이익 잉여금에서 충당하도록 조치했습니다. 아무쪼록 이런 조치가 큰 도움이 되기를 바랍니다.

하지만 판매인들에게 더 많은 기회가 제공되어야 합니다. 여러분의 성공도 그런 기회에서 비롯된 것이니까요. 그것이야말로 아메리칸 드림입니다. 사람들에게 꿈을 심어

주며 보다 많은 사람이 꿈을 갖게 하는 것에 감사드립니다. 여러분의 노력에 감사드리며 미국과 여러분에게 축복이 있기를 기원합니다."

이는 네트워크마케팅의 비전이라고 할 수 있는 세계 경제 운동의 주역, 새로운 공동체, 1000만 개가 넘는 일자리 창출, 미국 경제를 이끌어온 산업 역군들, 장애인. 노인, 여성 일자리와 소득 창출, 세금 혜택, 아메리칸 드림, 꿈의 실현 등을 담은 클린턴 대통령의 연설이다.

클린턴 대통령이 현직에 있을 때 텔레비전을 통해 방송된 내용이다. 이로써 네트워크 비즈니스가 미국에서 이미 검증된 사업임을 반증해주는 확실한 근거이다. 무엇보다 엄청난 일자리를 창출한다는 강점이 있다. 대기업도 비정규직을 늘리지만 벤처기업, 중소기업, 사회적 기업, 네트워크마케팅은 수많은 일자리를 만들어 내니, 국가 경제를 튼튼하게 만든다.

한국의 비누세제협동조합과 언론사들이 사기, 날조, 건강한 공동체 파괴 등의 단어로 네트워크 마케팅을 비방한 것과 대조적이다.

당시 네트워커들을 계속된 비방광고로 거의 반죽음 직전까지 몰아 세워놓고는 발행 부수가 적은 한겨레신문 한쪽 귀퉁이에 작게 사과 광고를 게재하는 것으로 이 해프닝은 마무리되었다. 사람을 거의 죽여 놓고 '미안하다, 실수했다' 하는 식과 같은 격이다.

그러나 이럴 때는 정작 행정 관청들은 뒷짐 진다는 비판을 받기도 했다. 우리나라는 비교 광고가 불법이지만 미국은 합법이다. 미국은 소비자가 올바른 판단을 할 수 있도록 제도를 만들어놓았고, 우리는 자본을 가진 기업가 중심 정책이기 때문이다. 아마 대기업이 자신의 제품력에 자신감이 있었다면 당연히 비교 광고를 합법화했을 것이다.

여기 그 사과문을 옮긴다. 한국에서 네트워크 마케팅을 처음으로 시작한 암웨이 사가 비방 광고의 대상으로써 몰매를 맞았던 역사적인 사건에 대한 사과문은 다음과 같다.

*

[한국 비누세제협동조합은 비방 광고를 한 사실이 있음.]

"저희 조합은 1997. 4. 9~4. 28 기간에 중앙 일간지 등을 통하여 조합 회원사의 경쟁사인 주식회사 한국 암웨이에 대해 '암웨이의 실체를 파헤친다'라는 제목으로 광고하면서, 다단계 판매원의 비교실험 행위에 대해 '날조' '사기' 등과 같은 자극적이고 의도적인 용어를 사용한 표현, 유엔 환경프로그램 UNEP에서 받은 상을 '돈을 주고 산 감사패'라고 표현한 내용, '디쉬드랍스'에 대해 "환경 파괴의 주범이며 범용 국산 세제에 비해 무려 세 배나 비싸다"는 내용, 암웨이 사에 대해 "무역 역조의 주범이고 우리의 건전한 공동체 의식까지 파괴하고 있다."라는 내용과 같이 광고함으로써 소비자를 오인시킬 우려가 있는 비방 광고를 하여 공정거래위원회로부터 시정 명령을 받았습니다. 앞으로는 공정거래법을 위반하지 않도록 하겠습니다."

- 1998년 1월 5일

*

이들은 거의 1년간 연일 신문과 TV에서 잔인하게 네트워커들을 몰아붙였고, 결국 국내 네트워크 시장이 10분의 1 이상 축소되었다. 결국 '다단계=피라미드=나쁜 놈들'이라고 거의 세뇌되다시피 됐다.

당시 네트워크마케팅 사업자 중에는 남들 뒤통수 칠 줄 모르고 그저 열심히 살던 사람이 대부분이었다. 무자본의 자영 사업에 인생을 걸고 열심히 비즈니스를 진행했을 것이다. 이런 사람들 중에 악의적인 비방 광고에 타격을 입어 사업을 곧바로 포기한 사람도 많았다.

　그러나 항상 주의할 점은 우리는 이성적으로 판단해야 한다는 사실이다. 사업을 의식적인 광고로 망쳐놓아도 당연히 언론은 당연히 책임질 이유가 없다는 점이다. 당연히 비누세제협동조합도 책임지지 않는다. 공정거래위원회도 할 일은 한 것뿐이다. 셀 수 없이 많은 피해자만 남았다. 이것이 자본주의 사회의 정의인 것이다.

　누군가가 한번 방송국에 근무하는 선배에게 "공영방송에서 정치적 사안도 아닌데 그렇게 거짓 방송을 합니까??" 하고 물었다고 한다. 그러니 "방송국 수입의 100%가 광고 수입이다. 대형 광고주들은 생활필수품 회사들이고……편집 의도가 있었겠지"라고 했다는 것이다. 이처럼 어떤 부분에서는 광고주의 이익에 반하는가? 아닌가? 신경 쓸 수밖에 없는 현실을 파악하고 있다면 이해가 갈 것이다. 가끔은 진실 보도보다 이것이 앞서는 고려사항일 수도 있다는 슬픈 현실을 말하는 것이다. 그러나 씁쓸함을 감출 수 없다. 이에 천민자본주의라는 말이 이래서 있다고 한탄하는 사람이 있기도 하다.

CHAPTER 06

상위 1%만 아는
부의 비법 공개

가난한 사람은 월급에, 부자는 시스템에 목숨 건다
로열티가 부를 축적 시킨다
파이프라인을 모르면 평생 가난하게 산다
네트워크마케팅과 신흥부자의 탄생
부자가 되는 지름길, 네트워크의 힘 이용하기
기업들이 네트워크마케팅에 열광하는 이유?

Part 01

가난한 사람은 월급에
부자는 시스템에 목숨 건다

부자가 되기 위해서는 '시스템'이라는 지름길을 빨리 깨우쳐야 한다. 만일 파리가 프랑스 파리까지 날아간다면 가장 쉽게 가는 방법이 뭘까? 혼자는 절대 날아갈 수 없다. 이억 만 리 길을 어찌 날아가는가? 파리가 바다를 건너는 가장 쉽고 빠른 방법은 '비행기'다.

이게 가능했던 가장 중요한 핵심비결은 '비행기'라는 검증된 '시스템' 도구를 활용했다는 것이다. 누군가 만들어놓은 것을 그대로 이용만 하면 쉽다. 어떻게 하면 잘 이용할 수 있을까를 고민하면 된다. 힘들게 새로운 방법을 찾으려 애쓸 필요는 없다. 이미 선진국에서 검증된 네트워크마케팅이라는 마케팅 '시스템'을 잘 활용하면 인세 수입의 기회를 만들 수 있다.

시스템이라는 비행기가 완성되어 원활한 운영이 시작하면 네트워크마케팅을 투잡으로 시작했으나 후에 주 수입원이 될 수 있다. 물론 초기에 시스템을 갖추기까지는 많은 시간과 노력이 드는 것은 당연하다.

이처럼 모든 분야에서 핵심적인 '성공 비밀 공식'은 시스템의 유무이다. 부자는 시스템에 관심을 가지고, 가난한 사람은 월급에 관심을 둔다는 말이 있다. 후자는 변함없이 퇴직과 노후를 걱정하며 힘들게 일만 하다 여생을 끝낼 확률이 높다. 그러나 잠시만 버틸 수 있는 한 달 치 월급보다는 스스로 나서서 만들어가는 '시스템'이 중요하다. 초기에는 수입은 초라할 수 있고 만들어놓은 시스템이 잘 운영되는 것만으로도 다행일 것이다. 그러나 시간을 투자해 시스템을 확장해가면 놀라운 일이 벌어진다. 수입이 차차 늘면서 월급을 앞지르고, 어느덧 직접 일하지 않아도 수입이 창출된다. 그때부터는 자신의 성공 노하우로 다른 이들을 교육하고 성장시킨 뒤 이들과 함께 윈윈 (win-win)하면 된다.

시스템을 활용해서 효율적으로 수입을 창출하는 방식은 마치 다음 사례와 같다. 졸업을 앞둔 학생들에게 4년 동안 대학 생활과 취업을 돕고 성장을 지원하는 교수가 있다 하자. 회사들은 이 교수님 덕분에 훌륭한 직원을 얻었기에 감사하는 마음으로 매달 월급의 1%를 교수님에게 드린다. 만일 월급이 100만 원이면 1만 원을, 200만 원이면 2만 원을 드리는 것이다. 만일 이 교수가 매년 50명의 학생을 10년간 취업시킨다고 가정하면, 10년 뒤에는 500명이 될 테고 이들의 월급에 해당하는 1%만 받아도 500%나 된다. 그런데 그 교수가 결국 퇴직 후 대학을 떠났고, 결국 직업이 없어졌다. 그때부터 교수는 수입을 늘리기 위해서 학생의 앞길을 계속 보살펴줄 수밖에 없었다.

10년 뒤 어떤 일이 벌어졌을까? 그는 또다시 500명을 취업시킴으로 총 1,000명으로부터 1%를 받아 1000%의 이익을 올리게 됐다. 그런데 이 수익은 일시적이지 않다. 학생들은 아직 어리니 교수가 은퇴해 100세가 되어도 계속 활동을 하면서 수익을 얻을 것이다. 이 말은 교수는 죽을 때까지 돈 걱정을 하지 않아도 된다는 것이다. 이게 평생 수입, 일명 아바타 수입과 같다, 여기서 아바타는 회사들을 뜻하며 나에게 수입을 만들어 주는 것은 회사이며, 제자들은 나에게 자산이 되는 것이다. 그렇기에 이 같은 직업을 찾고, 인세 수입을 늘려야 한다.

눈에 보이는 돈이나 재산은 언제든 없어질 수 있으나, 눈에 안 보이는 시스템과 재산은 평생 함께한다. 그래서 내가 매번 애쓰지 않아도 안정적으로 평생 할 수 있는 시스템을 찾고 키워야 한다.

베스트셀러 〈부자 아빠 가난한 아빠〉의 저자 로버트 기요사키는 초등학생 시절 가난한 동네에 살았던 그는 '왜 우리 아버지는 부자가 되지 못했을까?'라는 생각을 하게 된다. 부자가 되기로 결심한 그는 부자 친구의 아버지를 찾아가 부자가 되는 법을 알려 달라고 했다. 그러자 친구의 아버지는 그를 슈퍼마켓에 취직시켜 주었다.

그러나 슈퍼에서 하는 일은 고작 무거운 짐 나르기뿐이었고 시간당 25센트밖에 벌지 못했다. 그렇게 몇 달이 지나갔으나 친구 아버지는 여전히 부자가 되는 법을 알려 주지 않아 화가 난 로버트 기요사키는 친구의 아버지를 찾아가 따져 물었다.

"시간당 25세트밖에 벌지 못 하는 일을 언제까지 해야 하죠? 도대체 부자가 되는 법은 언제 알려 주실 건가요?"

그러자 친구의 아버지는 웃으며 대답했다.

"일할 사람이 없어서 너를 슈퍼마켓으로 보낸 게 아니란다. 손님들이 아침마다 슈퍼마켓에서 무엇을 가장 많이 사 가는지 살펴보았니? 어떤 것을 찾고, 무엇이 없어서 팔지 못했니? 슈퍼마켓에서는 재고와 반품을 어떻게 관리하던? 너는 손님들에게는 어떻게 인사를 했지? 나는 네가 슈퍼마켓이 어떻게 운영되고 있는지 그것을 배워 장차 사업을 할 수 있는 기반을 마련하길 원했다. 그러나 너는 내 생각과는 달리 오직 1시간에 25센트라는 월급만 생각하며 지금까지 일했구나."

부자는 시스템에 관심이 있고 가난한 사람은 월급에만 목숨 건다는 말이 있다. 열심히 사는 것도 중요하지만 올바른 방향과 선택이 얼마나 중요한가를 알려준다.

뛰어난 사람은 회사에 다닐 때도 월급보다 시스템에 관심을 둔다. 단순히 그달의 월급에 연연하기보다는 특별한 기술에 더 관심을 두고 발전시키기면 퇴직 후 평생 직업을 가질 수 있게 된다. 매일 무의미한 출퇴근을 반복하는 직원들과 달리 미래를 준비한 사람은 당연히 특별한 미래를 맞게 된다.

결국 부자들은 자신들이 직접 일하는 것이 아니라 바로 이 시스템이 일하도록 하는 방식으로 돈을 번다. 간혹 '내가 일을 하지 않았는데 어떻게 부자가 될 수 있을까?'라고 생각하는 사람도 있을 것이다.

은행에 현금 10억 원을 예금하면 한 달 이자소득이 얼마씩 나올까? 수신 금리가 4%라면 매월 약 340만 원의 이자소득이 발생할 것이다. 예금주 입장에서는 은행에 10억 원을 예금했을 뿐인데 아무것도 안 해도 매월 꼬박꼬박 340만 원씩의 수입이 발생한다.

이 수입은 직접 일 해서 번 돈일까? 아니다. 바로 예금 시스템이 일한 것이다. 이게 부자들이 일하는 방식이다. 굳이 내가 직접 현장에서 뛰지 않아도 돈이 벌리는 시스템만 가지고 있다면 시스템이 알아서 돈을 벌어들인다.

어떤 건물주가 10층짜리 건물을 소유했는데 모두 임대를 했다면 매월 임대소득이 발생한다. 그 돈을 벌기 위해서 건물주가 직접 건물을 청소하고 신경 쓰고 모든 것을 관리할까? 아니다. 그런데도 매월 건물주는 꼬박꼬박 임대소득을 챙겨 부가 계속 쌓인다.

이는 소유주 자신이 일한 것이 아니라 건물이라는 시스템이 일한 것이다. 물론 그 건물을 소유하기까지는 주인이 열심히 일했을 것이다. 땅을 가지고 있는 경우도 마찬가지다. 땅을 빌려줘서 거기서 생산 활동이 이뤄지면 결국 땅이 일한 셈이고 여기서 수입이 생긴다.

한편, 시스템을 통해 수입이 발생하는 가장 최고의 사례는 기업을 운영하는 것이다. 기업도 일종의 시스템이다. 기업은 사장을 대신해 많은 종업원이 일을 한다.

가령 삼겹살집 주인이 8명의 종업원을 데리고 식당을 운영한다면 일은 누가 할까? 고용된 종업원들이 한다. 이렇게 번 총수입 중에 종업원에게 매달 월급을 주고 남는 수입은 모두 삼겹살집 주인 것이다. 레스토랑 주인은 굳이 식당에 있지 않아도 된다. 그러나 식당이 잘 운영되는 한 꼬박꼬박 돈은 벌린다. 삼겹살집이라는 돈이 나오는 시스템이 있기 때문이다.

이처럼 가장 매력적인 수입은 시스템으로부터 나오는 것이다. 어떤 형태로든 수입이 나오는 나만의 시스템을 보유하면 부자가 될 수 있는 문을 열고 첫발을 들일 수 있다. 그런데 시스템만 있으면 다 부자가 될까? 절대 아니다. 당연히 시스템이 잘 돌아야 한다.

그런데 지금 현실은 은행에 10억 원이 예금되어 있는 것도 아니고, 5층짜리 건물이 있는 것도 아니며, 돈이 나오는 땅을 소유한 것도 아니고, 책을 출간해 로열티를 받는 것도 아니면, 시스템으로 돈 버는 것이 아무리 좋다는 사실을 알아도 사실상 그림의 떡이 될 것이다.

물론 그동안은 시스템으로부터 수입을 얻을 수 있는 사람들은 제한적이었다. 그래서 매력적인 줄은 알지만 가까이하기엔 너무나 멀어 보이는 수입이었다. 그러나 지금은 누구나 성실하게 시간을 투자하면 자기 시스템으로부터 수입을 얻을 수 있는 기회의 문이 활짝 열린 것이다.

21세기형 네트워크마케팅인 프로슈머 마케팅을 통한 시스템을 구축하면 가능하다. 프로슈머로서 소비자 네트워크라고 하는 시스템을 만들어서 시스템이 점점 성장함에 따라 지속적이고 안정적 수입이 발생할 수 있다. 따라서 프로슈머 마케팅은 21세기가 우리에게 준 절호의 찬스이다. 이를 기회로 보느냐, 흘려버리느냐는 개인의 선택이다.

그러나 수많은 네트워커들이 처음에는 의욕 있게 시작했다가 쉽게 포기하는 것도 시스템에 대한 충분한 이해가 부족하기에 사업에 대한 확신이 없기 때문이다. 이로 인해 행동이 뒤따르지 못했던 것이다. 그래서 초기 3개월간 성실하게 주어진 플랜을 따르고 시스템을 완벽히 이해하는 일은 사업 성공에 중요한 요소이다. 이 기간을 훌륭하게 극복하고 꾸준히 시간을 투자하면 사막의 파이프라인을 구축해 지속적인 인세 수입을 얻을 수 있다.

즉, 네트워크 비즈니스는 수학 공식 같은 사업의 '시스템'이 있으며 이를 잘 따르면 상당 부분의 실패를 피할 수 있다. 그래서 네트워크 비즈니스에서 성공하고자 하면, 반드시 그 회사가 합리적인 시스템을 갖추었는지 파악하고 먼저 성공한 이들의 시스템을 따라야 한다.

작은 힘으로 큰 물체를 움직이려면 지렛대라는 시스템을 활용해야 한다. 일의 효율성을 높이기 위한 지렛대 활용을 위해서는 시스템을 만드는 일이 중요하다. 이로써 일의 능률을 향상할 수 있고 일하는 시간도 단축할 수 있다.

예를 들어 마이크로소프트 회장인 빌 게이츠(Bill Gates)가 부자가 된 이유는 뭘까? 소프트웨어를 팔았기 때문일까? 물론 그렇다. 그러나 빌 게이츠는 소프트웨어 자체를 팔아서 부자가 된 것만은 아니다. 컴퓨터 운용체계인 지식과 정보를 시스템화해 판매한 것이다. 정보시스템을 소프트웨어라는 도구를 판매함으로써 부를 창출했다. 많은 이들에겐 컴퓨터 운용 방법이 필요했다. 그래서 지식과 정보를 시스템화한 것이다.

그럼 네트워크마케팅 사업에 있어서 어떻게 지식과 정보를 시스템화 할 수 있을까? 우선 교육 프로그램을 시스템화해야 한다. 교육 프로그램을 체계적으로 표준화시키면 조직원들의 일하는 능률을 향상할 수 있고 일하는 시간을 단축할 수 있다. 또 인터넷으로 그룹 활동 사항을 점검할 수 있고 그룹 리더들은 인터넷으로 정보를 교류하는 장을 마련할 수 있다. 인터넷 사용자가 급증하고 있기에 이는 황금 찬스가 온 것과 같다.

시스템을 만드는 또 다른 요소는 일하는 방법의 표준화이다. 맥도날드 프랜차이즈를 예로 들면 가맹점에 햄버거 온도 조절기나 감자튀김 자동시스템 등 기계 설비를 제공해 주는 시스템이다. 또 간편한 재료공급 원스톱 방식을 사용하고 있다.

이처럼 일하는 방법을 표준화해서 일의 효율성을 올리는데 더 큰 목적이 있는 것이다. 이처럼 일하는 방법을 개선해 수익을 증대하는 시스템이다. 어떻게 일하는 방법을 표준화할 수 있을까? 이는 '성공으로 가는 8계단'이라는 네트워크마케팅업계에서 검증된 성공시스템을 실행하면 된다. 또는 책과 테이프, 세미나 등 이를 실행하는 표준화된 도구(tool)를 사용할 수도 있다. '성공으로 가는 8계단' 시스템을 순서대로 과정을 순서대로 밟지 않고, 활용하지 않는다면 성공이 어려울 것이다. 이는 목표지점에 빨리 도달하게 만들기 때문이다.

시스템을 만드는 또 다른 요소는 마케팅 보상 플랜이다. 맥도날드 프랜차이즈의 예를 들어보자. 이 사업이 돈을 번 이유가 무엇일까? 햄버거를 팔아서 부자가 됐을까? 물론 그런 점도 있다. 그러나 '가맹점'이라는 '시스템'을 팔아서 더 빠르고 쉽게 부자가 된 것이다. 맥도날드 형제는 원래 햄버거에 관심이 있었으나 동업자 레이크룩(RAY KRoc)은 마케팅 시스템에 관심이 많았다. 가맹점이라는 시스템 확장에 관심이 있어서 이에 대한 로열티와 판매 커미션을 얻을 수 있는 프랜차이즈라는 완벽한 시스템을 설립했다. 즉, 오늘날까지 맥도날드 프랜차이즈가 번창하게 된 이유 중 가장 큰 이유는 가맹점이라는 시스템을 만들었기 때문이다. 즉 마케팅을 시스템화한 것이다.

그럼 네트워크 비즈니스는 어떤가? 사실 맥도날드 프랜차이즈는 본사에서 직접 개설한 1단계 가맹점만 인정한다. 이에 비해 네트워크 비즈니스는 1단계뿐 아니라 2단계, 3단계, 4단계, 5단계, 6단계 매출에 대해서도 수당을 지급한다. 어떤 회사는 무한대 매출에까지 수당률을 적용하는 보상플랜을 갖춘 경우도 있다.

각각의 마케팅 시스템은 장단점이 있다. 그래서 장점을 활용할 줄 알아야 한다. 마케팅 시스템을 알면 돈이 보인다.

시스템을 만드는 마지막 요소는 사람을 조직하는 일이다. 이는 구성원들이 역할을 분담해 네트워크를 강화하는 일도 포함된다. 네트워크 비즈니스는 결국 사람을 조직하는 시스템이다. 또한 사람들의 잠재력을 개발하는 교육시스템이 본질이다. 개인의 잠재력을 개발하고 구성원들이 후원을 통해 서로 상생의 협력을 하게 된다. 결국 이 사업의 목적은 나 혼자만 성공하는 사업이 아니라 그룹 파트너들과 함께 성공하는 시스템이다. 훌륭한 목표달성은 잠재력 개발 교육 시스템을 어떻게 진행하느냐에 따라 조직 성장이 크게 좌우된다.

Part 02

로열티가
부를 축적 시킨다

　개천에서 용 나던 시절은 지났다. 한국의 계층 이동은 사실상 불가능한 시대이다. 몇십 년을 꼬박 모아야 겨우 집 한 채를 살 수 있고 열심히 일해도 오르는 물가와 세금 상승으로 수입은 줄고 있다. 결국 부자는 계속 부자가 되고 중산층은 무너지는 상황이라 평범한 사람이 부자가 되기는 매우 힘들다. 그렇다고 이대로 주저앉을 수 없다.

　평범한 사람도 네트워크마케팅 사업으로 누구나 현금 소득이 아닌 자산 소득을 쌓을 기회를 만들 수 있다. 자산 소득이란 인세, 주식 배당금, 부동산, 로열티 같은 자산을 말한다. 이것은 안정적이고 지속적인 소득을 가져다주는 경제적 가치가 있는 재산이다.

　지금까지 이런 자산은 부자와 소수의 능력자만 누려온 특권이었다. 그러나 네트워크마케팅 사업은 평범한 사람에게도 자산을 쌓을 기회를 제공한다. 이 사업에서는 소득을 '후원 수당'이라고 한다. 이는 제품을 잘 사용하고 원활히 유통한 대가로 회사가 소비자 혹은 사업자에게 제공하는 것이다. 소비자나 사업자를 잘 구축해 유지할 수 있는 사람은 평생 후원 수당을 받는다. 사업을 그만두더라도 회사가 제시하는 기준을 지키면 후원 수당이 평생 지급되고 상속된다.

　열심히 유통망을 구축해서 만든 사람의 평생 자산인 네트워크를 통해 후원 수당을 죽을 때까지 받는다. 그런 의미에서 후원 수당은 몇백 억, 몇천 억 현금보다 훨씬 더 가치 있는 소득이다.

부자들은 모두 자산을 활용해 돈을 번다. 가령 부동산을 사거나 주식에 투자한 뒤 놀면서 돈을 번다. 즉 '돈이 돈을 버는' 셈이다. 네트워크마케팅 사업은 당신이 부자처럼 살도록 돕는 소비자 유통망이 자산이다. 이게 점점 커지고 함께하는 파트너가 많아질수록 소득은 늘어나고 매달 불어나는 수익으로 여러분은 부동산같이 부자들의 투자처에 투자할 수 있다.

우리가 얻는 수입에는 크게 근로 수입과 인세 수입 2가지 종류이다. 전체 노동자의 95% 이상은 회사에 다니거나 누군가에게 고용되어 있다. 즉 대부분은 시간과 돈을 맞바꾸는 '근로 수입'을 얻는다. 근로 수입의 대표사례는 직장인으로, 하루 24시간 중 8시간을 회사를 위해 쓴 대가로 매달 받는 월급이다. 일한 시간에 따라서 정기적으로 수입이 들어오지만, 회사가 도산하거나 질병이나 불가피한 퇴직으로 일할 수 없다면 수입은 바로 끊긴다. 현재 대한민국에서 근로소득은(정년의 단축 참조) 56.8세 이후로는 보통 발생하지 않는다. 따라서 회사처럼 누군가에게 고용되어 있으면 당장은 안정된 생활은 할 수 있어 보여도 자유를 얻는 것은 불가능하다.

한편 인세(Royalty) 수입이란 ① 인세 수입, ② 주식이나 증권 수입, ③ 아파트나 주차장 임대료, ④ 연금, ⑤ 토지 소유로 얻은 수입, ⑥ 적금 이자, ⑦ 특허료 등 당신이 갖고 있는 권리에서 발생하는 수입의 총칭으로, 보통 '인세 수입'이라 부른다.

인세 수입 즉, 로열티는 '시간을 투자하지 않아도 수입이 들어온다.'는 의미다. 유명한 책이나 음악을 만든 원저자들을 보자. 처음 책을 쓰거나 음악을 만들 때는 힘들었으나 인정받는 작품을 발표한 뒤부터는 이를 통해 아플 때나 항상 일정한 수입을 얻을 수 있다. 굳이 그것을 팔러 다니며 시간과 노력을 투자할 필요가 없다.

〈해리포터 시리즈〉로 세계적인 억만장자가 된 조앤 롤링도 가난한 싱글 맘 시절 아이를 유모차에 태워 카페에서 글을 썼다. 당시만 해도 그녀는 자기 작품이 세계적인 밀리언셀러가 되리라고는 생각하지 못했다. 그러나 그녀의 책은 전 세계에 번역되어 수많은 독자층을 형성했고, 현재 그녀의 자산은 세계 갑부 대열에 들어섰다.

이처럼 인세 수입을 얻는 대표적인 사람들로는 베스트셀러 작가, 인기 가수, 유명한 영화배우, 음악가, 만화가 등을 들 수 있다. 예를 들어 가수가 녹음한 CD는 그 가수가 노래를 부르지 않아도 CD가 팔리는 한 수입이 계속 들어온다.

다수의 베스트셀러를 쓴 이지성 작가는 '꿈꾸는 다락방'이 히트를 쳐서 20만 권 이상이 판매되어 이 책의 인세로만 27억 이상을 받았다. 이처럼 음악가, 디자이너, 작가, 특허 발명가 같은 초 전문직 사람들에게는 공통된 특징이 있다. 이들에게는 지적 재산권이나 저작물 생산을 통해 평생 받는 로열티 수입을 가지고 있다. 이들은 자신만의 특별한 재능을 통해 저작물을 만들어내고, 이를 기하급수적으로 대중에게 판매함으로써 꾸준한 인세 수입을 가져간다.

원래 이 같은 인세 수입은 특별한 사람들만이 얻을 수 있지만, 네트워크마케팅의 특징은 특별한 재능이나 특기가 없어도 누구든 인세 수입을 얻을 수 있다는 것이다. 네트워크마케팅으로 얻은 '인세 수입'은 정해진 조건을 만족시키면 사업을 계속하는 한 계속 들어온다. 앞으로 직업이 점점 없어지는 시대에는 고령화 사회에서 일할 수 없는 노후 생활이 여유 있는 생활이 될 것인지 고된 날들이 될 것인지는 권리수입의 하나인 인세 수입을 얼마나 얻을 수 있느냐에 크게 좌우될 것이다.

직장인은 물론 변호사도 의사도 교수 같은 전문직도 자신의 신상에 문제가 생기면 수입이 단절되는 일회성의 물통사업을 하고 있다. 아무리 강의를 잘하는 강사도 무슨 일이 생기면 아무도 그 강의를 대신해 줄 수 없고, 의사에게 사고나 질병 같은 문제가 생겼을 때 가족들이 그 일을 대신 해 줄 수 없는 일회성 물통사업이란 뜻이다.

그러나 네트워크 비즈니스는 돈 없이, 점포 없이, 사이드 잡 더블 잡으로, 나아가 자식에게 사업코드를 넘겨주면 유산으로 상속받고, 물통사업이 아닌 파이프라인적인 사업이라는 다섯 가지 요소를 다 갖췄다.

만일 현재 하는 일과 상관없이 일하지 않아도 100~150만 원의 돈이라도 들어오면 어떨까? 월급에만 의존해서 살아가는 사람들에게는 이 자체가 꿈일 것이다.

네트워크마케팅의 또 다른 특징은 본사가 해외에 자회사를 두고 사업을 전개하면, 한국이나 해외에서 사업을 할 수 있다는 것이다. 즉, 전 세계에서 발생하는 로열티를 받는다. 현재 한국에 진출해 있는 네트워크마케팅 회사의 다수는 미국의 50주(州)는 물론, 세계 각국에서 사업을 하고 있다. 당신의 네트워크 마케팅 회사가 미국, 캐나다, 중국, 필리핀에 진출해 있을 경우, 그들 나라에 친구나 아는 사람이 있으면, 간단한 수속만 마치면 한국에 있으면서 미국, 캐나다, 중국, 그리고 필리핀에서 사업을 할 수 있다. 그래서 만일 지금 당신이 일하고 있는 기업이 한국이나 미국 등의 어느 한 국가에서만 한정된 사업을 하고 있다면, 회사의 장래성에 불안을 느낄 것이다.

그러나 급성장 중인 네트워크마케팅 회사의 다수는 전 세계에, 혹은 적어도 몇 개국에서 사업을 펼치고 있다. 따라서 불경기로 네트워크마케팅의 존속이 염려되는 일은 없다. 한 국가가 불경기일지라도, 다른 국가들은 경기가 좋을 가능성이 충분히 있기 때문이다. 디스트리뷰터 입장에서도 당신이 몇 개 국가에서 여러 네트워크를 만들어 사업을 전개한다면 보다 안정된 수입이 약속된다. 이처럼 개인이 거금을 들이지 않고 전 세계에 네트워크를 만들어 사업을 전개하고 안정된 수입을 얻을 기회를 가질 수 있는 것은 네트워크마케팅 외에는 없다.

네트워크마케팅이란 직업은 100세 시대에 '내가 다쳐서 병원에 입원하거나 치매에 걸리면 누가 돈을 벌지?' 하는 걱정의 대안이 될 수 있다. 가장이 실직하면 당장 집안 경제가 흔들리고 극단적으로는 가정 파탄의 원인이 된다. 돈으로 행복을 살 수는 없지만, 돈으로 행복을 지킬 수는 있다는 말처럼, 경제 문제로 인한 이혼율이 점차 증가하고 있다.

경기침체 때 가장들의 자살률이 높아졌던 이유도 가정이 무너지자 그 죄책감과 절망을 이기지 못한 것이다. 이처럼 가정이 무너지면 사회와 국가의 위기가 닥친다. 그래서 가정 경제를 지키려면, 무슨 일이 닥쳐도 가정을 유지할 수 있는 경제력이 있어야 한다. 즉 가장이 다쳐 병원에 입원하거나 치매에 걸려도 누군가에 의해 일이 진행되고 그 결과가 통장에 꼬박꼬박 수입으로 들어오도록 해야 한다. 이처럼 해외에 나가 있어도 자동으로 나오는 것이 인세 수입이다. 마치 사막에 파이프라인을 놓듯 비즈니스 네트워크를 구축할 때는 오랜 시간이 걸리지만, 한 번 구축되면 잘 무너지지 않고 어떤 일이 있어도 일정한 수입이 일하지 않아도 통장으로 들어온다. 하지만 이 로열티 수입을 구축하기 위해서는 우선 그 로열티를 수익으로 연결하는 인적 네트워크 시스템이 필요하다.

즉, 인세 수입은 누군가가 나를 대신해 제품 개발, 생산, 주문, 배달, 이익 배분의 흐름을 움직이는 시스템이 핵심이다. 시스템이란 필요 요소들을 법칙에 따라 조합한 집합체로서, 시스템을 따르면 이 다양한 단계를 일일이 신경 쓸 필요가 없다. 만일 자신이 잠깐 자리를 비운 사이에 문제가 발생하면,

이는 그 사업이 시스템화되지 못했기 때문이다.

또 이익 배분이 일회적이라면 그 또한 인세 수입이라고 할 수 없다. 인세 수입은 평생 소득은 물론, 내가 불의의 사고를 당해 저세상으로 가도 남겨진 가족들이 경제적인 곤란을 겪지 않을 정도의 시스템을 갖춰야 한다. 이처럼 진짜 유능한 사람은 그가 자리를 비워도 회사에 아무 문제가 없도록 시스템화한다. 결국 복제가 이루어져야만 시스템이 안정되는데 만약 복제가 이루어지지 않는다면 이 시스템은 얼마 못 가서 무너지고 만다.

네트워크마케팅이 인세 수입이 되는 구체적인 원리는 다음과 같다. 당신은 한 달에 한 명에게 정확히 전달해서 회원을 만들 수 있는가? 상대는 설명을 듣고, 어차피 쓰고 있는 생활필수품을 좋은 제품으로 바꿔 써본 후 만족하면 계속 쓴다. 제품이나 서비스에 만족하면 누군가를 소개할 것이다. 비즈니스 원리를 이해한 당신의 회원은 소비자 또는 스몰 비즈니스나 빅 비즈니스로 사업을 할 수도 있다.

네트워크 비즈니스에서는 초기 1명에서 10명이 되는 시간보다 10명에서 100명이 되는 시간이 빠를 수 있다. 100명에서 1,000명이 되는 시간이 더 빠를 수 있고, 1,000명에서 1만 명이 되는 시간이 더 빠를 수 있다. 마치 눈사람을 만들 때 눈덩이가 점점 불어나 큰 눈사람을 만들 수 있듯이 말이다.

다음 달에 당신이 다시 1명의 회원을 만들고, 당신 파트너도 1명의 회원을 만들면 회원이 4명으로 늘어난다. 그다음 달에 4명이 1명씩 후원해 8명이 되고, 이렇게 1년이 지나면 총 1,248명이 된다. 다시 한 달 후 2,496명, 다시 한 달을 더하면 4,992명 15개월 후에는 9,984명이다. 이런 기하급수적 성장의 원리를 바르게 이해하고 성실하게 사업을 하다 보면 더 큰 결과를 만들 수 있는 기하급수적인 성장을 만드는 것이 네트워크마케팅이다.

그래서 회사를 선택하는 첫 기준도 판매제품이 매일 반복 사용하는 생필품인가이다. 꾸준한 소비로 인해 창출되는 인세 수입이 비전이기 때문이다. 이 사업의 최종 목적은 애용자들의 반복 소비를 통해 캐시백 형태로 꾸준히 들어오는 수입이다. 또 수입 규모가 점점 커져 경제적으로 시간상으로 자유로워지려는 모든 네트워커들의 진정한 꿈이고 목표이다. 살아 있는 동안 꾸준히 반복되는 소비, 매일의 생활에 필요한 생필품을 소비함으로써 추가수입을 만들고 경제적으로 여유를 갖게 된다. 인세 수입을 준비하면 젊음을 바쳐 일한 직장에서 나라는 '애용자 자산'으로부터 인세 수입이 만들어진다. 모든 비즈니스의 본질 혹은 최종 목표는 애용자(단골손님)를 만드는 것이다. 애용자를 많이 만들면 사업은 성장한다.

올바른 네트워크마케팅 파트너 회사는 소비자 회원 한 사람을 각각의 비즈니스 주체(가게 주인)로 인정하고, 각 회원의 소개와 구전의 노력으로 만들어진 소비자나 애용자들을 회원의 자산으로 인정해준다. 이에 지속적 수입의 비밀이 숨어 있다. 즉 '애용자들의 반복적인 소비는 나의 자산에서 나오는 매출로 간주해 파트너 회사가 정해진 약속에 따라 나에게 지속해서 보상한다.'는 뜻이다. 그리고 그 보상은 인세 수입이 되고, 노력이 쌓임에 따라 커져서 점점 나를 경제적으로 자유롭게 만들 것이다.

이처럼 네트워크마케팅이 주는 비전은 지속해서 커지는 인세 수입에 있다. 이는 평범한 소비자들이 자신과 같은 애용자를 만듦으로써 네트워크 자산이 꾸준히 성장하기 때문에 가능하다. 삶이 자유롭다는 것은 생계의 압박에서 벗어나 꿈이 커지고 다양해지며 선택의 폭이 넓어진다는 의미이다.

당신도 소비습관을 바꿔 자신의 쇼핑몰에서 구매한 실적에 따른 캐시백을 받음과 동시에 여러분이 구축한 소비자 네트워크의 모든 회원이 각자 알아서 소비한 모든 구매실적에 대해 회사에서 규정한 보상플랜에 따라 소비자 네트워크를 형성한 권리로부터 나오는 '권리수입'을 받게 된다. 당신의 소비자 네트워크가 계속 살아있는 한 지속해서 발생하는 안정적인 수입원이다. 여러분의 소비자 네트워크가 지속해서 성장하면, 또 여러분과 파트너십 관계에 있는 회사가 안정적으로 성장하면, 여러분은 평생에 걸쳐 소비자 네트워크라고 하는 시스템을 만든 공로로 그에 걸맞은 금전적 보상을 받는다.

지금까지 우리는 땀 흘려 번 피 같은 돈을 소비하며 대기업에만 열심히 갖다 바쳤다. 수십 년 동안을 계속 소비했지만 그로부터 우리가 돌려받는 것은 뭐가 있는가? 거의 아무것도 없다. 많이 소비하면 할수록 지갑은 가벼워지고 막대한 자본력을 가진 대기업의 금고만 더욱 두툼하게 불어났다. 언제까지 이런 식으로 소비하며 살아야 하는가? 이젠 똑같은 소비를 해도 똑똑한 소비를 해야 한다. 현명한 미래의 소비자는 기왕 해야 하는 소비 활동으로 경제적 이득을 얻을 기회가 있다면 당연히 관심을 두고 검토해봐야 한다.

Part 03

파이프라인을 모르면
평생 가난하게 산다

얼 윌슨
(Earl Wilson)

칼럼니스트

전기를 발견한 벤저민 프랭클린은 한 푼도 벌지 못했지만, 전기 계량기를 발명한 사람은 돈을 벌었다.

만일 파이프라인의 의미를 모른다면 평생 가난에 허덕이거나 힘든 노동에서 벗어나기 어려울 것이다. 이탈리아의 작은 마을에 사촌지간인 파블로와 브루노라는 두 젊은이가 살고 있었다. 언젠가 큰 부자가 되겠다는 꿈이 있던 그들은 부지런했으나 부자가 될 기회를 발견하지는 못했다.

그러던 어느 날 그들에게 기회가 왔다. 근처에 있는 강에서 마을 광장의 물탱크에 물을 길어 나르는 일자리를 얻었고 온종일 힘든 노동 끝에 물통 하나에 1센트씩 계산해서 품삯을 받았다. 브루노는 돈을 벌 수 있다는 사실에 웃음을 지었지만, 물통을 나르느라 손에 물집이 잡히고 허리가 아팠던 파블로는 '좀 더 쉽게 물을 나를 방법'을 찾아보겠다고 결심했다.

다음 날 무겁게 물통을 지고 강으로 향하는 길에 파블로가 브로노에게 말했다.

"브루노! 나한테 좋은 아이디어가 있어. 하루에 겨우 몇 센트를 벌자고 물통을 지고 왔다 갔다 하느니 차라리 강에서 마을까지 파이프라인을 놓자."

"파블로! 그게 무슨 소리야! 이것은 좋은 일자리인데, 하루에 100통을 나르면 1달러를 벌 수 있어! 일주일이면 새 옷을 살 수 있고 한 달이면 소 한마리를 살 수 있어. 또 6개월이면 새 오두막도 갖게 된다고! 이 일은 마을에서 제일 좋은 일자리야. 주말에도 쉴 수 있고 1년에 유급 휴가가 2주나 되는 매력적인 일자리라고. 이보다 더 좋을 순 없어. 파이프라인 같은 소린 그냥 집어치워!"

그러나 파블로는 하루 중 몇 시간은 물통으로 물을 져 나르며 생계를 이어가고 나머지 시간과 주말 동안 파이프라인을 놓기 시작했다. 물론 파이프라인을 통해 큰 수입을 벌어들이려면 1~2년이 걸릴 수도 있다는 점을 잘 알았지만 그는 자신의 꿈과 아이디어를 확신했다.

파블로는 마을 사람들로부터 '파이프라인 맨'이라 불리며 놀림을 받았으나, 힘든 노동의 대가로 점점 목돈이 불어났던 브루노는 안정된 일자리를 소유한 사람으로 인정받았다. 그러나 파블로는 주위 사람들의 평가에 신경 쓰지 않았고 브루노가 저녁과 주말에 오락과 휴식에 빠져있는 동안 열심히 파이프라인을 놓았다.

첫 몇 달은 전혀 진척이 없는 것처럼 보였고 꽤 힘들었다. 저녁 시간과 주말에도 일한다는 점을 감안하면 브루노보다 더 힘든 상황임이 틀림없었다. 그러나 파블로는 힘이 들 때마다 오늘의 희생으로 인해서 내일의 꿈과 보상이라는 선물을 얻을 수 있다고 생각했다.

그렇게 1cm가 1m가 되고…… 10m가 되고……100m가 되더니 몇 개월 후에는 드디어 절반 정도나 완성되었다. 이는 물통을 채우고자 노력했던 앞의 절반만큼만 왕복하면 된다는 뜻이었다. 파블로는 이렇게 생긴 여유 시간을 통해 파이프라인 작업에 더욱 몰입했고 완공 시기는 점차 빨라졌다. 그 쯤, 고된 노동으로 몸이 많이 망가진 브루노는 평생토록 물통을 져 날라야만 하는 운명을 한탄하며 큰 분노와 불만을 억누르며 술로서 달래는 하루하루를 보내고 있었다.

드디어 파블로의 파이프라인이 완공되었고 그는 더 이상 물통을 질 필요가 없어졌다. 그가 일하던 하지 않던 상관없이 물은 계속 흘렀고 그가 식사하는 동안에도 잠자는 시간과 쉬는 동안에도 계속 흘렀으며 더 많은 양의 물이 마을로 흘러들수록 돈은 더 많이 파블로에게로 들어왔다.

그러나 그것은 파블로의 큰 꿈을 이루기 위한 첫 단계에 지나지 않았다. 파블로는 전 세계를 관통하는 파이프라인 구축을 위한 계획을 짰다. 그는 우선 일자리를 잃고 매일 방황하던 브루노를 찾아갔다.

"자네에게 엄청난 사업 기회를 알려주기 위해 찾아왔네. 첫 파이프라인이 완공되기까지는 2년이 넘게 걸렸다네, 그러나 난 그 2년 동안 아주 놀랍고 많은 것들을 배웠어. 어떤 장비를 이용해야 하며 어디를 파야 하는지, 관은 어떻게 설치해야 하는지 등을 알게 되었어. 쉽게 말해 여러 개의 파이프라인을 만들 수 있는 시스템을 개발한 것이네! 물론 1년을 투자하면 혼자도 파이프라인 한 개를 완성할 수 있지만 그건 내 시간을 효율적으로 활용하는 방법이 아니라네. 나의 계획은 자네와 마을 사람들에게 파이프라인 놓는 법을 알려주고 그다음에는 자네와 그들이 다른 사람들에게 그 기술을 그대로 알려주도록 해서 이 지역의 모든 마을 나아가 이 나라의 모든 마을 그리고 최종적으로는 전 세계 모든 마을로 파이프라인이 연결되게 하는 것이네. 또한 파이프라인을 통해 흐르는 물에서 갤런 당 적은 금액만 우리 수입으로 챙기는 거야. 그러면 마을 사람들에게도 이익이 된다네. 파이프라인이 많아질수록 당연히 수입이 많아진다네. 내가 만든 파이프라인은 아직 꿈을 다 이룬 게 아니야. 시작에 불과한 것뿐이라고."

결국 이들 두 사람은 함께 파이프라인을 놓았고 수년 후 파블로와 브루노가 은퇴한 지 여러 해가 지났으나 확장된 그들의 파이프라인 사업은 계속 연간 수백만 달러가 되어 그들의 은행 계좌로 입금되었다. 그들은 간혹 여행과 레저를 즐기다가 물통으로 물을 길어 나르는 젊은이들이 눈에 띄면 그들만의 파이프라인을 놓을 수 있도록 돕겠다고 제안한다. 어떤 이들은 그들의 제안을 수용하고 갑자기 찾아온 기회에 기뻐하지만, 불행히도 대다수의 사람은 파이프라인이라는 개념 자체를 성급하게 무시해 버리며 듣지도 않았다.

그들은 보통 "우리가 그럴 시간이 어디 있겠어요.", "내 친구가 말하는데 그 친구의 또 다른 친구가 파이프라인을 만들다가 큰 실패를 했대요.", "난 평생을 물만 길며 살았어요. 다른 모험은 하기 싫어요. 그냥 내가 하던 식으로 하는 게 편해요"라는 말을 했다.

이처럼 세상에는 힘들게 물통을 져 나르며 그날그날을 간신히 살아가는 것을 당연하게 받아들이는 사람들이 생각보다 꽤 많다. 극소수의 사람만이 파이프라인을 꿈꾸며 멋진 미래를 설계한다. 그렇다면 당신은 어떤 부류에 속하는가? 힘들게 물통을 나르는 사람인가 아니면 파이프라인을 만들 줄 아는 지혜로운 사람인가?

이젠 용기를 갖고 시간과 돈을 교환하는 행동, 즉 물통을 나르는 거의 대다수가 빠지는 함정에서 벗어날 수 있는 자신만의 파이프라인을 찾아보자.

분명 네트워크마케팅 사업은 '파이프라인을 구축하는' 사업이다. 파이프라인의 수도꼭지를 튼다면 항상 물이 콸콸 쏟아진다. 파이프라인이 없다면 물을 구하기 위해 강에 가서 직접 물을 퍼 와야 하지만 파이프라인을 설치하면 언제라도 쉽고 빠르게 물을 구할 수 있다. 여기서 물이란 당신의 수입을 의미한다. 결국 우리가 평생 안정적이고 큰 수입을 얻으려면 파이프라인을 구축해야만 한다.

네트워크마케팅 사업에서는 유통망을 이처럼 파이프라인에 비유한다. 만일 유통망이 없으면 여러분은 매일, 매달 제품을 구매할 사람을 직접 찾아다니는 영업사원이 되어야 한다. 이런 식으로는 당연히 한계가 있어 보상이 적고 또 사업이 불안정할 수밖에 없다. 반면 매달 소비자를 만들고 교육과 후원을 통해 그들을 자사 제품을 애용하는 마니아로 만들면 안정적이고 많은 보상을 받을 수 있다. 이처럼 네트워크마케팅에서의 유통망을 넓혀가는 것이 곧 파이프라인을 설치하는 일이라고 볼 수 있다.

여러분이 잠을 자거나 해외여행을 즐길 때 또는 갑자기 아파서 일을 못 할 때도 파이프라인 유통망은 여러분에게 지속적인 수입을 보장한다는 것이 가장 큰 매력이다. 또한 그 보상은 제한이 없고 노력한 만큼 무한대로 펼쳐지기 때문에 당신의 하고 싶은 일과 간절한 소원을 이루게 해준다. 그래서 매달 제품이 팔리는 튼튼한 유통 파이프라인 구축에 집중해야 한다.

왜냐하면 유통 파이프라인은 당신의 꾸준한 수입을 보장하는 소중한 자산이기 때문이다. 과거에 자산은 눈에 보이는 땅, 공장, 가게, 집뿐이었다. 그러나 시대가 변하고 그 가치가 달라지면서 이제는 눈에 보이지 않는 무형자산이 더욱 중요한 시대가 되었다. 대표적인 무형 자산은 이자, 인세, 로열티 등이다. 유통 파이프라인은 로열티에 해당한다. 매달 우리 제품을 꾸준히 사용하는 마니아, 그러한 마니아가 있는 대리점을 분양하는 것이 곧 무형 자산이 된다.

그렇기에 네트워크마케팅 사업이 월 1억 원을 벌어들일 수 있는 빅 비즈니스라는 말이 있는 것이다. 그만큼 소득을 무한대로 늘릴 수 있다는 뜻이다. 아마 당신은 돈이 돈을 버는 논리를 알고 있을 것이다. 여기서 돈은 자산을 뜻한다. 그렇기에 제품을 사용해줄 회원을 구축하고 또한 대리점이 되어 대리점을 분양하는 것은 자산을 구축하는 일이다. 이 점을 반드시 기억해야 한다. 치약 하나, 샴푸 하나를 팔아서 어떻게 한 달에 1억 원을 벌 수 있을까? 네트워크마케팅 사업은 결코 치약이나 샴푸를 파는 비즈니스가 아님을 명심해야 한다. 절대로 영업이 아니다. 제품이 팔려 나갈 수 있도록 소비자 네트워크를 구축하는 일에 집중해야 하는 일이다. 소비자 네트워크가 무형의 자산이고 당신에게 월 1억 원을 벌어다 줄 수 있는 '돈주머니'이다.

그렇다면 이번에는 이 네트워크라는 자산의 가치가 어떠한지 생각해보자.

과거나 현재나 많은 사람이 꿈꾸는 보상 시스템은 '내 건물'을 갖는 건물주가 되는 것이다. 건물 하나만 있으면 걱정할 게 없다고 생각할 정도니 건물주가 모두의 부러움의 대상인 것은 당연하다. 건물에서 매달 꾸준히 나오는 '임대 소득'은 하나의 자산으로 안정된 삶에 큰 도움을 준다. 작은 오피스텔 한 채만 있어도 매달 수십만 원의 임대 소득(권리 소득)을 얻을 수 있다.

2억 원을 투자해서 작은 원룸을 하나 샀다고 가정해보자. 여기서 핵심은 2억 원을 어떻게 준비할 수 있는가에 달려있다. 은행 대출을 끼고 원룸을 하나 구매해도 2억 원을 투자해서 평균 40~50만 원이라는 괜찮은 수입을 올릴 수 있다. 그러나 당연히 대출을 받아 투자했기에 은행이자를 내야 하고 부동산 중개료를 비롯해 이런저런 경비도 다 제해야 하므로 실제 소득은 30만 원 정도이다. 2억 원을 투자해 매달 30만 원을 버는 것이 그리 만족스럽게 생각 할 수 있는가? 결국 몇 년 후에 대출금을 갚아야 한다는 것을 감안하면 적은 돈이다. 이는 노후를 준비하거나 수십 년간의 노후자금으로 사용하기에는 꽤 부족한 금액이다.

그런데 만일 2억 원을 투자하지 않고도 30만 원을 벌 수 있다면 어떨까? 이게 가능하다면 꽤 좋은 기회라고 볼 수 있다. 그렇기에 네트워크마케팅이 가치 있는 사업이라고 말할 수 있다. 2억 원을 대출받아 부동산에 투자하는 대신 당신의 시간과 열정을 투자해 유통망을 만들라. 당신이 열심히 사업을 진행하면 네트워크마케팅 회사와 추천인(스폰서)이 함께 도와주는 서로 돕고 돕는 시스템이 참 좋은 부분이라고 할 수 있다.

만일 당신이 15~20명의 소비자 마니아층을 만들면 80~100만 원의 보상을 받는다고 가정해보자. 이는 은행에 3억 원을 저축해서 받는 이자와 같고 시가 3억 원 정도의 오피스텔을 소유한 것과 마찬가지인 수준이다. 결국 당신이 15~20명의 마니아 소비자가 있는 대리점을 하나씩 분양할 때마다 3억 원 정도의 오피스텔을 한 채씩 사는 것과 같은 가치를 갖는다. 그러나 분명 눈에 보이지 않는 무형 자산이기에 당장 실감이 나지는 않을 것이다. 그러나 믿고 성실하게 시간을 투자해서 노력한다면 그만한 보상을 받을 수 있다.

Part 04

네트워크마케팅과
신흥부자의 탄생

4차산업혁명 등의 영향으로 다가올 미래에는 단순히 직업에만 의지해서는 안정적인 생활이 힘들다. 미국에서는 이미 JOB을 Just Over Broker(겨우 파산을 면한 상태) 또는 Journey Of the Broke(빈털터리가 되는 여정)라고 한다. 직장생활을 통해서 어느 정도 기본적인 생활은 꾸려나갈 수 있어도 한국처럼 미국도 미래를 위해 돈을 모으고 살기 힘든 상태라는 것을 잘 보여준다. 그래서 미래 흐름이 어떻게 흘러가는지를 미리 파악해서 대비해야 한다.

'메가트렌드'의 저자 존 나이스비트는 네트워크마케팅이야말로 21세기에 등장한 가장 강력한 변화로서, 한 개인이 성공할 수 있는 최고의 기회라고 말했다. 충격스럽게도 향후 10년 안에 모든 상품과 서비스의 50% 이상이 네트워크마케팅을 통해 유통되리라고 전망했다. 네트워크마케팅이 미래 사회의 필수적인 소비 형태이자 비즈니스가 됨을 예견한 것이다.

실제로 미국의 경우 이미 80년대에 이 네트워크 사업을 통해 매해 20%씩 신흥부자들이 탄생했다. 그들은 주변 지인들과 낯선 이들에게 질 좋은 물건을 가장 합리적으로 전달하여 사업을 했다. 이로써 일정한 네트워크를 구축해 꾸준한 이익을 얻었다. 네트워크마케팅이 미래에 부의 흐름을 주도하게 되는 현실적인 이유는 과연 뭘까? '시대 흐름'에 정확한 답이 있다.

어떤 일이든 사업의 성패를 결정하는 가장 결정적인 것은 미래의 '성장성'이다. 과연 시대 흐름과 함께 꾸준히 성장할 수 있는가? 사업은 분명 호황과 불황이 있다. 시대의 흐름 속에서 블루오션을 찾는 것이 빠른 성공의 지름길이다.

시대 흐름에 누구보다 가장 민감한 미래경제학자들이 네트워크마케팅을 두고 '시대적 조류'이자 평범한 사람에게 주어진 '최고의 기회'라고 말한다. 미래학자 앨빈 토플러(Alvin Toffler)도 1979년에 출간한 '제3의 물결'에서 "미래는 프로슈머의 시대이다. 소비자가 소비는 물론 제품개발과 유통 과정에 직접 참여하는 '생산적 소비자'로 거듭날 것이다."라고 예견했다. 그리고 그의 또 다른 저서 〈부의 미래〉에서 "프로슈머 경제의 폭발적인 증가로 새로운 백만장자들이 수두룩하게 나타날 것이다. 물론 주식시장, 투자자, 방송 매체가 프로슈머 경제의 중요성을 인식하기 전까지는 알아차리지 못할 것이다. 선진제조방식, 틈새 마케팅, 고도로 숙련된 지식 노동자를 보유하고 있는 일본, 한국, 인도, 중국과 미국이 첫 번째 수혜국이 될 것이다."라고 밝혔다.

인생을 살면서 누구나 한 번쯤 프로슈머가 될 수밖에 없다. 모든 경제에는 프로슈머가 존재한다. 시대 흐름을 보면 다음 사실을 알 수 있다. 첫째, 프로슈머 경제가 생각보다 어마어마하다는 사실이고 둘째, 우리가 하는 가장 중요한 것들의 일부가 이미 프로슈머 경제 안에서 이루어지고 있고, 셋째 대다수 경제학자가 크게 신경 쓰지 않아도 그들이 그토록 면밀히 관심을 기울이는 화폐 경제 안의 50조 달러는 프로슈머 경제 없이는 단 10분도 존재 불가능하다는 사실이다. 프로슈머의 생산력은 전체 화폐 경제가 의존하는 중요한 부분이라고 할 수 있다. 즉, 생산 활동과 프로슈밍은 뗄 수 없는 관계이다.

앞으로 프로슈머 경제가 폭발적인 증가로 인해 새로운 백만장자들이 많이 나타날 것이다. 물론 주식시장, 투자자, 방송 매체가 프로슈머 경제의 중요성을 현실적으로 인식하기 전까지는 제대로 깨닫지 못할 수도 있다. 선진 제조 방식, 틈새 마케팅, 고도로 숙련된 지식 노동자를 보유하고 있는 일본, 한국, 인도, 중국과 미국이 첫 번째 수혜국이 될 것이다. 그러나 이게 전부가 아니다. 프로슈밍은 시장을 뒤흔들고 사회의 역할구조를 바꾸며 부에 대한 우리의 생각에 큰 변화를 가져온다.

특히, 네트워크마케팅에 부의 흐름을 주도하는 또 다른 이유는 〈부자 아빠와 가난한 아빠〉의 저자 '로버트 기요사키'의 말처럼 네트워크 마케팅은 '시스템'에 의한 수입을 올릴 수 있는 수단이 된다. 이러한 인세 수입은 평생 이어지는 매력적인 수입이다.

또 네트워크 마케팅은 시, 공간적 한계를 뛰어넘어 오프라인과 인터넷을 넘나들며 활발한 활동이 이루어진다. 지역과 국가를 초월해 전 세계로 사업의 범위를 확장할 수 있다. 이제 소비자들도 네트워크마케팅을 통한 국제사업 참여로 국익을 증진할 수 있는 시대가 왔다.

그렇다면 네트워크마케팅으로 과연 얼마나 큰 이익을 얻을 수 있을까? 보통 직장인이 연봉 1억을 받으려면 어떤가? 전문직이 아닌 이상 대기업은 임원과 같은 상위 요직이 아니면 불가능하다. 그러나 임원이 되기는 하늘의 별따기만큼 어렵다.

그러나 네트워크마케팅은 네트워크 시스템하에서 열심히 성과를 내는 전문적인 마케팅이다. 노하우와 경험, 기술이 쌓일수록 더 많은 수익을 창출한다. 또 학벌과 연령, 성별의 장벽이 없기에 주변의 수많은 사람이 네트워크마케팅 사업자로서 새 삶을 꿈꾸며 점차 1억 연봉에 도전하게 만들 수 있다. 그런데 네트워크 시스템에는 큰 장점이 하나 있다. 일단 그룹 시스템이

견고하게 갖춰지면 무한대로 복제되어 큰 시장을 이룬다. 이런 점에서 네트워크마케팅은 시스템이 자생력을 가지고 확대될 때까지 투자하는 시간과 노력이 관건이다.

이제 네트워크 비즈니스는 피할 수 없는 시대적인 대세다. 현대사회는 소비사회이며, 상품을 공급하는 기업들도 경쟁이 치열한 가운데 눈에 불을 켜며 생존경쟁을 벌인다. 최대한 광범위한 마케팅으로 유통비를 줄이고 충성고객을 얻고자 몸부림친다. 네트워크 비즈니스에 도전해 성공과 부를 얻기 원하는 기업이나 사업자들은 상품 공급과 소비 트렌드의 변화에 민감하게 반응해야 한다. 앞으로 현대사회를 살아가면서 기업과 소비자가 윈윈하는 소비 형태가 더욱 성장하고 발전할 것이다.

그러나 아무리 좋은 시스템이 있어도 사업에 임하는 사람의 긍정적인 사고방식이 중요하다. 인간의 하루 약 9만 가지 생각 중 대부분이 부정적인 것이다. 심리학자들의 연구 결과에 따르면 인간의 98%가 소극적으로 기울어지는 마음을 지니고 있다. 그래서 매일 소극적, 부정적인 정보를 내쫓고 적극적, 긍정적 정보가 입력되도록 노력해야 한다. 성공한 이들은 타인의 부정적 시각을 뿌리칠 수 있을 정도로 의지가 굳건하다. 비전 없는 사람은 방향을 잃고 헤매는 뗏목과 같다. 그러나 비전이 분명한 사람은 가야 할 곳을 정확히 알고 목적지를 향해 나아간다.

1983년, 당시 삼성전자가 반도체 사업을 시작할 무렵에 정부는 대규모 투자가 잘못되면 국가 경제 전체가 위기에 빠진다며 반대했다. 또 1987년 세계적 과잉 투자로 반도체 가격이 폭락했을 때는 삼성이 반도체 때문에 망한다는 소문이 퍼졌다. 그러나 이병철 회장은 업계의 상황이 호전될 것임을 전망해 추가 생산라인 건설을 지시했고 그 예측은 적중했다.

또한 회사 설립 당시 헨리 포드는 자금 조달 문제로 애를 먹었다. 그러나 그는 언제나 최대한 돈을 끌어모아 많은 현금을 책상 위에 쌓아두고 투자자나 채권자가 몰려올 때마다 보여 주었다. 그리고 언제나 당당하고 자신감 넘치는 태도로 반드시 성공한다는 신념을 보여 주었다. 그는 항상 5년 아니 10년 후에는 반드시 성공하겠다는 신념이 불타올랐다.

록펠러도 이 방법을 사용했다. 그는 채권자가 찾아와 원금을 갚아 달라고 말하면 즉시 수표장을 꺼내 들고 '현금으로 드릴까요? 아니면 스탠더드 석유 회사의 주식으로 드릴까요?'라고 물었다. 그의 태도가 너무 확신에 가득 차 있고 자신감이 넘쳐흘러서 대부분의 사람은 현금 대신 주식으로 받아서 갔고 훗날 그에 걸맞은 대가를 얻게 되었다. 네트워크마케팅도 선진국을 비롯해 전 세계에 성공의 나침반이 되는 성공자가 무수히 많다. 시대적인 흐름이라는 확신이 들면 이 사업에 관심을 두고 자세히 알아봐야 할 것이다.

한편 기존에 돈을 버는 생산자와 돈을 쓰는 소비자의 정의를 깨고, 돈을 쓰면서 버는 프로슈머의 시대가 왔다. 이는 미래학자 앨빈 토플러가 '제3의 물결'에서 미래 사회의 트렌드를 선도할 새로운 계층이 '프로슈머'라고 정의한 것에서 온 것이다. 생산은 분명 제한적이지만 소비는 누구나, 언제, 어디서나 한다. 소비에서 소득을 창출하는 계층이 프로슈머이다.

이러한 프로슈머의 무대가 '네트워크 마케팅'이라고 할 수 있다. 빌 게이츠는 자신이 "컴퓨터 사업을 하지 않았으면 네트워크 마케팅을 했을 것"이라고까지 했다. 또 '부자 아빠 가난한 아빠'의 저자 로버트 기요사키도 경제적 자유를 얻는 방법의 하나로 네트워크마케팅을 권장했다. 그는 레버리지(지렛대) 효과야말로 자산을 만드는 최적의 길이라고 했으며, 시스템을 만들든지, 만들어진 시스템(프렌차이즈)을 사든지 만들어진 시스템에 올라타서(네트워크마케팅) 자산소득자가 되기를 권했다.

전통적인 백만장자는 나이 지긋하며 부동산이나 증권 등이 주 수입원이었다. 그러나 정보사회의 백만장자는 네트워크 마케팅 종사자들이 주를 이루며 그들은 젊다. 이젠 프로슈머 시대다. 트렌드를 예측하고 준비한 1세대 네트워커는 이미 천만장자 반열에 들어섰다.

'변화할 것인가, 변화 당할 것인가!' 어중간하게 중간 단계는 없다. 변화할 수 있을 때 변화하지 않으면 언젠가 어쩔 수 없이 변화 당하게 된다. 세상에는 3가지 부류의 사람이 있다. 변화의 흐름을 깨닫고 미리 준비하는 사람이 있고, 변화가 밀려와야 아는 사람이 있으며, 변화가 지나고 난 다음에야 알아채는 사람이 있다.

농경사회에서 산업사회로 이전될 때, 자본은 도시와 공장에 몰렸다. 산업사회에서 서비스 사회로 이전할 때는 서비스업에 자본이 몰린다. 미래 트렌드를 읽고 미리 길목을 지키면 반드시 기회를 거머쥔다. 수많은 전문가는 이미 미래사회는 자본이 네트워크 마케팅으로 몰린다고 진단했다.

앨빈 토플러나 빌 게이츠 같은 세계적인 선구자들이 네트워크 시대를 선언하고 네트워크 마케팅이 기회가 된다고 주장하지만 한 치 앞도 모르는 평범하고 대부분 성공자 축에 속하지 않는 주변인들은 과거의 편견으로 무조건 반대부터 한다. 안타깝게도 그들은 자신이 무엇을 모르는지도 모르는 경우도 많다.

조만간 한국 네트워크 시장은 100조 원 규모가 될 것으로 예견된다. 100조 원 시장으로 성장한 후에 네트워크마케팅을 시작하면 늦는다. 한국에는 1991년에 처음으로 네트워크마케팅이 시작되었다. 벌써 23년, 사람으로 치면 청년이 되었으나 네트워크마케팅 경력자들조차도 네트워크마케팅의 본질이 뭔지 모르는 사람이 많다.

놀랍게도 프랜차이즈의 원조 맥도날드도 처음에는 마피아로 고발당했다.

네트워크 마케팅도 미 연방 통상위원회에 고발당했었지만, 결국 '가장 합리적이고 효과적인 마케팅'으로 판결을 받았다(중세 신분사회에서 시민사회로 넘어오기 위해 얼마나 많은 피를 흘렸는가? 자본주의가 복지사회로 진화하기에도 많은 저항과 시행착오는 필수이다).

　우중에는 당연히 우산을 팔고 날이 맑으면 짚신을 팔아야 한다. 시대 흐름을 잘 타면 일이 쉽고 거스르면 힘들다. 언론이나 이웃의 평가가 아니라 구체적 팩트가 무엇인지를 스스로 제대로 파악해야 한다. 시대 흐름을 선도하지는 못할지라도 뒤늦은 사오정이 되면 곤란하다. 거대한 시장은 곧 거대한 기회라는 말이기 때문이다. 이 거대한 기회 앞에서 당신의 선택은 무엇인가?

[네트워크 비즈니스의 8가지 가치성]

1. 삶을 변화시키는 교육 시스템을 갖고 있다.
2. 직업을 바꾸는 것 이상의 의미를 지닌다.
3. 적은 비용으로 사업을 구축할 수 있다.
4. 부자들이 투자하는 대상에 투자할 수 있다.
5. 꿈을 현실로 만들 수 있다.
6. 네트워크의 진정한 힘을 발휘한다.
7. 마음에 품고 있는 가치가 현실을 결정한다.
8. 리더십의 가치를 일깨워진다.

출처 : 로버트 기요사키 (부자 아빠의 비즈니스 스쿨)

부자가 되는 지름길,
네트워크의 힘 이용하기

백만장자 연구가 토머스 스탠리 박사는 백만장자의 특징을 4가지로 정리했다. 돈과 지식, 그리고 정보와 네트워크이다. 첫째, '돈이 돈을 번다'는 경제 논리로 돈 있는 사람이 부자가 된다는 것이다. 돈이 있어야 투자나 사업을 할 수 있는데 이것들이 반드시 잘된다는 보장은 없다. 둘째는 지식이 있는 사람이고 셋째는 정보화 시대에 맞게 정보 수집과 활용을 잘하는 사람이 부자가 된다는 것이다. 남보다 빨리 좋은 정보를 얻는다면 앞서 도전해 이익을 얻는다. 또 미래 트렌드 흐름과 소비 성향의 변화 등에 관한 정보를 신속히 얻는다면 실전에 활용해 이익을 누릴 수 있다.

넷째는 강력한 네트워크를 가진 사람이 부자가 된다는 것이다. 서로 성공과 지식, 정보를 나눌 수 있는 사람을 네트워크로 묶어 활용한다면 그런 돈과 지식과 정보를 통해 새로운 파이프라인을 창출해 네트워크에 참여하는 사람들은 기여한 만큼 보상받을 수 있다.

사실 첫째와 둘째는 누구나 갖출 수 있는 것은 아니다. 그러나 성공한 사람 중에는 정보와 네트워크의 힘을 이용해 많은 부자가 탄생했다. 뜻이 맞는 동업자를 구하고 함께 고난의 시기를 견디면서 로열티 네트워크가 형성되며 고소득을 올릴 기반을 마련한 것이다. 이는 네트워크마케팅과 비슷한 원리이다.

네트워크마케팅에서 네트워크란 한 개의 점(点)인 '사람'이 신뢰와 공통된 목적, 가치관, 인생관, 꿈, 목표 같은 눈에 안 보이는 실처럼 연결된 '거미줄' 같은 상태를 이루는 것의 총칭이다. 또 마케팅(유통)을 간단히 말하면, 제품을 제조업자에서 소비자로 이동시키는 것이다. 즉 네트워크마케팅이란, 사람과 사람의 연결(네트워크)을 이용해서 물건을 유통하는 새로운 타입의 유통 사업이다. 그렇기에 네트워크 사업은 결코 물건 하나를 팔기 위해 영업사원처럼 초인종을 누르는 형태가 아니다. 일단 시스템이 구축되면 자연스럽게 재구매가 발생한다. 따라서 정보를 잘 전달해 이를 서비스로 연결하면 저절로 비즈니스가 이루어진다.

그런데 인터넷 웹(internet web)이 발전함에 따라 인간관계, 즉 휴먼 네트워크로 시작된 네트워크마케팅이 '인터넷으로 인해 날개를 달았다'라고 할 정도다. 통신 네트워크, 부동산 네트워크, 소셜 네트워크, 동창생 네트워크 등 무엇이든 연결되고 공유되는 시대이다. 그리고 더 많이 연결될수록 멧칼프의 주장대로 가치는 커진다. 인간관계에 기반을 둔 인터넷 기반의 네트워크마케팅이 앞으로 더욱 급성장할 것이다.

IT 분야의 선구자 중 한 사람인 밥 멧칼프(Bob Metcalfe)의 멧칼프의 법칙(Metcalfe's law)이 있는데 '네트워크의 가치는 참여자 수의 제곱에 비례해 기하급수적으로 증가하며, 적은 노력으로 큰 가치를 만들어낸다'는 말이다. 이는 IT 분야뿐 아니라 부동산. 여행, 차량, 게임, SNS 등 네트워크로 연결되는 전 분야에 적용된다.

네트워크마케팅 비즈니스도 이 법칙이 응용되는 데 참여한 순서가 먼저인지는 상관없이 노력에 의한 애용자 네트워크가 커질수록 그 가치와 보상이 커진다. 특성상 네트워크 성장에 한계가 없이 무한대 수익을 창출할 수 있다는 장점이 있다.

그런데 베스트셀러 '메가트렌드'의 저자 존 네이스비치도 네트워킹을 "사람들이 서로의 생각과 아이디어, 자원, 정보 등을 함께 나누는 것"이라고 정의했다. 이처럼 네트워킹은 정보 교환, 자원봉사 활동 육성, 사회제도 변혁, 생산성과 노동 조건의 향상, 자원의 효율적인 사용 등에 널리 이용되고 있다, 왜냐하면 네트워킹에 의한 정보 전달은 어떤 방법보다 신속하고 인간미 넘치고, 에너지 면에서도 효율적이기 때문이다.

지금은 디지털 시대이다. 인류 역사상 가장 진화한 최첨단 IT 도구들의 발전으로 전에 없던 경로로 사람들을 만나고 무한한 네트워크를 형성한다. 이러한 기술적 진보는 네트워크 마케팅의 대상자를 찾고 예비사업자를 컨택하고 리크루팅하는 방법을 진화시켰다. 물론 발로 뛰고 만나러 가고 설득하러 가는 아날로그 방식도 기본적으로 중요한 리쿠르팅 방식이다. 그러나 여기에 다양한 디지털 IT 도구들을 추가하면 활동영역과 컨택 범위가 한층 넓어진다. IT 도구들을 잘 활용하면 리쿠루팅 대상자에 대한 정보 관리는 물론, 빠르고 친근한 방법으로 친분을 쌓을 수 있다. 디지털 시대에는 리쿠르팅 방식도 디지털을 활용해 진행하는 게 효율적이다.

분명 오늘과 같은 인터넷 혁명 시대는 네트워크마케팅이 기회가 된다. 급격히 세계화가 진행되는 시대에는 소비자가 안방에서 물건을 서핑하며 편리하게 살 수 있다. 이처럼 인터넷 혁명은 엄청난 힘을 지닌 기회로 다가오고 있다.

한편 SNS의 발전은 IT 기술을 접목한 단순한 서비스를 넘어 사회 경제학의 모든 현상과 융합된 서비스 형태로 발전하면서 끝없이 영역을 넓혀가고 있다. SNS가 만들어가는 생태계는 커머스와 마케팅, 미디어와 커뮤니케이션이 어울리는 형태의 대중문화로 자리매김 중이다. SNS가 가져다준 사회. 경제학적인 큰 변화는 기업이 상품의 중심에 서는 세상에서 대중이 상품의 중심이 되는 세상으로의 변화다.

그리고 사람과 사람 사이의 연결로 잊고 있던 사람을 찾고 모르던 사람을 알게 되는 것은 SNS만의 강점이고 특징이다. SNS의 특성은 개방성인데 사회 계급과 국경을 넘나들어 누구나 온라인상에서 친구가 된다. 페이스북의 성공비결도 누구나 원하는 상대를 마음대로 선택할 수 있다는 것이다. 트위터에는 정치. 사회, 문화, 경제, 산업 소식이 봇물 터지듯 쏟아져 대기업들은 트위터를 통해 마케팅을 펼쳐 기업 소식을 알리는 모습이 보인다.

또한 강남, 홍대, 신촌 등 익숙한 서울 곳곳의 정보가 담긴 수많은 블로그나 트위터상의 맛집 리뷰 덕분에 검색만 하면 홍대 맛집이 어디 있는지, 가장 맛있는 메뉴가 무엇인지, 나아가 사장의 성격까지 알 수 있을 정도로 기존 미디어가 다루지 못했던 영역을 메우며 자리 잡아가고 있다. 더구나 이미 2000만 명을 돌파한 스마트폰 사용자의 증가와 맞물려 앞으로 더 많은 텍스트와 이미지, 동영상 등의 정보가 SNS를 통해 공유될 것이다.

그런데 SNS와 네트워크마케팅은 비슷하면서도 상당히 다른 측면이 있다. 초기에 포털을 기반으로 혹은 포털에 대응하는 새로운 개념으로 출발했던 SNS는 회원 수가 그 가치를 좌우할 정도로 회원 규모의 증가에 몰두하던 때가 있었다. 이 점에서는 네트워크 마케팅도 비슷한 특성이 있는 것처럼 보인다. 그러나 다들 알고 있듯이 카페의 회원 수나 블로그의 열람지수보다 중요한 것이 얼마나 적극적이고 참여적으로 활동하는 사람들이 많으냐가 실질적인 가치를 좌우하는 중요한 요소다.

한편, SNS의 근간을 형성하고 있는 소셜미디어와 커뮤니케이션은 끊임없이 누군가와 소통하고 싶어 하는 인간의 본성을 잘 나타낸다. 자신을 알리고 사생활을 공유하고 싶어 하기에 SNS를 통한 소통에 자연스럽다. 세계 최대 SNS 페이스북(Facebook)이 지난해 사용자 5억 명을 돌파하며 지구촌을 하나로 묶는 매개체로 등장했다.

페이스북의 가장 큰 장점은, 친구추가를 할 때마다 계속 새로운 친구들이 생겨나는 것이다. 그래서 전 세계 친구들과 빨리 친구가 될 수 있는 네트워크가 형성된다. 그런데 네트워크마케팅도 SNS와 비슷한 부분이 많다. 회사가 광고 등을 거치지 않고 바로 소비자들에게 판매하는 형태로 중간상인들의 커미션과 불필요한 마케팅 비용을 소비자들에게 커미션으로 돌려주는 구조이다. 즉 네트워크마케팅은 페이스북에 이익 구조를 합쳤다고 생각하면 이해가 편하다.

그러나 여기서 대부분 사람이 이런 거꾸로 이익이 발생하면 다단계가 아니냐는 오해를 한다. 아직은 다단계에 대해 부정적인 인식이 강한 것이 한국의 현실이다. 왜일까? 과거에 떴다방이니, 옥장판이나 필요도 없는 고가의 건강식품을 강매한 것이다. 또 남에게 무조건 팔아야 한다는 인식 그리고 항상 자신도 그 제품을 한 달에 30~100만 원씩 의식적으로 무조건 사야만 하고, 남에게도 팔아야 하니 친구도 잃고 친척들도 잃었다는 소리가 팽배해진 것이다. 정통 네트워크마케팅이라면 의식적으로 매달 30~100만 원으로 무엇을 사고 남에게 강매하는 것이 아니다. 어차피 쓸 생필품을 보다 저렴하게 쓰면서 자연스럽게 이익을 얻는다는 것이다. 자기가 쓰던 제품을 평소대로 그대로 소비하면서 이처럼 쓰길 원하는 사람에게 알려주기만 하면, 내가 소비하는 제품비 그 이상의 웃돈이 들어올 수 있다. 즉, 노동 외 소득이 들어온다는 말이다. 부자들은 항상 이 노동 외 소득에 주목한다. 왜냐하면 부자라고 말할 수 있는 단계는 자기가 열심히 일해서 버는 돈이 한 달에 300만 원이라 했을 때, 일하지 않고 가만히 앉아 있어도 투자대상(주식, 부동산, 저축 등)에서 400만 원이 한 달에 들어오면 그 사람은 이미 부자의 길로 들어 선 것이기 때문이다.

"부자 아빠 가난한 아빠"의 저자 로버트 기요사키가 말했다.

"노동소득보다 노동 외 소득을 빨리 끌어 올려야만 부자가 될 수 있다. 왜냐하면 그것은 자신이 굳이 일을 안 해도 경제적 자유를 주는 지름길이다. 특히 노동 외 소득에는 4가지가 있는데, 주식, 부동산, 저축, 네트워크마케팅이 있다."

그렇다면 현재 상황에서 이 4가지 중에 가장 메리트가 있는 노동 외 소득이 무엇일까? 아마 당신은 벌써 답을 알고 있을 것이다. 항상 부의 이동은 시대에 따라 변해 왔다. 왜 부자들은 여기에 열광하고 몰리는지 알아야 한다. 돈을 버는 사람들은 항상 남보다 빨리 정보를 얻고, 그 기회를 놓치지 않기에 부자가 될 수밖에 없다.

스마트폰과 웹2.0의 본격적인 등장에 따라 각광받는 소셜네트워크서비스(SNS)는 네트워크마케팅 비즈니스에 날개를 달아줬다. 이로써 친구, 선·후배, 동료 등 지인들과의 관계망(네트워크)을 구축해 개인의 온라인 인맥 관리는 물론 사람과 사람과의 연결을 도와주고 지원하는 모든 서비스로 비즈니스 네트워크망을 형성하기 쉬워졌기 때문이다.

그런데 네트워크 마케팅도 SNS와 마찬가지로 네트워크의 개방성을 중시하여 누구나 쉽게 참여할 수 있다. 그러나 특정 소비자로부터 형성되기 시작한 소비자 그룹 전체에서 유통되는 제품에 대해 수입이 결정되기에, 회원을 아무리 많이 가입시켜도 소용없다. 그 회원들이 제품을 꾸준히 애용하고 자신의 지식과 정보, 그리고 경험을 공유하는 사람이 늘어나고, 애용하고 소개하는 활동이 얼마나 반복되고 축적되느냐에 따라 수입의 양이 결정된다. 결국 자신이 구축한 네트워크의 자산적인 가치는 자율성과 합리성에 기초한 반복과 축적에 의해 창출된다.

그런데 일반판매는 자기가 직접 많이 팔아야 수입이 생기기에, 대다수가 자신의 판매를 통해 발생하는 마진으로 수익을 취한다. 네트워크마케팅에서도 많은 수입을 올리기 위해서는 아는 사람이 많거나 언변이 뛰어나 관심 있는 상대방을 잘 설득하는 사람이 유리하다.

네트워크마케팅은 사업을 돕는 여러 시스템이 있다. 가령 지식과 경험을 공유하기 위한 교육 시스템, 경험의 피드백을 통해 더 나은 방법을 찾고자 하는 카운슬링(상담) 시스템, 온라인과 오프라인에 의한 참여와 공유를 통해 체계적으로 어려움을 극복하도록 돕는다.

그렇다면 '소비 참여형 비즈니스', '커뮤니케이션 비즈니스'로도 불리는 네트워크 마케팅이 SNS와 다른 점은 무엇일까? 연결과 소통을 기반이라는 점에서는 SNS와 비슷한 출발점을 가지는 네트워크마케팅은 소비자와 소비자가 연결되고, 그 소비자 그룹이 지리적, 공간적 한계를 능가하는 '개방성의 힘'을 가진다는 것은 SNS와 비슷하다. 또 그 가치가 단순히 회원 수나 규모가 아니라 참여와 공유의 적극성과 활동성에 의해 좌우된다는 점에서 전혀 다르지 않아 보인다.

그러나 대면 접촉에 의한 보다 깊이 있는 소통, 또 반복과 축적에 의해 네트워크의 생명력이 불어 넣어진다는 점에서는 SNS와는 꽤 다른 측면이 있다. 페이스북을 통해 만들어진 친구를 진정한 친구로 생각하지 않는 것이 SNS가 지니고 있는 한계점이라는 말도 있다. 그런데 성공적인 네트워크마케팅의 지향점은 관계의 개방성, 소통의 밀도, 그리고 그러한 것들이 어우러진 행복의 반복과 축적에 맞춰져 있다는 것이나. 그래야 규모(성장성)가 커지면서도 가치(수익성)도 함께 성장하는 의미 있고 가치 있는 관계(네트워크)도 만들어질 수 있기 때문이다.

인터넷으로 대표되는 디지털 세상의 변화는 부자가 되는 원리까지 바꿔놓고 있다. 사업 성공은 시기를 잘 타야 한다. 네트워크마케팅이 주목받는 이

유도 시대 흐름과 맞물리기 때문이다. 만일 100년 후, 또는 과거 100년 전에 네트워크 마케팅이 등장했다면 지금과 같은 급성장이 어려웠을 것이다. 그렇기에 이 사업이 시대 속에서 어떤 의미를 지니는지, 어떤 흐름으로 성장 기회를 잡을 수 있는지 등을 파악해야 한다. 자신감은 시대를 읽을 수 있는 안목에서 나온다. 그래서 다양한 책과 강의, 세미나 등을 통해 이 사업에 대한 다양한 지식을 습득하고 미래를 읽는 감각을 키워야 한다.

Part 06

기업들이 네트워크마케팅에
열광하는 이유?

전 세계적인 경제지 〈포춘〉이 선정한 500대 기업 중 놀랍게도 네트워크마케팅 부서를 신설하거나 네트워크 방식의 신생기업에 자사 제품을 납품하는 기업이 점차 증가하고 있다. 현재 시티뱅크, MCI, IBM, 도요타, 제록스, 텍사스인스트루먼트(Texas Instruments), 제너럴모터스, 크라이슬러, 포드, 제너럴일렉트릭, 질레트, 콜게이트, 월풀, 핫포인트, 코카콜라 등 많은 굴지의 글로벌 회사가 네트워크마케팅 방식으로 제품을 유통하고 있고 넷스케이프, 오라클을 비롯해 일부 신생기업이 이 유통방식을 지향하고 있다.

이미 '메가트렌드'의 저자이자 미래학자인 존 나이스비트는 네트워크마케팅이야말로 21세기에 등장한 가장 강력한 변화로서, 한 개인이 성공할 수 있는 최고의 기회라고 말했다. 또 향후 10년 내로 모든 상품과 서비스의 50% 이상이 네트워크마케팅을 통해 유통되리라고 전망했다. 이는 네트워크마케팅이 미래 사회에서는 필수적인 소비 형태이자 비즈니스가 될 것을 예견한 것이다.

네트워크마케팅은 피할 수 없는 대세이다. 현대사회는 필연적으로 소비사회이고, 상품을 판매하는 기업들도 최대한 광범위한 마케팅으로 유통비를 줄이고 충성 고객을 얻고자 애쓰고 있다. 현재 KT와 LG 등 유수의 대기업들이 네트워크마케팅을 통해 새로운 활로를 찾고자 하는 것도 네트워크

마케팅이 광범위한 인적 네트워크 구축을 통해 지속적인 수익을 가져오는 등 긍정적인 면모를 갖추었기 때문이다.

이처럼 네트워크마케팅에 도전해 성공과 부를 얻은 기업과 사업자들은 하나같이 이 같은 상품 판매와 소비 트렌드의 변화에 민감하게 반응한 이들이다. 또 이런 사업자들은 앞으로도 기업과 소비자가 윈윈하는 판매 형태가 더욱더 성장하고 지속할 것으로 내다보고 있다.

물론 불법 피라미드 다단계 같은 잘못된 사행 조직들도 생겨났지만, 결국 기업은 광고비와 유통비를 줄이고 소비자들은 질 좋은 물건을 거품 없는 가격에 사는 동시에 그로부터 꾸준한 이익을 얻는 네트워크마케팅의 장래는 밝을 수밖에 없다.

GS홈쇼핑도 "다단계판매업"으로 사업목적 변경한 이유는 과연 무엇일지 주목해볼 필요가 있다. 자금, 기업체, 주식 등을 통제하고 관리하는 국가기관이 금융감독원인데, 금융감독원 사이트에 들어가 보면 한국의 주요 기업들의 공시사항이 다 나온다. 대한민국에서 직거래유통의 선두권을 달리는 TV 홈쇼핑과 인터넷 홈쇼핑을 운영하는 최대의 유통업체 중 하나가 GS홈쇼핑이다. GS홈쇼핑은 대한민국의 싱크탱크인 LG경제연구소가 든든히 뒤를 받치고 있고 앞으로의 유통 비전을 보고 당시 척박하던 시절에 설립했던 한국 최대의 직거래유통회사다.

금융감독원 전자공시시스템(http://dart.fss.or.kr)에서 '지에스홈쇼핑'을 검색해서 2003년 2월 6일 자 공시사항을 보면, 사업목적 변경에 '19.다단계판매업'이라고 되어 있다. 결론적으로 국내 최대의 홈쇼핑 업체가 주주총회까지 열어서 다단계판매업으로 사업목적 변경을 한 이유는 과연 무엇일까? 기업 이미지 개선을 위해서일까? 결코 아니다. 이는 앞으로 TV 홈쇼핑이나 인터넷 홈쇼핑이 다단계판매, 네트워크 마케팅으로 발전하지 않으면 유통의 주도권을 결코 잡을 수 없다는 미래전망을 내다보고 철저히 사실에 근거한 위기의식 때문일 것이다. 지금 거대한 흐름이 밀려오고 있는 것을 눈치채야 한다. 〈참조: GS홈쇼핑 기업 공시〉

또한 삼성경제연구소를 브레인으로 하는 'CJ오쇼핑'도 2003년 3월 4일 자 공시를 보면 사업목적 변경에 '33. 방문판매업'이라고 되어 있다. 〈참조: CJ 오쇼핑 기업 공시〉

이처럼 한국을 대표하는 양대 직거래유통회사가 이사회의 결의를 거쳐 주주총회까지 개최하여 다단계판매업과 더욱 포괄적인 방문판매업으로 사업 목적을 변경한 이유는 무엇일까? 거대한 지각변동을 예고하고 있음을 보여주는 단적인 예이다. 당신도 그 엄청난 소리가 들리지 않는가?

최근 네트워크 비즈니스에 대한 관심이 높아지면서 네트워크 비즈니스를 기업 마케팅에 적용한 기업들이 점차 많아지고 있다. 그중 KT와 LG 등 유수의 대기업들이 대표적이다. 이는 2000년대 들어 불법 피라미드로 인해 실추되었던 이미지와는 별개로 네트워크 비즈니스가 미래 유통의 흐름을 주도할 장점들이 나날이 부각되고 있기 때문이다. 경쟁이 매우 치열한 유통 시장에서 기업들이 네트워크 비즈니스로 새로운 활로를 찾고자 하는 이유는 다음과 같다.

첫째, 마케팅 비용에 대한 위험 부담 최소화에 있다. 기업의 제품 출시 비용 중 가장 큰 부분을 차지하는 것이 광고비다. 많은 기업이 상품이 시장에서 성공하든 실패하든 무조건 광고비를 지출한다. 그러나 네트워크 비즈니스에는 이 광고가 거의 필요 없다. 상품정보가 곧바로 소비자이자 유통 사업자를 통해 전달되고, 상품이 팔리지 않으면 이들에게 비용을 지급할 필요가 없기 때문에 리스크가 없다.

둘째, 판매 수익 증가에 있다. 네트워크 비즈니스는 인적 네트워크와 인터넷 네트워크를 통해 소비자 직접 유통 방식을 차지하는 만큼 중간 단계 비용이 들어가지 않는다. 결론적으로 중간상이나 광고, 프로모션에 들어가던 비용으로 이익 분배를 해도 기업은 더 많은 이윤을 창출할 수 있다는 뜻이다.

셋째, 충성고객 유치에 있다. 네트워크 비즈니스를 통해 유치한 고객들은 단순 소비자가 아니라 애용하는 상품을 다른 사람에게도 전달 할 수 있기 때문이다. 따라서 네트워크 비즈니스는 기업으로서는 장기적인 고객 유지에 가장 효과적인 판매 방식인 것이다.

넷째, 무제한 사이버 공간 활용이 가능하기 때문이다. 네트워크 비즈니스는 오프라인에서도 이루어지지만 온라인이 보급되면서 지역 제한 없이 어디서든 충성 고객을 만들기가 가능하기 때문이다. 또 이런 온라인공간을 통해 물리적 상품 이상의 고급 정보를 전하면서 기업의 인지도를 높이고 더 많은 사업자를 쉽게 모집할 수 있다.

다섯째, 고객과 회사의 윈윈에 있다. 소비자 입장에서 좋은 품질의 상품은 만족감을 안겨준다. 게다가 이득까지 얻을 수 있다면 금상첨화이다. 또 회사를 통해 상세한 소비정보를 얻을 수 있고 회사는 좀더 고품질 상품을 개발하고 공급에만 최선을 다하면 된다. 즉 소비자, 기업, 서비스 제공자들 모두 윈윈(win-win)하는 합리적인 구도를 만들 수 있다.

여섯째, 안정적인 현금 흐름을 가져다준다. 네트워크마케팅은 현금을 선금으로 받는 비즈니스인 만큼 이를 이용하면 다른 어떤 기업보다도 탁월한 현금 흐름을 갖게 된다.

전 세계 수많은 성공자는 이미 네트워크마케팅의 비전을 알고 있다. 대표적으로 세계적인 사업가 빌 게이츠는 "만약 당신이 소프트웨어 사업을 하지 않았고 새로운 사업에 도전한다면 어떤 분야에 관심을 두겠느냐?"고 묻자, 그는 "예전에 CNN 인터뷰에서 말한 것처럼 나는 네트워크 마케팅을 하겠다."고 답했다. 또한 그는 "다가올 10년의 변화가 지난 50년의 변화보다 클 것이다. 인터넷 혁명이 시작되면서 대기업의 절반은 사라질 것이다."라는 충격적인 말을 했다.

또한 삼성전자의 이건희 회장은 "글로벌 일류기업들이 무너지고 있다"며 "앞으로 10년 이내에 삼성을 대표하는 사업과 제품은 대부분 사라질 것"이라고 위기의식을 강조했다. 이는 최근 급변하는 정보기술(IT) 업계의 변화에 대해 삼성전자가 좀 더 발 빠르게 대응해야 한다는 강력한 비전을 제시한 것이다. 특히 지금의 대표 제품들이 사라질 것이니 모든 것을 새로 시작해야 한다고 밝힌 점은 미래 삼성전자의 혁신과 변화 속도가 빨라질 것을 시사해준다.

그리고 이건희 회장은 "10년 후를 생각하면 잠이 안 온다. 바야흐로 무점포 시대가 오고 있다"고 말한 바 있다. 한국 최고의 부자가 미래를 바라보는 시각은 이처럼 충격적이다.

한편, 95%는 평범한 사람이며 5%는 앞서간 사람이다. 85%에는 슈퍼아저씨, 세탁소 아저씨, 친구, 가족, 회사 동료 등 수없이 많다. 그럼 앞서가는 5%는 "내가 컴퓨터 사업을 하지 않았다면 네트워크 사업을 했을 것이다"라고 말한 빌 게이츠, 빌 클린턴 대통령, 앨빈 토플러, 존 나이스비트, 이영권 박사, 이창우 박사, 엄길청 교수, 정균승 교수, 김태수 교수 등등이다.

저기 5%에 있는 사람들이 간다고 하면 무조건 가는 것이다. 평범한 주변의 95%에 있는 사람들에게 네트워크마케팅이 어떻다고 말해봐야 그 사람들은 아무 생각 없이 그런 것 하면 큰일 난다고 말린다. 이들은 과연 다가오는 미래에 대해서 충분히 고민하고 연구하는 사람들인가? 절대로 다른 이들의 잣대로 인생을 선택하지 말고 본인 스스로 알에서 깨어 나와야 한다. 또 충분히 검토하고 알아봐야 한다. 누구에게 끌려다는 것이 아닌, 스스로가 결정해야 한다.

네트워크마케팅, 제대로 한 번 알아보자

제품 재구매율, 사업성공의 핵심 포인트
네트워크마케팅의 본질은 '교육사업'이다
영업보다는 '시스템' 구축, 99%의 성공비결
네트워크마케팅의 역사를 보면 미래가 보인다
불법 피라미드도 꼭 구분할 줄 알아야 한다
네트워크마케팅 패러다임의 변화

Part 01

제품 재구매율,
사업성공의 핵심 포인트

네트워크마케팅을 활용해 상품을 유통하는 회사는 당연히 경쟁력 있는 우수 제품을 주력상품으로 판매해야 한다. 고객이 써보고 좋다는 제품이어야 다른 이들에게 소개하고 싶다는 생각이 들기 때문이다. 상품을 구매해서 사용한 후 다시 구매하게 되는 반복적인 재구매가 가능한 상품인 소비재 상품이야 한다. 또한 상품이 특정한 사람에게 필요해서는 안 되고 누구나 사용하는 대중적인 상품이어야 한다. 또 무엇보다 그 회사만의 독특한 제품력이 있어야 한다.

이처럼 네트워크마케팅 회사 제품이 자가소비를 통한 반복구매가 가능한 제품 경쟁력을 갖추어야 사업이 지속해서 성장할 수 있다. 그렇기에 다양한 제품군을 확보한 회사를 선택하는 것이 유리하다. 이미 검증된 오프라인 기업들과 제휴하고 있으면서 경쟁력을 갖춘 여러 제품을 온라인 쇼핑몰에 올려놓아야 회원들이 자유롭게 쇼핑하며 캐시백을 받을 수 있기 때문이다.

이처럼 제품 경쟁력에 따른 '재구매율'은 네트워크마케팅 사업에서 아무리 강조해도 지나치지 않는 매우 중요한 핵심 포인트이다. 특히 네트워크마케팅 회사는 주로 생활필수품을 취급하기 때문에 사업의 특성상 자신이 구축한 인적 네트워크망을 통해 지속해서 제품 이동이 발생해야 한다. 이게 발생하려면 제품의 품질이 뛰어나 반복구매가 꾸준히 일어나야 한다. 만일 시장에 유사 제품이 많이 나와 제품 경쟁력이 떨어지면 당연히 그 회사 제품을 살 이유가 없기에 아무리 열심히 노력해도 성공 확률은 낮아지기 때문이기도 하다.

결국 네트워크 비즈니스는 소비자 그룹을 구축하는 사업이기에 제품의 우수성을 자신이 먼저 느끼고 성장 가능성과 함께 비전을 공유하는 것이 핵심이다. 그렇기에 회사를 선택하는 첫 단계는 먼저 제품이 믿을 수 있고 좋은 상품인지를 점검하는 것이다.

어떤 이들은 단순히 마케팅 플랜과 제품을 충분히 검증해보지도 않고 주위 사람들에게 구매와 사업을 권유하기도 한다. 그러나 남을 이용하려는 마음으로는 절대 소비자 네트워크를 만들 수 없다. 단기간에는 가능했다고 하지만 오래 못 가고 금방 무너진다.

결국 가까운 지인에게 적극적으로 소개하고 싶은 제품이어야만 인간관계를 훼손하지 않는다. 꼼꼼히 따져보았을 때 탁월한 제품이어야 회사를 신뢰할 수 있고, 주위 사람들에게도 당당하게 전달할 수 있다. 자기 자신이 먼저 품질 대비 가치에 대해 확신할 수 있어야 남에게도 권할 수 있는 것은 당연하다. 만일 제품의 우수성을 느끼지 못하면 네트워크 비즈니스는 할 수가 없다. 따라서 본격적으로 사업을 하고 싶다면 가급적 빨리 많은 제품을 사용해봐서 제품력을 검증해야 한다.

당연히 제품 경쟁력, 소비자 만족도 1등일 때만 구전이 지속하기 때문이다. 그렇기에 더 이상 최고라고 느끼지 못하면 소개와 구전은 멈추고 또 다른 최고제품을 찾아서 고객은 움직인다. 소비자 구전이 전부인 네트워크마케팅 비즈니스에서 구전이 멈춘다면 비즈니스 생명은 끝난다. 애용자가 늘어나지 않고 성장은 멈추기 때문이다. 굳이 네트워크마케팅이 아니더라도 수많은 회사의 역사가 이를 증명한다. 그래서 제품 경쟁력과 소비자 만족도에서 1등인지는 구전 비즈니스의 지속성 면에서 가장 중요하다.

네트워크마케팅은 1등 제품을 기반으로 구전을 통해 애용자라는 자산을 만들고 쌓아가는 비즈니스이다. 또 그 애용자를 만드는 구전 노력에 대해 지속적인 보상을 받는다. 결국 회사를 선택할 때 '반복되는 소비로 수입이 지속한다'는 점에 기준이 되어야 한다.

특히, 네트워크마케팅에서 제품은 합법적인 네트워크마케팅 회사와 불법적인 피라미드 조직을 구별하는 중요한 기준이 된다. 또한 제품은 실제로 돈을 벌고 믿을 수 있는 장기적인 지렛대 효과의 인세 소득 기회를 얻을 수 있는 핵심이기에 회사 선택만큼 중요하다. 실제로 훌륭한 제품을 기본으로 하지 않는다면 사업에서 성공하기는 거의 불가능하다. 아무리 보상플랜이 좋을지라도 훌륭한 제품이 받쳐주지 않으면 창고에 제품이 쌓이고 곧 그 사업은 실패한다.

결국 제품이 수입원이 되는 원리는 먼저 새로운 사업자(회원)가 초기 주문을 하면서 매출이 일어나면 그에 따른 커미션이 발생한다. 이 커미션을 지속시키기 위해 기존 사업자들은 새로운 사업자들을 열정적으로 후원한다. 또 후원하는 사업자들의 재구매를 통해서 매출이 일어나고 그에 따른 커미션이 발생한다. 이러한 과정이 반복되는 사이클이 이어지면 당신은 안정적인 인세 소득을 올릴 수 있다. 뛰어난 제품력이 받쳐줄 경우 이 과정은 당연히 누구에게나 실현할 수 있다. 결국 사업에서 성공률을 높이는 중요한 것 중 하나가 바로 '제품'이다. 제품을 구매하는 소비자가 떠나가면 여러분이 믿을 수 있는 장기적인 인세 소득도 사라져버리고 말기 때문이다.

그런 의미에서 지속적인 신제품 개발, 또한 아주 독창적인 제품을 출시할 수 있는 기획력은 오랫동안 경쟁에서 뒤처지지 않고 유통업계의 선두자리를 지키는 데 필수적인 요소이다. 그렇기에 회사가 계속 뛰어난 품질의 제품을 개발할 수 있는 능력이 있는지 주목해야 한다. 이 부분이 충족되어야 당신이 지속적이고 안정적인 인세 소득을 올릴 수 있다.

무엇보다 가장 중요한 것은 네트워크 마케팅 회사의 제품은 반드시 소비재여야 한다는 것이다. 소비재는 소비 기간이 길지 않다. 당신에게 정기적으로 주문을 하는 고정 고객은 제품을 다 사용한 뒤 재주문을 하는데, 그 기간이 내구재에 비해 매우 짧다. 그래서 당신은 인세 개념의 소득을 얻거나 내구재에 비해 훨씬 쉽다. 이처럼 제품이 소비재여야 한다는 조건은 여러분의 사업을 빠르고 쉽게 확장할 핵심열쇠이다. 사람들이 일상생활에서 매일 소비하는 소모품, 많은 사람이 편리하게 사용하는 생활용품, 모든 사람이 사용할 수밖에 없는 생필품 등은 유통망을 안정적으로 오래 유지 및 증가시켜 준다.

또한 제품력이 뛰어나 재구매가 잘 일어나야 한다. 네트워크마케팅 사업의 생명은 제품력에 있으며 재구매는 회사나 사업자가 오래 지속할 수 있는 핵심비결이다. 무엇보다 네트워크마케팅 사업은 철저히 입소문 마케팅으로 제품을 유통하기에 제품력이 없으면 아예 사업을 생각하지 않는 것이 좋다.

당연히 탁월한 제품력은 자연스럽게 소비자의 재구매를 끌어낸다. 소비자에게 정확한 제품정보를 전달해 소비자가 제품의 매력을 정확히 이해하면 당연히 재구매가 일어난다. 이러한 제품을 갖추고 또한 지속해서 출시하는 회사를 선택해야 한다.

또한 많은 사람이 제품을 꾸준히 소비하고 제품정보를 지속해서 공유해야 한다. 당신의 그룹에 조금씩 지속해서 소비하는 많은 사람이 있으면, 당신은 지렛대 효과로 얻은 인세 개념의 소득을 올릴 수 있다. 네트워크마케팅 사업에서 수입을 올리려면 매월 제품을 구매하는 마니아 소비자는 꼭 있어야 한다. 또 이들 가운데 매월 제품을 구매하는 다른 고객을 추천하거나 리크루팅(회원모집) 혹은 후원하는 사업자가 일부분 있어야 한다. 그러나 안타깝게도 많은 네트워크마케팅 회사가 제품보다 보상을 강조하며 재구매에 대해서는 언급을 하지 않는 경우도 꽤 많다. 혹시 이들이 제품이 유통될 때 소비에 발생한다는 네트워크마케팅의 본질을 악용해 초기 가입 시 한 번에 큰 금액을 결제하게 한 뒤 또 다른 사람을 리크루팅해서 가입 시 큰 금액을 결제하게 한다면 당장 그만둬야 한다. 이런 악덕 네트워크마케팅 회사와 사업자는 항상 이렇게 강조하곤 한다. "당신은 한 번만 사면됩니다. 유지 볼륨은 필요 없습니다." 이를 주의해야 한다.

또한 취급하는 제품이 시대적 트렌드에 맞아야 한다. 예를 들어 요즘 뜨고 있는 이슈 중 하나인 노령화와 베이비붐 세대에게 걸맞은 건강과 관련된 제품, 모두가 질병 없이 오래 살고 싶은 욕구를 충족시키는 바이오 제품 등이 유리한 트렌드 제품이다. 현대의 트렌드에 부합하는 아이템을 개발하는 회사와 함께하면 당신이 만든 유통망은 하루가 다르게 성장하고 사업은 날개를 달고 성공에 다다를 것이다.

Part 02

네트워크마케팅의 본질은
'교육사업'이다

네트워크마케팅은 본질적으로 판매 사업이 아니라 '교육사업'이다. 보통 이 사업을 "정보를 전달하는 사업이다" "소개사업이다" "초대하는 사업이 다"라고 생각할 수도 있다. 그러나 네트워크마케팅은 처음부터 끝까지 '교 육으로 시작해서 교육으로 끝난다' 해도 과언이 아니다. 따라서 훌륭한 교 육 시스템을 얼마나 잘 갖추고 있느냐가 회사와 사업자의 성공 여부를 가늠 하는 중요한 관건이 된다. 반복적인 교육 없이는 조직의 성장은 물론 사업 에서 성공도 어렵다.

"교육은 이 세상을 변화시키고자 할 때 사용할 수 있는 가장 강력한 무기 이다."라는 말이 있다. 세계적인 베스트셀러 '부자 아빠 가난한 아빠'의 저 자 로버트 기요사키도 잘못된 교육이 불황의 원인이라고 했을 정도다. 이처 럼 교육은 인간의 삶에 큰 영향을 미친다. 기요사키에 의하면 현재 제도권 교육의 가장 큰 문제는 금융 교육의 가치를 지나치게 무시한 결과라고 한다. 우리 현실을 보면 수많은 대학생이 엄청난 학자금 대출로 졸업 직후 빚쟁이 로 전락하곤 한다. 과연 졸업 후 돈을 투자한 만큼 가치 있는 삶을 살고 있 는가? 물론 아니다. 이런 상황에서 로버트 기요사키는 학교 시스템이 얼마 나 제대로 된 금융 교육으로 우리의 미래를 지켜주고 있는지 되물으면서 금 융위기와 중산층의 파산, 국가 부채 등 여러 사태에서 금융 교육의 부재가 원인이라고 지적한다. 교육은 우리 삶의 수준을 크게 좌우할 만큼 정말 중요하다.

지금은 정보화 시대이다. 정보를 가지고 당신은 무엇을 창출할 수 있는가? 외부로부터 새로운 정보를 투입해서 종전과는 다른 지식을 생산해야 한다. 새롭게 형성된 지식체계 속에서 이제 당신은 누군가에게 정보를 제공할 수 있는 입장으로 바뀐다. 그 과정에서 그 정보가 가진 경제적 가치만큼 당신은 '정보생산자'로서의 이익을 맘껏 누리게 된다. 이게 21세기 경제가 순환하면서 어떻게 부가가치를 창출하는지 보여주는 단면이다. 그래서 얼마나 가치 있는 정보와 지식을 생산하느냐에 따라 21세기 개인의 부의 크기도 당연히 달라질 것이다.

결국 21세기 네트워크마케팅은 다른 사람들이 가진 정보와는 차별화된 정보를 당신이 속한 그룹 내의 교육 시스템을 통해 체계적으로 생산하고 유통하는 것이다.

한마디로 네트워크마케팅 사업은 정보를 생산해서 알려주는 사업이다. 제대로 알리기 위해서는 '교육'이 필요하다. 분명 네트워크 비즈니스는 '교육사업'이다. 이 점을 완벽히 이해하고 활용해야 비즈니스에서 성공할 수 있다. 단순히 판매 사업이던 20세기의 네트워크마케팅과는 달리 교육사업인 21세기 네트워크마케팅에 대해 충분히 숙지하고 이를 바탕으로 관련 정보와 지식을 다른 사람들에게 효과적으로 전달함으로써 정보 제공을 통한 소득 창출을 꾀해야 한다. 지금 당신이 하는 비즈니스의 본질이 무엇인지 정확히 알지 못하고 사업에 임하면 좋은 성과를 얻을 수 없다.

그러므로 당신이 누군가에게 사업에 대한 정보를 전달하기 위해서는 많은 공력을 들여야 한다. 당신 소속의 그룹 교육 시스템을 통해 배운 지식을 총동원해서 제대로 된 정보를 전해야 한다. 물론 신규 사업자를 초대할 때는 네트워크마케팅 사업에 대해 너무 구체적으로 얘기하지 말고 호기심을 가질 수 있을 만큼만 얘기해야 한다. 사업이나 제품에 대해 좀 더 알아보고 싶으면 건강세미나 미팅에 참석해 좀 더 알아보라고 권유하는 게 가장 좋다. 이렇게 당신이 초대한 미팅에 참석해 비전을 알게 되고 당신과 같이 사업을 하게 되는 것이다.

제대로 된 교육을 처음부터 여러분 혼자 힘으로 하기는 만만치 않다. 처음부터 혼자서 다 하려고 하지 말고 스폰서의 후원을 활용하라. 당신의 스폰서 역시 여러분을 적극적으로 도와야만 성공할 수 있기에 미안해하지 말고 적극적으로 도움을 받으라. 이 비즈니스는 혼자 하는 게 아니라 당신이 비즈니스를 하는데 필요한 모든 것들을 가르쳐줄 수 있는 분과 함께 하는 사업이다. 그리고 그 지도를 통해서 당신도 누군가를 가르쳐주면서 함께 하는 것이다.

특히 회사에서 주최하는 세미나, 강연, 크고 작은 강좌 프로그램 등 각종 교육 기회를 최대한 활용해야 한다. 또 비즈니스 서적들을 가까운 곳에 놓아두고 읽으며 지식을 쌓아 자기계발을 해야 한다. 바빠서 책 읽을 시간이 없다고 말하는 사람은 성공에 한계가 있다. 당장 눈앞의 일들 때문에 자기계발을 게을리하면 노력에 비해 성과가 없거나 열심히 뛰어도 거절당하는 경험을 많이 하거나 조직이 성장하는 데 한계가 있을 수밖에 없다.

만일 당신이 크게 성공하고 평생 사업을 이루기 원한다면 시스템이 검증된 팀에서 사업해야 한다. 성공한 시스템을 찾는 것은 매우 중요한 일이다. 참고로 단기간에 커다란 성과를 낸 팀은 리스크가 있을 수 있다. 순간적인 모습만 보고 쉽게 판단해서는 안 된다. 빨리 끓는 냄비는 빨리 식는 법이다. 국내에서 단기간에 대단한 성과를 냈으나 합리적 시스템을 갖추지 못해 사라진 그룹이 무수히 많다는 점을 참조해야 한다. 한국도 사실 단기간에 이

룩한 경제성장 이면에 해결하지 못한 많은 문제를 안고 온 것과 같다.

물론 네트워크 마케팅 사업자 개인의 역량이 뛰어나서 단기간에 성과를 낼 수도 있다. 그러나 개인을 넘어 네트워크 전체가 복제 가능한 시스템으로 전개되어야 자산소득이 된다. 쉽지 않겠지만 네트워크 마케팅을 하려거든, 오랜 기간에 걸쳐 정직한 결과를 낸 명문 팀을 찾아야 안정적으로 성공할 수 있다. 이 사업에서는 팀의 힘이 중요하다.

이처럼 다른 사업과 달리 네트워크마케팅은 제품이나 회사를 판매한다는 개념보다는 소비자(사업자)를 교육한다는 전제 위에 세워진다. 네트워크마케팅은 예상 고객에게 사업의 필요성을 교육하는 사업이다. 가령 시간 활용, 수입원의 다각화, 수입의 극대화 등의 개념을 예상 고객에게 교육해야 한다. 즉, 네트워크를 잘 구축하려면 제품 판매를 위해 소비자를 모집하는 것보다는 사업적인 개념을 이해하는 사업가를 모집하는 것이 중요하다.

네트워크 마케팅은 '복제사업'이기에 교육이 매우 중요하다. 사업에 대한 올바른 비전을 제시하고 회원으로 가입해 자가소비를 통한 소득 창출이 어떻게 가능한지를 알려주는 것은 절대 대충해서 되는 것이 아니다. 현재 업계에서 선두를 달리고 있는 회사들의 공통점은 매우 체계화된 교육 시스템을 구축하고 제대로 된 정보 제공을 통해 기하급수적인 정보 복제가 이루어지도록 힘쓰고 있다. 세계적으로 성공이 검증된 네트워크마케팅 회사는 인생을 바꿔주는 교육 시스템으로 사업자들을 지원한다. 그런데 실제로 훌륭한 교육 시스템을 갖춘 회사가 그리 많지 않다.

보통은 교육 시스템이라 해봤자 고작 권장도서 몇 권 추천하거나 제품 판매법을 알려주는 것으로 그치고 있다. 심지어 친구나 가족을 끌어오도록 교육하는 데만 초점을 두는 곳도 있다. 반면 훌륭한 교육 및 훈련 시스템을 갖춘 네트워크마케팅 회사는 다른 곳에서 받을 수 없는 최고의 비즈니스 훈련의 기회를 제공한다.

아래와 같이 당신의 삶을 더욱 풍요롭게 만들고 인생을 업그레이드시키는
명품교육을 한다.

정신적	성공에 대한 태도 / 두려움, 의심, 자신감 결여 극복 / 돈 관리 기술 투자기술 / 책임능력 / 목표설정
감성적	커뮤니케이션 기술 / 거절에 대한 두려움 극복
영 적	리더십 기술 / 사람 관리 능력
신체적	시간 관리 기술 / 체계화 / 건강과 미 추구 / 행동기법

이미 네트워크 비즈니스의 역사가 미국에서부터 60여 년 이상 되었기에
분명 세계적으로 검증된 사업 시스템과 지원 도구가 있다. 이러한 사업 시
스템에 잘 갖추어져 있는 회사인지를 알아보는 것이 중요하다. 당연히 역사
가 깊고 이미 성공자가 많이 배출된 회사에는 수많은 성공 경험이 축적되어
어떻게 할지에 대한 구체적이고 체계적인 사업 시스템이 분명 있다.

어떤 일을 시작할 때 자신감이 없거나 잘 못 해내는 이유는 우선 무엇을
해야 할지를 모르는 경우와 어떻게 해야 할지를 모를 때가 대부분이다. 무
엇을 어떻게 해야 할지 명확히 파악하고 있을 때 우리는 처음 해보는 일도
자신감을 느끼게 되고 제대로 해낼 수 있다. 이처럼 명품교육을 통해 전수
받은 성공이 입증된 시스템을 따라 사업을 전개하면 성공 확률을 비약적으
로 높일 수 있다.

이 업계의 빅 리더가 되려면 체계적인 리더십 프로그램을 통해 네트워크
내의 전체 구성원들이 미래 리더의 성품과 역량을 갖추도록 지속적인 교육
시스템을 개발해야 한다. 가령 시대적 추이와 세계 경제, 한국 경제, 인간관
계, 리더십, 자기계발 분야의 책을 읽고 충분히 자기 것으로 소화해낼 수 있

어야 빅 리더가 될 수 있다. 이 같은 교육시스템이 없으면 마케팅의 본질을 제대로 전달할 수 없을 뿐만 아니라 파트너들을 돈벌이를 위한 판매사원쯤으로 전락시킬 위험도 있다. 이는 당연히 사업 성공으로 이끌지 못한다.

무엇보다 정상적인 네트워크마케팅에서는 본질적으로 다운 라인이 돈을 벌어야 업 라인이 돈을 벌 수 있다. 예를 들어 한 달에 1억 원의 수입을 올리는 업 라인이 있으면 그 팀에 한 달에 각자 1천만 원, 500만 원, 100만 원을 버는 다운 라인이 대략 500~1,000명이 있다는 뜻이다. 네트워크마케팅은 자기 산하의 많은 이들이 성공하도록 도와야 자신도 성공할 수 있는 구조이다. 자신이 성공했다는 것은 그만큼 많은 사람의 성공을 도왔음을 뜻한다. 그래서 그 리더가 존경받고 인생의 멘토, 롤 모델이 되는 것이다.

아무리 네트워크마케팅 사업이 미래의 추세에 맞고 고품질제품을 유통해도 소비자들을 교육할 수 있는 체계적인 교육시스템이 없으면 사업 성장이 어렵다. 성공의 가장 빠른 방법은 이미 정상에 오른 사람의 시스템을 그대로 따라가는 것이다.

결국 네트워크마케팅에서 성공하기 위해서는 육성능력을 길러야 한다. 육성은 아무나 하는 것이 아니다. 먼저 본인의 삶의 원칙과 기준이 선행되어야 하며, 하부라인을 멘토링하고 지도할 수 있는 역량을 계발해야 한다. 또한 믿고 따를 수 있는 성과와 풍부한 실전경험을 갖춰야 한다. 상담스킬과 프레젠테이션 능력을 갖추고, 소통 능력은 기본이다. 그런데 체계화된 프로세스와 시스템을 구축해야 육성할 수 있다. 육성 시스템을 가동하려면 교육시스템과 매뉴얼은 필수다. 제대로 된 제품에 대한 전달은 소비자를 만들고, 후원은 조직을 만들며, 육성은 리더로 성장시킨다.

Part 03

영업보다는 '시스템' 구축,
99%의 성공비결

샘 월턴

누군가 아이템을 가지고 와서 투자하기를 원한다면 나는 단 1불도 투자할 생각이 없다. 그러나 아이템을 활용할 수 있는 시스템을 가지고 있다면 100만 불이라도 투자할 용의가 있다.

우리나라 최고의 부자인 이건희 회장은 시스템을 활용해 돈을 번다. 그의 직업은 사업가이다. 반면 일반인들은 보통 자신의 시간과 노동을 투자해 돈을 번다. 이들의 직업은 직장인 아니면 자영업자이다. 이 두 직업에는 어떤 차이가 있을까? 바로 시스템의 유, 무이다. 사업은 시스템이 핵심이다. 아무리 큰 자본을 쏟아부어도 그 사업에 시스템이 없다면 아무 소용없다. 네트워크마케팅은 곧 '시스템의 승리'를 보여주는 사업이다. 합리적인 소비를 통해 얻을 수 있는 수익 구조가 쉽고 안정적으로 정착되어 있다.

사람은 다음 세 부류가 있다.

첫 번째는 '뛰는 사람'이다. 이들은 열심히 일하고 기초를 닦아 시스템을 만든다. 모든 일이 시스템화되면 수익도 많아진다. 시스템은 마치 공식과 같아서 똑같은 숫자를 대입하면 동일한 답을 얻게 되기에 노력과 성실함에 비례한 결과물을 키울 수 있다. 예를 들어 세계적인 패스트푸드 업체인 맥도날드의 창업자가 첫 번째 종류의 뛰는 사람이다. 가맹점 수가 많아질수록 로열티 수입도 많아진다.

　두 번째는 뛰는 사람 위에서 '나는 사람'이다. 나는 사람은 시스템을 가장 효율적으로 이용하는 사람이다. 이들은 누군가 만들어 놓은 검증된 시스템을 돈을 지급하고 이용한다. 굳이 시스템을 만들기 위해 애쓰지 않는다. 또 시스템이 업그레이드되면 그에 따라 자신도 업그레이드 할 수 있어서 어느 정도의 노력이면 첫 번째 사람과 함께 성장할 수 있다. 맥도날드 가맹점 점주가 이에 해당한다.

　마지막으로 나는 사람 위에서 '붙어 가는 사람'이 있다. 이들은 뛸 필요도, 날갯짓할 필요도 전혀 없다. 그냥 나는 사람에게 붙어서 가면 된다. '나는 사람'은 시스템을 이용하기 위해 돈을 지급하지만 '붙어 가는 사람'은 시스템을 무료로 시간과 열정을 투자하면서 이용한다. 네트워크도 그중 하나이다. 예를 들어 '와이파이'는 일정 지역에서 누구나 무료로 이용할 수 있다. 와이파이 존에서 무료로 인터넷에 접속하고. 카카오톡 메시지를 보낸다. 무료로 애플리케이션을 다운 받아 할인 쿠폰까지 얻는다. 이들은 말 그대로 와이파이라는 시스템에 '붙어 가는 사람'이다.

　결국 돈을 힘들지 않고 쉽게 벌기 위해서는 '시스템'이 중요하다. 땀 흘리며 열심히 앞만 보고 걸어가는 사람, 자전거나 자동차를 타고 가는 사람, 마지막으로 비행기를 타고 가는 사람 중 어느 시스템을 이용하는 사람이 가장 멀리 빠르게 성공 목표에 도달할까? 당연히 비행기라는 최신 시스템을 활용해야 목표 지점에 가장 안정적으로 쉽고 빠르게 도달할 수 있음은 당연하다.

　베스트셀러 '부자 아빠와 가난한 아빠'의 저자 로버트 기요사키도 성공한 사업가가 되기 위해서는 3가지 방법이 있다고 한다.

　첫째, 성공한 스승을 찾아가 노하우를 전수 받은 후 직접 자신의 시스템을 만드는 방법이 있다. 그러나 자신의 성공시스템을 만들기 위해서는 수많은 시행착오와 시간과 비용이 필요하게 된다.

둘째, 시스템을 사는 방법이다. 이는 시험을 거쳐 입증된 사업시스템을 사는 것으로, 성공하려면 자기의 모든 방식을 버리고 회사에서 요구하는 대로만 하면 성공이 보장된다. 가령 음식 프랜차이즈는 음식 재료, 조리방법, 시설, 인테리어 등이 일정하게 시스템화되어 있기에 초보자도 할 수 있다. 또한 프랜차이즈의 성공률은 30~40% 정도로 매우 높으며 맥도날드의 경우 한때 97%, 지금도 80% 이상의 성공률을 자랑하고 있다. 그러나 가맹점을 하려면 최소 6천만 원에서 몇억 원까지 돈이 들고 맥도날드의 경우는 13억 정도가 소요된다고 하니 누구나 접근할 수 있는 것은 아니다. 또 입증되지 않은 프랜차이즈는 문제가 되기도 한다.

셋째는 기존 시스템의 일부가 되는 방법이다. 이것은 바로 네트워크마케팅의 시스템에 참여하는 것이다. 프랜차이즈를 뛰어넘는 최고의 모방시스템인 네트워크마케팅은 입증된 자동화된 사업기회를 투자 없이 갖게 되는 것으로, 성공의 크기에 제한이 없는 반면 리스크 없어 사업에 성공하지 못해도 잃을 것이 없다.

이 경우에도 두 번째와 마찬가지로 자신의 방법을 버리고 많은 세월과 시행착오를 거치고 수많은 성공자가 구축한 시스템대로 하는 것이 성공의 지름길이다. 결국 참여하는 사업에 모방할 정확한 시스템과 문화가 있느냐, 그대로 따라 모방하느냐가 성공을 좌우한다. 흔히 성공의 지름길은 성공한 사람을 따라 하는 것이라고 하는데 이는 옳은 말이다.

보통 네트워크마케팅의 성공자들은 다음과 같은 말을 한다. '성공의 99%는 시스템에서 결정된다.' '시스템을 따라 했더니 지금의 위치에 서게 되었다.', '내 생각보다는 시스템을 토대로 했을 때 훨씬 수월하게 사업을 할 수 있었다.', '시스템을 잘만 활용한다면 내가 가진 배경이나 조건의 한계는 무의미했다.' 이처럼 하나 같이 입을 모아 말한다. 성공하는 데 걸리는 시간에 있어서나 사업 규모에 있어서나, 시스템을 어떻게 이용하는가에 따라 속도와 크기가 달라진다. 마케팅 분야에 경력이 많거나 영업 분야의 경험이 많은 사람이어도 시스템을 활용하지 않고 자기 방식대로만 하면 성공하기 어렵거나 오랜 시간이 걸린다.

반면 이 분야에 경험이 전혀 없어도 시스템을 최대한 활용한 사람 중에 억대 연봉자의 대열에 오른 사례가 많다. 네트워크마케팅 시스템은 수많은 성공자의 성공 경험을 기초로 만들어진 검증된 방식이며, 기존의 다른 마케팅 이론과도 차이가 있다. 그래서 누구나 그 시스템을 따라 하면 가장 효율적인 방법으로 성공에 이를 수 있는 길이 보장되어 있다. 그래서 '복제'라는 단어를 쓴다. 시스템을 복제하기만 하면 누구나 성공할 수 있다고 하는 것이 바로 네트워크마케팅의 본질을 정의하는 가장 대표적인 표현이다.

그러므로 시스템을 통해 편히 갈 수 있는 길을 놔두고 굳이 가시밭길을 선택할 필요는 없다. 역사가 깊은 네트워크 마케팅 회사는 이미 70년 이상의 연구 및 검토 기간을 거치면서 시스템을 보완해 왔다. 네트워크 마케팅 산업 자체가 1940년부터 시작되어 약 70년간 지속적해서 보완 및 발전해 온 시스템적 사업인데 시스템을 믿지 않고 어찌 사업에 성공할 수 있을까?

사업을 하려고 마음먹고 올바른 회사를 선택했다면 시스템에 합류해 자신을 성장시키는 것이 최선의 방법이다. 사업 선배가 이미 탄탄하게 구축해 놓은 시스템을 그대로 따라가면 분명 원하는 목표에 오를 수 있다. 그 시스템은 숱한 시행착오와 실수를 걷어 내고 순수하게 성공 엑기스만 남겨 둔 것이다. 의심하는 마음으로 고집 피울 필요는 없다. 네트워크 마케팅 사업의 성공 시스템은 이미 수많은 사람을 통해 입증된 것이다. 그러므로 네트워크 마케팅 사업의 시스템을 믿어야 한다. 시스템 안에서 학습하고 느끼고 서로 돕고 이끌어주면서 상생하는 네트워커가 되어야 성공한다.

그래서 네트워크 사업은 성공 시스템이 복제를 거듭한다. 경험자들이 먼저 터득한 노하우들은 그 자체로 모든 사업자에게 도움이 된다. 난관을 극복하는 방법, 사업을 확장하는 법, 사람을 대하는 방법 등 종류는 무한하다. 열심히 배우려는 자세로 앞선 방법을 따라 하면서 실패를 줄일 수 있다.

그런데 시스템을 배울 때는 한 가지 명심할 점이 있다. 내가 배운 노하우를 혼자만 사용하는 것이 아니라 파트너와 함께 나눠야 한다. 또 스스로 구체적이고 체계적인 내용을 갖는 것도 필요하다. 제품과 마케팅, 리더십과 팀워크, 봉사와 서비스 정신, 경영능력 같은 전문적인 내용이 그것이다. 이 사업은 스스로 배우고, 배운 것을 행하는 모범을 보일 때, 비로소 누군가를 가르칠 수 있게 된다. 그렇게 하면 사업도 성장하고 자신도 업그레이드되어 '나'라는 1인 기업의 최고 성공자로 성장할 수 있다.

그런데 아직도 많은 사람이 시스템을 활용해서 돈을 벌지 않고 노동과 돈을 맞바꾸는 비전 없는 쳇바퀴를 돌리고 있다. 당장 작은 돈다발보다는 돈다발을 담고 있는 그릇인 '돈 버는 시스템'을 볼 줄 알아야 한다. 시스템이 없이 자신만의 시간과 노동으로 돈을 버는 자영업자의 경우는 어떨까?

안타깝게도 자영업자는 90%가 1년 안에 문을 닫는다. 5천만~2억 원을 투자한 경우 5년 이내 부도날 확률은 85%, 현상 유지 10%, 성공확률은 겨우 5%이다. 개인의 노력이 있다 해도 사업은 언제나 실패 가능성이 크다. 또 개인의 노력만으로는 한계가 있다.

우리가 해왔던 일들이 큰 부를 안겨주지 못했던 이유는 첫째 아이템의 실패였다. 최근 신문기사를 보면 퇴직자의 많은 수가 치킨집을 차린다고 한다. 주변을 보라, 얼마나 많은 치킨집이 들어섰다 망해 나갔는가를. 그래도 많은 퇴직자가 치킨집에 도전했다 실패하는 것은 철저하고 냉정하게 아이템을 평가해야 한다는 사업의 첫 번째 원칙을 무시했기 때문이다.

두 번째는 시스템의 부재다. 소규모의 영세업자들이 대기업을 이길 수 없는 가장 큰 이유는 시스템이 없기 때문이다. 크고 오래된 기업들은 모두 고유의 시스템을 가지며, 각각의 부서들도 이 시스템을 기초로 움직인다. 단순히 직원 수만 많은 것이 아니라 상품 개발, 판매, 유통, 반품까지 모든 기업 활동이 매뉴얼화 되어 이를 보고 배우는 것만으로도 업무가 가능해진다. 이제 개인 사업도 체계화된 시스템을 가져야 한다. 단순히 열정과 포부만으로는 몸집도 크고 시스템도 잘 정비된 기업을 이길 수 없다.

물론 이미 검증된 시스템을 사는 방법도 있다. 프랜차이즈 사업에 투자하는 것이 대표적인 예이다. 맥도널드나 KFC 또는 스타벅스같이 세계적으로 시스템이 검증된 프랜차이즈 점포를 운영하는 것으로, 자신이 직접 창업을 함으로써 오는 리스크를 줄일 수 있다는 점에서 오래전부터 각광을 받고 있다.

그러나 한계점은 일반인들은 꿈도 꿀 수 없는 거금의 자금을 투자해야 할 뿐만 아니라 상당한 경영 노하우를 갖고 있지 않으면 아무나 성공하기 어렵다. 그렇기에 누구나 함부로 시작할 수 없다.

이처럼 프랜차이즈와 같이 돈을 벌 수 있는 시스템을 갖고 있지 않다면 기존에 이미 시장에서 운영되고 있는 시스템과 제휴하는 방법이 있다. 네트워크마케팅과 같은 의미인 프로슈머 마케팅이 바로 시스템을 활용해 부자가 되는 방법이다. 당신이 회원으로 가입한 네트워크마케팅 회사와 파트너십 관계를 맺고 당신의 소비자 네트워크 시스템이 잘 운영될 수 있도록 기반을 다져나가면 일정한 기간 후부터 안정적인 수입이 발생하는 시스템이다. 이는 거액의 초기자본 없는 일반인들이 누구나 선택할 수 있는 손쉬운 부자 시스템 모델이다.

이처럼 네트워크 비즈니스는 검증된 시스템을 큰 자본을 들이지 않아도 무료로 활용해 돈을 벌 수 있다. 상위 사업자가 신규 사업자를 사업 파트너로서 성장시키는 탄탄한 교육 시스템은 물론, 상품의 판매와 관련된 다양한 업무 능력 또한 시스템을 통해 배울 수 있다.

미국에서 1940년에 시작된 네트워크마케팅 사업은 약 70년 동안 지속적해서 보완, 발전해온 시스템적 비즈니스다. 이 사업을 하려고 마음먹고 바른 회사를 선택했다면 시스템을 믿고 시스템에 합류해 자신을 갈고닦는 것이 성공을 위한 최선을 방법이다.

그러나 대다수가 실패하는 이유는 자신의 과거 경험과 능력만 믿고 사업의 시스템보다 자기만의 방식이 더 낫다는 착각에 빠지기 때문이다. 당연히 시스템에 합류하는 사람이 그렇지 않은 사람보다 성공 확률이 높다. 그래서 네트워커는 반드시 시스템에 합류해 학습하고 느끼고 서로 돕고 끌어주면서 상생해야 한다. 이때 시스템이란 그 회사가 사업자의 성공을 돕기 위해 오랫동안 개발해온 미팅, 홈파티, 랠리, 석세스 스쿨, 그룹 미팅, 신제품 설명회, 컨벤션 등을 말한다. 회사마다 네트워커가 시스템을 기초로 활동하도록 성공이 검증된 시스템을 제공한다. 그렇기에 흔히 네트워크 비즈니스 사업을 시스템의 사업이라고 부른다. 시스템이 있기에 누구에게나 성공의 기회가 주어질 수 있다는 뜻이다. 만일 학력이나 성별, 나이, 경제적 능력의 조건과 제한이 있다면, 아마 네트워크 비즈니스는 지금 같은 높은 성장률을 이룰 수 없었을 것이다. 그러나 시스템이 있기에 누구에게나 시간을 투자해 성실히 임하면 성공의 문이 열려있다.

한편, 시스템으로 안정적인 이익을 얻으려면 모든 노력은 축적되고 복제되어야 한다. 직장이나 자영업은 한 번의 노력이 한 번의 결과만을 가져온다. 그러나 시스템에서는 한 번의 노력이 복제되어 훨씬 큰 결과를 만들어 낸다. 이달의 노력이 다음 달로 지속적해서 이어져 축적된다. 즉 사업체가 처음 1명에서 10명, 100명, 천 명, 1만 명, 10만 명으로 커지며, 또 이렇게 복제된 사업은 시스템 속에서 자율적으로 움직이며 수익을 낸다. 즉 2~5년의 노력이 옛날식 사업의 20~50년의 엄청난 결과를 가져다줄 수 있다. 이게 네트워크마케팅의 가장 큰 매력이다.

이 같은 사업 시스템은 마치 수학이나 과학의 정해진 공식을 익혀두기만 하면 어떠한 숫자를 대입해도 옳은 답이 나오는 것과 같은 이치이다. 공식을 알기 전까지는 도저히 풀 수 없던 문제가, 일단 공식을 익히고 그대로 대입하고 나면 간단히 풀리는 것이나 마찬가지다. 체계적인 시스템을 갖춘 회사를 선택하여 성공자들의 시스템을 100% 활용한다면 누구나 성공자의 반열에 오르게 된다.

네트워크마케팅은 전체 회원들의 매출에 따라 수입이 결정되기에 소비 자체가 꾸준히 이어지지 않으면 소비자 네트워크 역시 지지부진하게 된다. 따라서 프로슈머 마케팅은 개발도상국이나 후진국에서는 활성화되기가 근본적으로 어렵다. 충분한 구매력이 뒷받침되지 않기 때문이다. 그래서 지금 단계에서 프로슈머 마케팅이 뿌리를 내릴 수 있는 국가는 전 세계적으로 보더라도 몇 개 되지 않다. 그러나 바로 이런 이유로 프로슈머 마케팅은 장차 우리가 중국을 비롯한 수많은 나라에 소비자 네트워크 시스템을 수출할 수 있는 매우 미래가 유망한 비즈니스이다.

결과 = 아이템(5%) + 시스템(95%)

어떤 아이템을 가졌는가도 중요하지만 그것을 운용해 갈 수 있는 자질과 환경 즉, 시스템을 갖추고 있느냐 하는 것이 훨씬 중요하다는 방증이다.

Part 04

네트워크마케팅의
역사를 보면 미래가 보인다

세계 최초로 네트워크 마케팅을 시작한 회사는 미국의 뉴트리라이트이다. 이 회사는 1934년에 '캘리포니아 비타민'으로 창업했는데, 1939년에 회사명을 바꾸면서 네트워크 마케팅의 원조가 된 판매 방식을 채택했다.

그로부터 20년 후인 1960년경에 네트워크 마케팅 시스템을 채택한 회사는 200개로 늘어났다. 불모지였던 상황에서 20년 만에 엄청난 비율로 증가했다. 네트워크마케팅은 현재 미국과 경제 상황이 비슷한 캐나다와 유럽 각국, 그리고 개발도상국을 탈피한 일본 및 아시아 여러 나라 등 전 세계 50개 나라 이상에서 큰 인기를 끌고 있다.

네트워크마케팅은 미국에서 1959년에 처음 출발했는데 당시엔 불법으로 고발되어 미국 연방 통상위원회에서 재판을 받은 결과 "가장 효과적이고 윤리적인 마케팅"이라는 판결을 받았다.

그런데 놀랍게도 프랜차이즈의 원조 맥도날드도 사업 초기에 고발당했다. 오랜 재판 끝에 '프랜차이즈'라는 새로운 사업 방식으로 법으로 인정받았다. 뭐든 새로운 것이 나타나면 기존의 기득권 세력들이 연합해 법적, 도덕적, 물리적 방법을 총동원해 공격한다. 이는 중세 시대에서 시민 사회로 넘어올 때, 많은 이들이 피를 흘린 것과 지금의 민주화를 이루기 위해 큰 노력의 대가를 지급한 것과 비슷하다.

네트워크마케팅이 시작된 모든 나라에서 이 사업은 하나 같이 맥도날드 같은 과정을 거쳤다. 기존 업체들이 네트워크마케팅 회사를 고발하고, 법정에서 네트워크 사업의 합법성을 인정받는 과정을 거쳐 왔다. 결국 네트워크마케팅은 우리 의견과는 무관하게 시대적인 트랜드이다.

미국에서는 정통 네트워크마케팅을 추구하는 A사의 회장이 미국 전체 상공회의소 회장까지 역임했다. 이는 전 세계의 경제를 선도하는 미국에서 정통 네트워크마케팅의 합법성과 경제적 입지를 분명히 인정한다는 것이다. 또 이 사업 거스를 수 없는 사회적 흐름임을 보여준다.

10여 년 전 우리나라 방송에서 네트워크마케팅을 무조건 불법 피라미드로 매도할 때, 세계 최고의 석학들과 각 분야 리더들은 정작 네트워크마케팅을 극찬하는 대조적인 모습을 보였다. 빌 게이츠나 앨빈 토플러의 말이 맞겠는가? 옆집 아저씨의 말이 맞겠는가? 물론 인터넷에 안티 네트워크마케팅 사이트가 있다. 이에 많은 이견이 있을 수 있다. 그러나 이미 네트워크마케팅은 우리 주변에 정착하기 시작했다. 그만큼 시장이 커졌다는 방증이다.

그러나 네트워크마케팅의 본질을 한 번에 이해하기는 힘들다. 지극히 상식적인 설명임에도 지금까지 학습해온 개념과 많이 다르기 때문이다. 제품을 파는 것이 아니라 제품을 바꿔 쓰는 것만으로 부자가 된다는 것이 한 번에 믿어진다는 것도 이상할 것이다. 제품을 바꿔 쓰는 것만으로 시간과 돈으로부터 자유를 얻는 자신가가 된다는 것이 당신은 믿어지는가?

네트워크 마케팅이 새로운 유통방식으로 부상하고 있음에도 아직 의혹과 경멸의 눈길을 보내고 있는 사람들이 많다. 이는 한국 최초로 네트워크 마케팅이 도입되던 1990년대 초에 함께 출현한 피라미드 판매방식이 사회적인 큰 물의를 빚고 일반인들에게 네트워크 마케팅과 피라미드판매가 같은 것으로 오해를 받았기 때문이다.

또 일부 회사들이 네트워크 마케팅을 표방하지만, 제대로 된 교육 시스템을 갖추지 않고서 사업자들을 단순 판매사원으로 내보내 무리한 실적을 강요해서 필연적으로 주변 친지나 친구들에게 경제적 부담을 떠안겼다. 이런 악순환이 반복되어 네트워크 마케팅에 대한 이미지가 매우 부정적으로 변한 것이다.

그러나 세상엔 늘 선과 악, 또 진짜와 가짜가 공존한다. 조금만 더 관심을 두고 이해하면 자가소비와 반복구매가 주가 되는 네트워크 마케팅과 그렇지 않은 유사 마케팅은 쉽게 구분할 수 있다. 네트워크마케팅과 피라미드판매는 조금만 관심 있게 보면 한 눈에 쉽게 구별이 된다. 피라미드 판매에서 수입의 원천은 사람을 끌어들이는 것으로 시작된다. 따라서 피라미드 판매 조직은 단기간에 큰돈을 벌 수 있다는 감언이설로 사람들을 끌어들여 가입비나 교육비 등 명목의 돈을 요구한다.

또 품질이 확인되지 않은 고가 상품을 판매원들에게 떠맡겨서 판매원들은 상품을 팔기보다는 다른 판매원을 끌어들여 자신이 가입비나 교육비 등의 명목으로 회사에 지급한 금액을 만회하려고 애쓴다. 또 일단 판매한 상품은 반품 규정을 매우 까다롭게 설정하거나 교묘한 방법으로 반품 자체가 불가능하도록 만들었다.

더 심각한 문제는 일종의 사기조직이라고 할 수 있는 피라미드 판매조직은 불법 피라미드판매를 하면서 합법적인 네트워크마케팅 회사로 위장하는 경우가 대부분이다. 지능적으로 위장한 피라미드 판매조직에 대해 치밀하게 비교 분석하지 않는 이상 대다수 소비자는 네트워크 마케팅과 피라미드를 혼동하기 쉽다.

그래서 건실한 네트워크 마케팅 회사까지도 일반인들로부터 피라미드 회사로 오해를 받는다. 이는 마치 소프트웨어 시장에서 고객들 반응이 좋은 정품이 출시되면 얼마 안 지나 불법 복제품들이 대량으로 나돌아 시장을 혼탁하게 만드는 것과 비슷하다.

그러나 유통시장에서 피라미드판매가 합법적이고 정상적인 네트워크 마케팅까지 몰아내게 해서는 안 된다. 선진국에서 이미 검증된 세계적으로 건전한 유통 문화를 정착시키기 위해서도 피라미드 같은 불법적이고 비윤리적인 조직의 발을 붙이지 못하도록 정부의 정책도 한층 강화되어 피해자들을 사전에 방지하고, 더불어 소비자들의 깨어있는 의식이 절실한 때이다.

한편, 한국 네트워크 마케팅 산업의 발전과정을 살펴보면 다음과 같다.

1 도입기(1980~1991)

한국 네트워크마케팅 산업은 1980년대 중반 미국에서 불법 피라미드 업체가 도입되면서 시작되었다. 에스프리, 스마일 등이 상륙하였으며, 또 국내에선 코리안 헬스라이프 등 다단계를 표방한 기업들이 빠르게 퍼지며 난립하기 시작했다.

1991년에 암웨이, 썬라이더 등 세계적인 네트워크마케팅 회사들이 영업을 시작했다. 이는 한국에 건전한 네트워크 산업이 도입된 출발점이 된다. 이때부터 네트워크마케팅과 피라미드가 내혼란에 빠지면서 피라미드에 대한 시비로 사회가 혼란스러웠다.

2 개발기(1992~1995)

정부는 재빠르게 1992년 7월 방문판매법을 제정했다. 그러나 이를 미처 실행에 옮기지 못하는 상황에서 피라미드에 대한 비판적인 언론의 시각은 커졌다. 네트워크마케팅과 피라미드에 대한 명확한 구분과 경계도 가리지 못하고 1993년 7월 암웨이를 비롯한 썬라이더, 재팬라이프의 한국 지사장과 간부 직원, 판매원들이 구속되어 사업 전반적으로 침체하였다.

이때 금융 피라미드에 연루된 학생의 자살소동이 벌어지면서 모든 다단계는 다 피라미드라는 등식 속에서 합법이냐, 불법이냐의 논란으로 사회는 들썩였다. 방문판매법 제정 후 공청회와 국회를 통과하는 데 3년이란 시간을 거쳐 1995년 7월 방문판매법을 시행했다.

3 도약기(1995~2001)

방문판매법 시행으로 비로소 네트워크 마케팅 사업이 합법적으로 법률적 기반을 마련했다. 마케팅 사업은 자유 소득을 창출할 수 있는 신선한 사업 기회로 보이면서 도약기를 맞이한다. 이후 소규모 영세 업체들이 우후죽순 등록해 1996년 다단계 업체가 100여 개로 늘어났다. 연간 1조 원 매출이 되는 도약의 단계에서 1997년~1998년 IMF 사태를 맞이했다.

특히 IMF 사태를 거쳐 소규모 영세 업체들이 등록, 휴업, 폐업 등 생성 소멸하는 가운데 소비자들의 피해가 늘었다. 또 기업의 휴폐업은 판매원들에게 큰 영향을 미쳤다.

소비자들의 피해 사례와 고발이 많아지며 사회 불안을 초래하자 1998년 2월 정부는 검, 경 합동 단속으로 피라미드의 대대적인 검거에 나섰다. 이에 '승민산업'을 포함해 판매원들이 107명이 구속된 사상 최대의 사건이 일어났다.

이후 업계가 조금씩 진정되면서 IMF 사태가 수습되는 분위기가 보이자 2000년엔 신생업체를 포함해 200여 개 업체로 늘어났다. 이로써 다단계 업계의 매출은 2조 원으로 확 뛰어올랐다.

다단계 붐으로 많은 신생업체가 등록했다. 그중 월드라이센스 업체는 범칙금을 판매상품으로 신생업체에 합류한다. 범칙금을 다단계 상품으로 취급해 왔던 월드 라이센스는 2001년 12월 대법원판결에서 유가증권 위반이라는 판결을 받았다. 이런 사태는 정부의 허가관청과 단속기관이 유기적 협력이 이루어지고 있지 않기에 발생하기도 한다.

4 성장기(2002~)

2002년에는 네트워크마케팅 산업이 외적인 면에서 확장을 나타냈다. 그러나 신생업체들의 운영체제뿐 아니라 사업자들의 마케팅 활용 방법이나 후원 활동 등에 있어서 내적인 빈약함이 있었다. 더구나 네트워크마케팅의 성행과 함께 주식 피라미드, 금융 피라미드, 신방문판매 등 다단계 보상 플랜을 변조, 표방한 위법, 불법 사례의 끝없는 발생으로 사회적 물의를 일으켰다.

네트워크마케팅 비즈니스도 이제 고도성장을 향해 달리고 있다. 다음 도표와 그래프는 한국 네트워크 마케팅 산업의 발전상황을 연도별로 표시한 내용이다.

(단위: 억원)

[한국 네트워크마케팅 산업의 현황]

95년	96년	97년	98년	99년	00년	01년
1610	7694	9195	4450	9146	2조 12	3조 8천 500

그래프를 찬찬히 살펴보자. 97년도 9195억 원 매출을 올리더니 98년도엔 IMF로 전년도 절반 수준 이하로 뚝 떨어졌다. 그런데 99년도에 다시 IMF를 극복하면서 IMF 전 수준으로 회복되었다. 그 후 2년 뒤에는 350%로 매출이 급신장하였다.

99년도에는 1조 원에도 못 미쳤는데 2년 후인 2001년도에는 4배 이상으로 급격히 성장할 것을 누가 예상이나 했을까? 2014년 기준 다단계판매업 매출은 약 4조5000억 원이다. 또한 공정거래위원회에 따르면 현재 다단계

판매시장 규모는 5조 1306억 원으로 지난 10년간 189.2%나 성장했다. 이 중 상위 10개사 매출액이 3조 6245억 원에 달한다.

상위 10개사는 한국암웨이, 애터미, 뉴스킨코리아, 유니시티코리아, 한국허벌라이프, 봄코리아, 시크릿다이렉트코리아, 에이씨앤코리아, 에이풀, 아프로존 등이다.

또한 네트워크 마케팅의 정부 지원도 절실한 때이다. 이처럼 네트워크 마케팅이 꾸준한 성장세를 이어가지만, 네트워크 산업에 대한 그릇된 사회적 인식으로 인해서 소외된 분야로 취급되는 것은 시대적으로 뒤떨어진 생각이다. 그렇기에 전 세계적으로 꿈틀대는 유통 흐름에 발맞춰 국가경쟁력을 키우기 위해서는 네트워크 마케팅에 대한 정부 육성 정책 마련이 시급하다.

Part 05

불법 피라미드도
꼭 구분할 줄 알아야 한다

이영권
교수

불법 피라미드와 정통네트워크마케팅기업을 구분하는 현명함이 필요하다.

정통 네트워크 사업의 기본은 품질 좋은 상품을 먼저 써보고 남에게도 권하는 바이럴 마케팅의 일종에 가깝다. 무작정 하위라인을 가입시켜 물건을 떠넘기는 것이 아니라, 내가 써본 제품 중에 만족한 제품을 자신 있게 타인에게 권함으로써 소비되는 유통마진을 가져오는 신개념의 사업인 것이다.

특히 네트워크 마케팅뿐만 아니라 다단계판매 방식이나 방문판매 방식이 함께 공존하다 보니 일반인들에게는 이들이 별 차이가 없는 것처럼 보인다. 그러나 네트워크마케팅은 유사한 방식의 다단계판매나 불법적인 피라미드 판매와는 확실히 구분된다. 그러나 네트워크마케팅과 다단계판매 그리고 피라미드판매를 구분하기는 그리 쉽지 않다. 대충 살펴보면 '그것이 그것'인 것처럼 보이기 때문이다. 그러나 이들은 확 다르다. 지식이 없으면 망한다는 말처럼 국민들이 올바른 지식을 갖춘다면 모든 사기꾼과 불법 영업을 하는 사업자들이 줄어들 것이다.

우선 회원에 가입 시 가입비를 요구하거나 물품 구매를 의무화하면 피라미드 판매일 가능성이 높다. 그런 제품의 대부분 고가품이고 반복구매가 어려운 내구성 소비재들이다. 따라서 일정 수준의 매출을 올리기 위해서는 새로운 회원을 지속해서 끌어들이지 않으면 안 된다. 결국 '사람 장사'로 갈 수밖에 없다. 과거 수많은 유사 다단계판매조직들이 이런 방식으로 지인들에게 피해를 주고 사회적인 물의를 일으켰다.

그런데 다단계판매는 말 그대로 '판매사업'이다. 다단계판매회사는 제품의 수 한정되어 있어서 일정 실적을 올리기 위해서는 팔아야만 한다. 단시간에 실적을 내고자 욕심을 부리면 무리수가 따르게 되는데 이게 그동안 우리 사회에서 다단계 판매를 피라미드판매와 동일시하여 부정적으로 바라보게 만든 결정적인 원인이다.

그러나 네트워크마케팅은 이들과 성격이 다르다. 네트워크마케팅이 다단계판매와 다른 것은 결코 '판매사업'이 아니라 '교육사업'이다. 교육이란 소비자들이 회원에 가입하여 기존의 소비습관을 바꿔 '자가소비'와 '반복구매'를 알아서 스스로 하도록 정확한 정보를 '구전 광고'를 통해 전달하고 교육하는 것을 말한다.

이를 위해서 네트워크마케팅 회사는 소비자들이 더 이상 할인점이나 슈퍼마켓에 가지 않아도 필요한 다양한 제품을 네트워크 마케팅쇼핑몰을 통해 편리하게 살 수 있도록 품목들을 갖춰야 하고 반복적인 재구매가 이루어지도록 해야 한다. 특히 일상적으로 사용하는 다양한 생활필수품들이 갖춰지지 않으면 불편을 느낀 소비자들은 다시 가까운 할인점이나 타 온라인쇼핑몰로 이동할 것이 분명하기 때문이다.

그래서 생활필수품을 비롯해 최소한 수백 가지 이상의 반복 구매가 가능한 제품군이 온라인상에서 존재하지 않는다면, 제대로 물류 네트워크가 구축된 네트워크마케팅 회사가 아니다. 당연히 대형 할인점에서 하는 것과 똑같은 쇼핑이 온라인에서도 가능해야만 자가소비와 반복구매를 통한 네트워크 마케팅적인 소비를 할 수 있기 때문이다. 이는 다단계와 본질적으로 다르다. 현재 한국에는 21세기형 네트워크 마케팅 업체는 소수에 불과하다.

그런데 아직도 많은 사람이 네트워크마케팅과 피라미드가 명칭만 다를 뿐 둘 다 불법적인 유통 방식일 거라고 착각한다. 그러나 이제는 정통 네트워크마케팅과 불법업체에 대한 구분이 상식이 되어야만 한다. 이 땅에 글로벌 스탠더드에 걸맞은 수준으로 뿌리내려서 세계무대로 나가서 활약해야 하기 때문이다.

네트워크마케팅이 한국에 들어올 때 변형된 피라미드 방식으로 들어왔다. 1988년 서울올림픽이 열릴 무렵, 해외에서 다양한 문물이 한국으로 밀려들어 올 때 네트워크마케팅도 함께 들어왔다. 그러나 정상적인 모습이 아닌 불법 피라미드로 바뀌어 들어와서 많은 이들이 큰 손해를 보았다. 당시 뼈아픈 경험을 한 이들은 아직 네트워크마케팅도 똑같은 것으로 여긴다. 그러나 세계화 시대의 추세에 과거의 선입견으로 인해서 세계화 시대에 발맞춰 신유통을 모른다면 국내 경제는 세계무대에서 외면당할 것이다.

보통 선진국의 경우 국민소득이 약 1만 달러 수준에서 다단계판매가 건전하게 뿌리내려서 네트워크마케팅으로 발전한다. 한국에서는 그 씨앗이 봄에 뿌려진 것이 아니라 땅이 꽁꽁 얼어붙은 겨울에 시기를 잘못 만나 뿌려진 것과 같다고 볼 수 있다. 원래는 좋은 마케팅시스템인데 시기와 환경이 아직 성숙하지 않은 시점에 잘못 건너와서 환경에 적응하지 못하고 변종으로 변질한 형태로 잘못 뿌려진 것이다. 이러한 짝퉁을 명품인 줄 알고 먼저 경험한 사람들의 아픈 경험으로 얼룩진 것이 우리나라의 다단계판매와 네트워크마케팅의 얼룩진 역사인 것이 사실이다. 이렇게까지 적나라하게 사실을 드러내서 분석하는 이유는 이제는 당당히 양지로 나와서 잘못된 부분은 고쳐서 세계시장에서 국내 중소기업의 제품을 활발히 유통해서 국가경쟁력을 높이는 매력적인 도구로 사용하여 새로운 기회로 만들어야 하기 때문이다.

보통 생각하기로는 한국에 다단계판매가 도입되어야 할 시기는 90년대 초, 중반 정도다. 그때 제대로 된 씨가 뿌려졌어야 성숙과정을 거쳐 2000년대에 크게 성장하는데 너무 빠른 시기에 씨가 뿌려졌다. 그것도 약 10년이나 앞선 80년대 초에 씨앗이 잘못 뿌려졌다.

이처럼 네트워크마케팅의 잘못된 변종 씨앗이 빨리 뿌려지게 된 결정적인 원인이 된 역사적인 사실은 1981년에 결정된 '88서울올림픽' 유치가 솔직히 한몫했다. 하계 올림픽을 개최할 수 있는 나라의 국민소득은 얼마 정도 되어야 할까? 올림픽 역사상 한국과 같은 개발도상국에서 세계적인 잔치인 하계올림픽을 개최한 나라는 대한민국뿐이다. 올림픽을 유치할 1981년 당시 우리나라 국민소득 수준이 얼마였을까? 겨우 1,826달러에 불과했다. 한국에서 하계올림픽이 개최된다는 것은 당시에 전 세계를 깜짝 놀라게 했다. 당시 KOREA를 전혀 모르는 사람들이 부지기수였던 때이다.

이런 88올림픽 유치 붐을 타고 선진국의 새로운 산업들이 대거 한국 시장에 들어왔다. 할인마트를 포함한 새로운 유통들도 그때 선보였던 것이다. 그러나 할인마트를 포함해 새로운 유통이 제대로 도입되려면 그에 걸맞게 국민소득 수준이 뒤따라야 함은 당연하다. 하루 벌어 하루 먹고 사는 낮은 소득수준에서 할인마트유통은 전혀 의미 없다. 그런데 한국에서 올림픽이 개최된다고 하니 세계적인 유통업계에 아주 비상이 걸렸다. 당시 할인마트, TV 홈쇼핑, 방문판매, 다단계판매 등 각 업계에서 시장조사차 한국을 방문한 것이다.

막상 와서 들여다보니, 이런 유통산업이 정착할 기반이 전혀 아무것도 갖춰지지 않았다. 할인마트 사업이 되려면 적어도 마이카 시대는 되어야 한다.

그리고 대형 냉장고 등 가전제품이 대형화되어 있어야 함은 당연하다.

TV 홈쇼핑도 마찬가지였다. 당시 우리나라 TV 채널은 다섯 개였다. 겨우 다섯 개 채널을 가지고 TV 홈쇼핑은 말도 안 되었다. TV 또한 거의 흑백이었고, 올림픽 붐을 타고 막 컬러 TV로 교체되던 때였다. 결국 TV 홈쇼핑도 안 되는 것이었다. 또 카탈로그 판매도 핵심이 신용카드 무이자 할부인데, 당시 신용카드도 거의 없었던 때다.

방문판매 상품은 대부분 기능성 제품인데, 당시 한국의 상황은 기능성 제품을 소비할 수 있을 만큼의 소득수준이 되지 않았기에 유통업체들은 한국 시장 진출을 보류했다. 그런데 냉장고가 크지 않아도 되고, TV가 흑백이어도 무관하고, 마이카 시대가 아니어도 되는 것은 바로 다단계판매였다.

당시 일본, 미국 등에서 유학 생활을 했거나 현지 근무를 했던 이들 중에 다단계판매가 미래 유망사업이라고 판단한 이들이 있었다. 그들은 올림픽 이후부터 한국에도 다단계판매 사업이 활성화될 것이라는 생각에 다단계판매의 씨앗을 뿌렸다. 이런 비전으로 바르게 싹을 키워온 사람들도 일부 있었으나, 아직 성숙하지 않은 환경 때문에 그 씨앗이 원래 의도와는 달리 일부 '마음 밭'이 잘못된 사람들에 의해 왜곡되고 악용되는 피라미드 사기판매로 전락해버린 것이다. 아무리 좋은 것이라도 1%의 악덕 미꾸라지가 세상의 99%의 물을 흐리게 할 수도 있다.

필자가 분석하기로는 네트워크마케팅은 분명 양날의 칼이다. 진정한 전문가가 필요하다. 그렇기에 이 분야의 전문가 육성이 시급하다는 주장 역시도 이 사업을 무지함과 정상적인 범위를 넘어서 시작한다면 다수의 경제를 어렵게 하는 무기가 될 수도 있고, 잘 사용한다면 국내 비좁은 내수시장을 벗어나 해외 무대에서 국내 유수의 중소기업 제품을 활발히 유통해서 국가 경쟁력을 견인할 수 있는 경제성장의 놀라운 원천이 될 수 있기 때문이다.

그렇기에 확실히 전문성을 겸비하고 글로벌스탠더드에 걸맞은 눈높이를 갖춰야 한다.

유통, 마케팅, 트렌드, 비즈니스 등 각 분야의 유수 전문가들이 이 산업의 본질과 발전전략에 대해서 고민하고 개발해야 한다. 우리에게 쓸 만한 도구가 될 수 있다. 지금은 IT와 SNS 그리고 4차산업혁명이라는 시대적인 최적의 환경이 잘 깔린 최적의 타이밍이 도래했기 때문이다.

분명 다단계판매나 네트워크마케팅도 그에 걸맞은 경제 수준이 되어야 정착할 수 있다. 그런데 과거 그때 당시 경제 수준으로는 불가능한데 미리 들어온 것이다. 시기를 잘못 만난 것이다. 또 변종이 생기기 시작했다. 결국 섣불리 들어온 다단계판매 사업이 오늘날 유통발전에 큰 장애가 된 것이다. 아픈 과거지만 눈부신 발전을 위해서 제대로 분석하고 바라볼 필요가 있다. 그 폐해가 극에 달한 것이 1993년도였다. 다단계판매를 빙자한 불법 피라미드 사기판매업자 단속 결과, 검찰과 경찰에 단속된 불법업체가 2천여 개 이상이었다.

1993년도 '9시 뉴스' 등 굵직굵직한 시사 프로그램과 각종 언론 방송에서 '불법 다단계판매, 피라미드 사기판매'에 관한 특집을 다루었다. 당시 9시 뉴스만 켜면 (다단계=피라미드=사기판매), 불법감금, 그리고 결국에는 패가망신이라는 뉴스가 쏟아져 나왔고, 이는 국민들의 뇌리에 깊이 박혔다. 건전한 다단계판매의 씨앗이 뿌려져야 할 1993년도에 변종이 된 다단계판매의 잘못된 꽃이 피어버린 꼴이 된 것이다. 당시, 겉은 화려해 보여도 안으로 들어가 보면 사기판매였던 피라미드가 극성을 부렸다. 결국 피라미드를 집중적으로 단속하라는 당시 김영삼 대통령의 특명이 내렸을 정도였다.

90년대에 들어와야 할 다단계판매가 약 10여 년 앞당겨 들어오다 보니 척박한 땅을 만난 씨앗 꼴이 되었고 결국엔 말 그대로 잘못 변형된 변종으로 자랄 수밖에 없었다. 그래서 사기꾼들 손에 딱 걸려든 것이다. 항상 진품과 짝퉁은 공존한다. 먹잇감이 많은 분야일수록 항상 꾼들이 달려드는 것과 같다.

대한민국에는 대단한 문화가 하나 있다. 미국에는 합리주의 문화가 있다면, 우리나라에는 독특하게 '정문화'가 있다. 이 문화가 기막히게 맞아 들어가는 유통방식 중의 하나가 다단계판매였다. '일단 네가 하니까 나도 너만 믿고 한 번 해 볼게'라는 이런 정서가 결합하여 결국 불법적이고 조잡한 물건들이 유통되면서 피라미드로 완전히 악용된 것이다.

'자라 보고 놀란 가슴 솥뚜껑 보고도 놀란다'는 말이 있듯이 아직도 우리 국민들의 뇌리에는 93년도 당시 '피라미드로 인한 실종사건, 사기 사건' 등이 깊게 각인되어 있다. 그렇기에 가까운 지인들에게 "내가 네트워크마케팅 사업을 하는데 시간 좀 내줄래요?"라고 하면 십중팔구 바로 거부감을 나타내는 것이다. 우리에겐 이 아픈 역사가 있었기 때문이다. 그러나 아픈 역사와 과거의 실수로 매몰되면 안 된다. 세계화 시대에 국제무대에서 우리가 어떤 방향으로 가야 할지 전 세계흐름을 바라보며 글로벌스탠더드에 걸맞게 생각해야 한다. 곧 닥쳐올 세계화 시대의 급물살이 우리 삶과 경제에 미치는 영향은 상상 그 이상으로 엄청날 것이기 때문이다.

분명 과거의 역사가 어떠하든지 유통업계는 네트워크마케팅을 무시할 수는 없을 것이다. 거부한다고 해서 거부되는 것은 아니다. 4차산업혁명으로 인류의 일자리가 위협받는다고 우리가 거부한다고 시대를 거스른다는 것은 불가능한 일이기 때문이다. 시대를 거스를 수 없다면, 시대를 거슬러 주도해 나가야 최소한의 피해를 보지 않을 것이다. 직접판매는 세계화 시대에 하나의 거대한 물결로 우리에게 급속도로 밀려오고 있기 때문이다. 우리도 네트워크마케팅을 통해 당당히 세계시장으로 나아가야 한다. 왜 해외에서 밀려들어오는 회사의 제품을 이용해야 하는가? 우리 것을 이제는 세계로 내보내서 국가경쟁력을 향상하고 답이 안 나오는 내수시장의 비좁은 한계를 시원하게 극복해야 한다. 아픈 과거가 우리의 발목을 잡고 있지만 극복해야 한다. 한강의 기적을 일으킨 우리 민족은 모든 것을 극복할 수 있는 저력과 희망이 있다고 확신한다.

그동안 유통이 왜곡되고 잘못 전달되었다고 해서 분명 시대적인 흐름을 막을 수는 없다. 다시 반복하면 지금 이 물결이 우리 의지와 상관없이 밀려들고 있다는 뜻이다. 지금은 유통이 모든 산업을 장악하는 시대이다. 점점 유통의 중간절차가 사라지고 제조업체가 직접 유통까지 하는 비율이 늘고 있다. 소셜커머스의 급성장으로 봤을 때도 이미 우리는 온라인에서의 피 터지는 가격경쟁을 봐왔다. 이제는 제조사가 아니면 가격경쟁에서 경쟁력을 갖기 힘들다. 제조사든 유통사든 유통 자본이 대단한 힘을 발휘한다. 어떤 이유에서든 그 힘과 엄청난 기회를 놓치는 우를 범해서는 안 될 것이다. 우리의 미래가 달려진 일이기 때문이다.

분명히 구분해야 할 점은 불법 피라미드 방식은 피라미드 구조의 아래쪽에 있는 사람들이 위쪽으로 돈을 보내도 그 가치가 아래로 이동하지 않는 사기행각이다. 한마디로 말해 피라미드 상단에 있는 극소수의 사람만 돈을 벌고 아래쪽에 있는 대다수의 사람이 돈을 잃는 구조이다.

'다수를 희생시켜 극소수가 이득을 보는 것'이 바로 피라미드 방식이자 사기행각인 이유다. 이러한 게임에서는 결국 누군가가 연쇄 고리를 깨거나 새로운 참여자들을 모집하지 못하게 되며, 그럴 경우 아래쪽에 있는 대다수의 사람이 투자한 돈을 한 푼도 돌려받지 못하게 된다. 특히 우리 사회에는 몇 년 주기로 피라미드 판매가 극성을 부려왔다. 전에는 SMK와 JU가 큰 사회 문제가 됐었다. 이처럼 변형된 형태로 악순환이 계속되는 이유는 법적인 재정비와 전문성의 부재와 교육의 부족에서 온 결과이다.

회원 혹은 판매원 가입 시 가입비와 교육비 명목으로 돈을 요구하거나 과도한 선 구매를 의무화하거나 강제한다. 매달 회비를 내는 조건으로 하는 경우에는 사람을 가입하게 하는 것만으로 수입이 발생한다. 그렇기에 판매 실적보다 주로 신규 가입에 의존한다.

참여하는 사람들이 우선 자신의 가입비 회수를 위해 초기에 신규 소개를 아주 열심히 하는데, 결국 나중에 가입한 사람의 돈으로 먼저 가입한 사람에게 보상하는 돌려막기일 가능성이 크다. 이런 회사는 감당할 수 없을 만큼 규모가 충분히 커진 후에 갑자기 사라지거나 해서 사회적인 문제가 된 사례가 매우 많다.

피라미드는 오래전 미국에서 우표를 이용한 폰지 사기(ponzi scheme)가 그 유래라고 할 수 있다. 상식을 벗어난 과도한 보상을 약속한 후 신규 가입에 의해 돌려막기로 사람들에게 피해를 준 전형적인 사례이다. 국내에서는 공동구매를 앞세운 공유경제 방식을 주장하다 큰 피해를 낳은 경우, 의료, 운동기기 임대 사업 등의 새로운 형태로 폰지 사기를 흉내 내다가 사회적 물의를 일으킨 경우도 있다. 사회적으로도 멀쩡한 사람도 이상하게 속는 경우도 의외로 많다. 최근에는 앞에서 예를 들었던 FX마진 거래를 비롯해 XX코인 등 가상화폐에 투자하는 투기성 유사금융 불법 다단계 등이 성행하며 돈이 급하고 무지한 사람들을 유혹하고 있다. '쉽고, 빨리'를 경계해야 하는 이유다. 확실히 정보를 알고 올바른 상식을 갖고 있다면 어떤 것도 두렵지 않다.

폰지사기는 폰지 게임(ponzi game)이라고도 불린다. 대표적인 투자사기 수법 중 하나로 나중에 투자한 사람들의 돈을 먼저 투자한 사람들에게 수익으로 지급하는 돌려막기 방식이다. 그러기 위해서는 마치 대단하고 특별한 새로운 기회처럼 포장해 투자를 유혹하는데, 실제로 이윤 창출이 쉽지 않아 지속하기 어렵고 결국 참여자들은 금전적 손실을 크게 입는다.

1990년대 초 미국의 찰스 폰지(Charles Ponzi)는 우편 요금을 지급하는 대체 수단인 국제우편 쿠폰이 1차 대전 후에 환율이 크게 달라졌는데도 전쟁 전 환율로 교환되는 점을 발견하고 해외에서 이를 대량 매입하여 미국에서 유통하면 차익을 얻을 수 있다는 점을 이용했는데 이를 위한 자금을 마련하기 위해 단기간에 50~100%의 수익률을 광고해 투자자들을 끌어모았다. 승승장구 잘나가던 중 이 사업을 의심한 일부 투자자들이 자금을 회수하려고 하면서 순식간에 몰락하는 형태이다. 계속해서 많은 자금이 유입되지 않으면 투자자에게 약속한 수익을 보장할 수 없으므로 결국엔 무너질 수밖에 없는 일이기 때문이다.

이후 폰지는 금융 피라미드의 원조로 언급되면서 '폰지 사기'라는 용어가 나오게 되었고, 다단계 금융사기를 가리키는 말로 사용되고 있다. 하지만 금융위기가 한창인 2009년에 미국 월가의 금융계 거물인 메이도프(Bernard Madoff)에 의해 다시 한번 큰 규모의 폰지 사기(Ponzi Scheme)가 반복됨으로써 세계를 떠들썩하게 만들었다. 폰지 사기가 금융 피라미드라면 우리나라에서는 자석요, 헬스기구 등을 내세운 몇몇 유통 피라미드가 대표적이다.

[네트워크마케팅과 피라미드 조직의 차이]

네트워크 마케팅	구 분	피라미드 조직
중저가 소비재가 대부분	제 품	고가 내구 소비재 위주
없음(교육교재, 판매보조제 등 구매비 제외)	가 입 비	각종 명목으로 금품 징수
택배를 이용, 주문자가 원하는 장소로 배달	물 건 전 달	사업자가 직접 물건을 개봉, 반품을 방해하는 경우가 많음
회사가 관리 감독하는 공개장소에서 개최	사업설명회	폐쇄적 공간, 공동 숙소에서 개최
구매실적, 판매실적, 후원 수당 등의 다양한 수당 지급 기준	수 당	새 회원 모집을 통해서만 수당 지급

환불제도에 의거	환　　불	환불제도가 없거나 현실성 없는 경우가 대부분
상품판매에 의한 수익	수　입　원	새 사업자 가입시키는 행위에서 수익 발생
하위 사업자 확보의무 없음	확 장 구 조	하위 사업자 확보의무 부과
공제조합 등에 가입, 소비자피해 발생 시 보상 가능	피 해 보 상	공제조합에 가입돼 있지 않아 피해 발생 시 보상 불가능

출처: 직접판매공제조합, 한국직접판매협회

그런데 정석을 벗어난 잘못된 숫자의 게임은 피해야 한다. 폰지 게임이라는 것이 있다. 이것은 1920년대 미국의 사기꾼 찰스 폰지의 이름을 따온 말로써, 가짜 사업으로 투자자를 모아 그들의 돈을 착복하고 막상 투자자들에게 주어야 할 이익금은 다음 투자자들이 낸 돈으로 충당하는 '밑 빠진 독 물 붓기' 눈속임 수법이다. 바로 이 폰지 게임이 피라미드의 원조다. 그중에서도 무서운 피해를 내는 것이 금융 피라미드라고 할 수 있다. 150~500만 원을 내고 2주 안에 판매원을 1명 늘리면 원금의 2배를 주겠다며 회원을 모집한 회사가 적발되는가 하면, 선순위 투자자들에게 투자액의 4배를 한 달 안에 지급한다는 피라미드 회사도 경찰에 덜미를 잡혔다.

이외에도 수많은 금융피라미드 조직이 끊임없이 생겨나고 사라지기를 반복했다. 특히 대량 실업과 경제 불안이 이어지고 있는 최근에는 낙찰계 방식으로 운영되는 피라미드와 증권투자를 빙자한 금융피라미드까지 생겨나고 있다.

그런데 과연 사람들이 금융피라미드에 걸려드는 가장 큰 이유는 무엇일까요? 바로 그들이 제시하는 어마어마한 숫자 때문이다. 말도 안 되는 허황한 돈에 눈이 멀어서 정상적인 사고를 할 수 없는 상태에서 벌어진 일이다. 이런 불법 피라미드 사업자들은 대개 사업설명회를 통해 100만 원을 투자하면 4개월로 나눠 500만 원을 지급하겠다는 식으로, 원금보다 훨씬 높은 고수익을 강조한다. 여기에는 상위 투자자가 하위 투자자를 끌어들이는 다단계 방식이 고스란히 이용되고 엄청난 고금리를 적용하기에, 대부분은 생각할 틈도 없이 숫자의 덫에 걸려들게 된다는 것이 신기하다.

게다가 증시와 환율 불안, 펀드와 부동산 시장 불경기 등으로 투자자들의 심리가 불안한 것도 문제다. 최근 조사에 의하면 금융 피라미드 피해자는 총 30만 명 정도이며, 피해액만도 5조 가까이 된다. 또한 피해자와 피해액이 매년 늘어난다. 조금만 더 합리적이고 이성적으로 생각한다면 당연히 빠져나갈 수 있음에도 천문학적 숫자 앞에서는 현실 감각을 잃게 되는 것이다. 결국 선의의 피해자가 더 이상 생겨나지 않고 네트워크 사업이 건전하게 발전하려면 이를 검거하는 당국의 지속적인 노력도 필요하지만, 옥석을 가려낼 수 있는 소비자들의 제대로 올바른 상식과 지식을 갖추고 분별할 수 있는 정보를 알려고 하는 자정 노력 또한 중요하다. 이에 덧붙여 법적인 재정비로 세계화시장에 맞춰 글로벌스탠더드에 뒤떨어지지 않는 수준으로 도약하기 위한 법적인 재정비가 동반되어야 할 것이다. 변형적인 사업을 하는 비양심적 사업가에 대한 처벌수위도 높여야 올바로 성장할 수 있을 것이다. 국민들도 숫자 게임에 놀아나지 않으려는 개개인의 합리적인 사고가 필요한 것이다. 아무것도 모르고 시대적인 상황과 세계시장을 무시하고 무조건 나쁜 것으로 여기고 피하는 것 자체도 한국에는 리스크가 될 것이다. 세계화 시대에 글로벌환경에서 오는 모든 영향을 한국도 피할 수는 없기 때문이다.

대표적인 불법 피라미드의 특징은 다음과 같다.

1 회원 모집만으로 수당 지급

직접 판매 사업은 자신이 제품을 사용하거나 소개를 통해 나와 함께 제품을 사용하는 사람이 있을 경우 수당이 지급된다. 제품이 유통될 경우에 수당이 지급되는 것이 원칙이다. 한국에서 회원 가입은 비용이 들어가지 않으며 회원 모집을 통하나 수당 지급은 불법행위이다.

② 단기간 고소득 보장

불법 피라미드 회사는 단기간에 고소득이 가능하다며 회원가입과 사업 시작을 강요한다. 그러나 세상에 전문직을 빼고 단기간에 고소득이 가능한 일은 거의 없다. 직접 판매는 엄연히 사업이기에 고소득을 벌기 위해서는 당연히 일정 기간이 필요하다. 2~3개월 만에 고소득을 벌 수 있다는 유혹을 조심해야 한다. 요행을 바라는 상식을 벗어난 것에는 항상 함정이 있다는 것을 알아야 한다.

③ 단체 합숙, 교육 강요

직접 판매 사업은 자율적이고 자발성이 허용된다. 절대 강요나 강제가 결코 있을 수 없다. 모든 행동에는 소비자의 권리를 존중받으며 자유성이 있으며 어떠한 강요나 강제하는 행동은 상식을 벗어난 일이다. 특히 단체 합숙은 회원 가입과 제품 강매를 위한 꼼수인 것이다. 정상적인 네트워크마케팅 회사여도 일부 사업자들의 사업행위에 이러한 강요나 강제행위가 있다면 역시도 본질을 위배한 기형적인 행동이라고 볼 수 있다. 가장 중요한 것은 어떤 회사인지도 중요하지만, 정상적으로 사업하는 사업자가 아니라면 당연히 문제가 있다고 볼 수 있다.

④ 대출 알선

불법 피라미드 업체는 빠른 자금 확보를 위해 초대된 사람들을 사업설명으로 현혹한 후 바로 제품 구매나 투자금을 납부하게 한다. 그 방법이 바로 대출 알선이다. 보통 대부 업체와 결탁하여 선량한 사람들의 피 같은 돈을 빼앗아 간다. 이를 경계해야 한다.

⑤ 반품. 환불 거절

합법적인 직접 판매회사는 법적으로 규정한 정확한 반품. 환불 규정이 있다. 흥미롭게도 이러한 반품이나 환불에 대한 당연한 규정이 있어서 기한 내에 환불이 되는 아주 기본적인 사항조차도 몰라서 환불을 못하는 경우도 부지기수이다. 그만큼 이 분야의 상식에 대한 교육과 정보가 턱없이 부족한 실정이다. 소비자의 권리는 스스로가 찾아야 한다. 모르면 물어보면 모든 환불, 교환방법에 대한 규정을 알 수 있다. 그러나 불법 업체는 소비자가 구매한 물품 포장을 훼손시키는 등 반품 및 환불을 제대로 해 주지 않는다.

⑥ 공짜 미끼 유도

말도 안 되는 무료 관광이나 체험 등을 시켜주거나 사은품 또는 경품을 미끼로 고가의 상품이나 서비스를 강매한다. 주로 분별력이 떨어지는 노인분들을 유혹할 때 사용하는 방법이다.

⑦ 허위. 과장 광고

건강기능식품 또는 건강용품을 질병 치료나 예방에 효과가 있는 만병통치약으로 속이는 행위이다. 이런 행위로 사람들을 현혹하여 강매하고 효과가 없는 것을 전적으로 소비자의 책임으로 돌린다. 이런 말도 안 되는 불법 행위들로 사람들을 속인다면 불법 피라미드 업체일 확률이 높다. 이럴 경우에는 직접 판매 공제조합에 신고하는 것이 바람직하다.

⊘ 불법 다단계 업체를 구별하는 방법

현재까지 국내 불법다단계 업체를 구별하는 방법으로 다음과 같은 기업은 불법적 다단계 판매조직에 해당한다. 글로벌 환경의 눈높이에 맞춘 수당분배 재정비와 비윤리적 사업주에 대한 처벌기준 등의 대대적인 법적인 재정비와 전문성이 필요한 상황이다. 만일 자신이 알고 있는 어떤 다단계판매조직이 다음에 해당한다면 즉시 시·도, 공정거래위원회, 경찰관서, 사업자단체, 소비자단체 등에 즉각 신고하면 된다.

01. 다단계판매업 등록증 및 등록번호가 없거나 불명확하다.

02. 후원 수당 산정·지급 기준 등에 관한 자료를 공개하지 않는다.

03. 다단계판매원 등록증, 다단계판매원 수첩 등을 교부하지 않거나 부실한 것을 교부한다.

04. 판매 가격이 160만 원(부가가치세 포함)을 초과하는 고가상품을 판매한다.

05. 제품의 반품 및 환불 규정이 명확하지 않거나 사실상 지켜지지 않는다.

06. 후원 수당 비율이 지나치게 높다(판매원에 대한 재화 등의 공급가격의 35%를 초과한다).

07. 폭력, 강압 기타 반강제적, 위협적인 수단으로 가입을 유도한다.

08. 가입비 명목으로 1만 원 이상을 요구하거나 또는 판매원 가입 조건으로 5만 원 이상의 물건을 사게 한다.

09. 판매원에게 3만 원 이상의 판매 보조 물품을 구매하도록 의무를 부과한다.

10. 가입 시 고지한 후원 수당의 지급 기준과는 달리 별도의 판매 할당 금액을 충족하여야 판매원 자격을 유지하고 후원 수당을 지급받을 수 있다.

11. 사람을 가입하게 하는 행위만으로도 수입이 발생한다.

12. 사업장의 주소, 전화번호 등을 고의로 자주 변경한다.

13. 유사 상품에 비하여 현저히 고가로 상품 가격을 정하여 거래하거나 사실상 금전만을 거래한다.

14. 판매원 또는 판매원이 되려는 사람에게 본인의 의사에 반하여 교육·합숙을 강요한다.

15. 판매원을 모집하기 위한 것이라는 목적을 명확하게 밝히지 아니하고 취업·부업알선, 설명회, 교육회 등을 거짓 명목으로 내세워 유인한다.

⊙ 네트워크 마케팅 사업의 3대 규제항목과 의무조항

01. **가격 규제** : 160만 원 이상 물품은 취급할 수 없다.

02. **품목 규제** : 농·수산물, 증권, 보험, 여행, 상조, FDA 미승인 제품

03. **수당 규제** : 매출액의 35% 수당 초과금지

04. **공제조합 의무화** : 직접 판매 공제조합(www.macco.or.kr) 또는 한국특수판매공제조합(www.kossa.or.kr) 가입된 회사.

Part 06

네트워크마케팅
패러다임의 변화

네트워크마케팅의 원조는 단연 선진국인 미국이다. 1950년대부터 슈퍼마켓이 본격화되며 유통 백만장자가 탄생하고 60년대 백화점과 프랜차이즈(체인점사업)가 생겼다. 또한 70년대에 창고형 할인마트가 큰 인기를 끌면서 붐을 이루었다. 80년대 들어서는 TV 홈쇼핑, 인터넷 홈쇼핑, 통신판매, 카탈로그 판매, 방문판매, MLM(Multi Level Msrketing)네트워크 마케팅, 즉 직거래 유통이 꽃을 피우기 시작한 것이다.

일본의 경우, 70년대 맥도날드가 입점하면서 프랜차이즈 사업이 본격화되고 80년대 마트 시장이 급격한 성장세를 보였다. 이후 90년대에 들어 직거래가 활성화되면서 TV 홈쇼핑, 인터넷 홈쇼핑, 카탈로그 판매, MLM 즉, 다단계판매가 본격적으로 전개되었다. 다단계판매란 용어는 원래 일본식 명칭인데 우리나라 법률이 일본의 법조문을 모방하다 보니 법적 용어로는 '다단계판매'가 맞는 말이다. 얼마 전부터 직접 판매 공제조합에서 이미지 개선을 위해 '회원 직접 판매'라는 용어를 공모하여 사용하고 있다. 그러나 앞으로 4차산업혁명 시대를 맞이하여 세계무대에서 글로벌스탠더드에 맞춰 건전한 업계 성장과 발전을 위해서는 인식개선과 함께 더욱 소비자 친화적인 용어와 전반적인 재정비가 필요하다. 국내 경제성장과 직결된 중요한 분야이기 때문이다.

네트워크 마케팅의 흐름을 살펴보면 본국인 미국보다는 일본이 10년 늦고, 한국은 일본보다 10년 정도 늦게 시작되었다. 70년대 근대화 바람을 타고 근대화 슈퍼가 생겨나고 80년대 백화점과 체인점 사업이 성장하고 90년대 들어서 TV 홈쇼핑 채널이 생겨나고 일본의 다단계판매를 흉내 내는 불법 피라미드 업체들이 사회적인 물의를 일으키기 시작했다. 대표적인 예로는 그 유명한 '좌석요사건'으로 불리는 '재팬라이프'인 것이다.

93년에 불법 피라미드가 문제가 급증하자 일제 소탕령이 내려져 단속대상 업체가 100여 개에 육박하였으니 이 당시 얼마나 많은 피해자가 양산되었는지 알 수 있다. 이후 95년도에 국회에서 방문판매, 다단계가 합법화되면서 암웨이, 썬라이더, 뉴스킨, 허벌라이프 등 제품력을 앞세워 홈 미팅, 데몬 등으로 소규모 세미나를 개최하며 리쿠르팅에 주력하였으나 불법 피라미드로 인한 사회적 이미지가 악화되어 합법적인 네트워커들이 큰 수난이 받았던 시기다. 이때를 보통 네트워크 1.0 피라미드 시대라 칭한다.

아무래도 지금도 네트워크마케팅을 부정적으로 보는 사람들은 네트워크 1.0시대의 아픔을 직접적으로나 주변 지인들을 통해 간접적으로 경험했을 확률이 높다. 단연 주변의 피해자를 많이 봤었던 베이비붐 세대가 큰 비중을 차지한다. 마치 6.25 전쟁을 치른 세대들이 트라우마로 다가와 공산당에 매우 민감하듯이 피라미드를 직접 온몸으로 경험한 구세대들은 '다단계=피라미드'라는 편견을 가지는 것도 당연한 일이다. 이 부분은 디지털 세대에 익숙한 청년층을 중심으로 한 전문성을 갖춘 각계 전문가들을 중심으로 연구하고 개선해야 할 부분이다.

2000년대 들어 제3의 물결이 출렁거리며 법으로도 제도화(2002.7.1.)되고 2003년 2월에 GS홈쇼핑이 기업 목적을 '다단계판매 직거래방식'으로 추가 변경했다. 더불어 3월에는 CJ오쇼핑까지 가세하면서 네트워크마케팅의 기회라는 새로운 인식을 하게 된 시기를 일반적으로 네트워크 2.0 정착기라고 볼 수 있다. 이 무렵 새로운 네트워크 회사들이 한국에 출현하기 시작했고 업계 사업자들이 이동하기도 하고 그룹 리더들이 나름 시스템을 장착시키며 자리를 잡아가는 모습을 보였다. 이처럼 다소 혼란스러운 시장흐름 속에서도 일상에서 항상 쓰는 생필품에 대한 자가소비를 통한 제품 사용 경험과 주변 지인들에게 제품을 전달하고 회사를 소개하고 그룹별 육성시스템을 잘 활용했던 사업자들은 나름의 성공을 거두기도 했다. 결국 전 세계 네트워크 비즈니스 소득순위 상위에 랭크되는 한국의 디스트리뷰터(독립사업자)가 탄생하고 네트워크비즈니스는 유통시장에서 큰 축으로 자리를 잡게 된 것이다.

현재 웅진그룹을 비롯한 학습지를 기반으로 한 교원그룹 등의 대기업들도 네트워크마케팅 시장에 뛰어들고 있다. 또한 2003년 국내 최초로 발효화장품을 출시한 ㈜미애부는 직접 제품을 체험한 소비자들의 입소문으로 입지를 굳혀 2015년 코넥스 신규 상장기업이 되었다. 초기엔 방문판매로 시작한 기업이나 품질이 우수하지만 다소 제품이 고가여서 부담을 느낀다는 고객들의 평이 있었다. 이에 미애부는 유통 효율성을 개선하기 위해 2016년 1월 기존 후원 방문 판매업에서 다단계판매업으로 판매방식을 변경했다.

이 사례를 보면서 결국 제품 연구개발비와 고품질의 제품을 유통하기에는 방문판매 방식으로는 한계가 있을 것이란 예감이 맞아떨어졌다고 생각했다. 중간 유통마진을 제품을 소비하고 유통하는 소비자에게 다시 되돌려주는 네트워크마케팅 판매방식의 본질이 좀 더 소비자에게 가격이나 품질로 이득을 줄 수 있는 합리적인 유통방식인 것을 볼 수 있는 대표적인 사례이다.

[네트워크마케팅 패러다임의 변화]

소득시기	1988~1998년	1999~2012년	2013년~	2017년~
주변환경	올림픽 이후 해외여행 자유화 금융위기 전 국가 부도 위기	IMF 금융위기 이후 평생직장의 종말과 투잡족 급증	글로벌 통합 시장 창조경제시대, 다양한 분야의 융합의 시대	4차산업혁명 과학기술혁명 신교육혁명 (1인)창업혁명 프리에이전트시대
쟁점	진짜일까? 가짜일까?	(법적으로) 합법일까? 불법일까?	(내가 해보면) 성공이냐? 실패냐?	보상플랜 글로벌스탠더드
돈 버는 방법	블랙 마케팅 프리마케팅 알짜정보 = 돈 보는 놈이 임자다 묻지 마 세뇌 교육 폐쇄적, 정보독점시대 나 믿니, 못 믿어?	사업파트너 찾기 사람 수 = 돈 하부라인 형성기 트레이너형 리더 조직을 감시하라 체험자 만들기 폐쇄적, 강압적	스폰서를 잡아라 줄을 잘 서자 시스템이 돈이다 멤버십 파워 이러닝 시대, 교육혁명 나도 할까, 말까?	회사와 그룹, 스폰서 선택 중요성 커짐 합리적인 조직· 합리적인 리더 탄생 글로벌진출 멤버십 확장 마일리지 누적 전문가형 리더육성
보상플랜	브레이크 어웨이 방식	유니레벨, 하이브리드	바이너리, 하이브리드	–
리더십	군주형	카리스마 리더십	멘토형 스폰서 코치형 후원인 충성을 강요하지 말고 자발적 성장을 기대 합리적이고 민주인 리더	서번트리더십 결과 창출 전문가형 글로벌 리더
명분과 실리	모든 것은 오직 돈과 부	명분은 교육 실리는 돈과 건강	명분은 인간관계 실리는 자기 성장 부와 건강	명분은 빅머니 실리는 프리타임 빅머니 프리타임을 갈망함
특징1	수직적 하부라인을 관리	포괄적 하부라인을 평가	수평적 리더가 평가당함 (우수한 리더를 원함)	구매력으로 조직 평가 우수한 스폰서를 스스로 선택
특징2	무조건 선착순, 빠른 놈이 이긴다	교육. 지식 노동	자발적 소비시대 소비자 주권 향상 IT. SNS발달로 소비자, 유통혁명	일상생활 속 네트워크 머니슈머 소비로 부수입 고용 창출 세계경쟁력

부의미래, 앨빈 토플러저, 청림출판, 2016

부자 아빠의 비즈니스 스쿨, 로버트 기요사키, 샤론 레흐트저, 민음인,2017

부자 아빠의 21세기형 비즈니스, 존 플레밍, 킴 기요사키저, 민음인, 2017

4차산업혁명과 아웃소싱, 하헌식저, 바른북스 2017

제4의실업, MBN 일자리보고서팀저, 매일경제신문사, 2017

4차산업혁명으로 요동치는 네트워크 마케팅, 봉성훈저, 아름다운사회, 2017

한국경제의 미래와 생존전략, 이영권저, 엔타임, 2016

매달 2천만 원 버는 네트워크 비즈니스의 비밀 그게 가능해? 서진숙저, 모아북스, 2015

네트워크 마케팅, 스타트-업!, 이영권저, 아름다운사회, 2016

내 아이의 미래력, 정학경, 라이팅하우스, 2017

돈을 쓰면서 돈을 버는 프로슈머 마케팅, 정균승저, 엔타임, 2016

프로슈머를 통한 시간과 경제의 자유, 세인트 윤저, 아이프렌드, 2012

직업의 종말, 테일러 피어슨저, 부.키, 2017

일자리 혁명 2030, 박영숙, 제롬글렌저, 2017

네트워크 마케팅 이렇게 해봤어요?, 강형철저, 모아북스, 2016

선입견을 버리면 기회가 되는 네트워크 마케팅, 남택수 저, 아름다운사회, 2017

카멜레온형 소비자, 그들이 세상을 바꾼다!, 정균승 저, 엔타임, 2016

나는 왜 네트워크 마케팅을 하는가, 윤은모 저, 전나무숲, 2017

그냥 그렇게 살다가 갈거라고?, 최병철 저, 엔타임, 2016

네트워크 마케팅 유통의 판을 바꾸다. 도서출판 LINE, 2017

한국 사회 최고의 기회, 김태수 저, 엔타임, 2017

핸드폰으로 열어가는 유비쿼터스 시대, 신민회 저, 엔타임, 2007

네트워크마케팅 시스템을 알면 성공한다, 서세스기획연구회 저, 모아북스, 2016

클라우스 슈밥의 제4차산업혁명, 클라우스 슈밥 저, 새로운 현재, 2017

네트워크 마케팅은 트렌드다, 백금기 저, SBOOK.2017

4,300원의 자신감, 이혜숙 저, 모아북스, 2013

네트워크시대 네트워크 마케팅, 임동학 저, 가림출판사, 2003

베이비붐 세대 3無 창업하기, 이영권 저, 아름다운 사회, 2014

흔들리는 유통시장, 판세를 읽으면 돈의 흐름이 보인다, 이상석 저, 아름다운사회, 2017

사이드 잡 더블 잡, 이영권 저, 아름다운 사회, 2016

지식정보사회 최고의 기회 마이크로 트랜드, 김태수 저, 엔타임, 2014

네트워크마케팅을 배우면 돈이 보인다, 이광소 저, 동광출판사, 2002

네트워크 마케터를 위한 초기 3개월 성공테크, 김청흠 저, 모아북스, 2015

이렇게 살아도 되는 걸까?, 백상철저, 모아북스, 2016

점프, 민관식 저, 이상biz, 2011

패러다임 시프트, 김현수저, 엔타임, 2007

당신의 성공을 위한 위대한 선택, 도서출판LINE, 2016

시작하라 미래의 부를 얻는 액션플랜, 장성철 저, 모아북스, 2012

점프2, 민관식 저, 이상biz, 2016

프리덤, 민관식 저, 북카라반, 2014

빨간풍선을 찾아라, 김정수 저, 엔타임, 2012

일자리 전쟁, 이상민 저, 청년정신, 2012

일자리가 사라진 세계, 김상하 저, 바른북스, 2017

네트워크 비즈니스가 당신에게 알려주지 않는 42가지 비밀, 허성민 저, 모아북스, 2012

김종규 박사의 아바타 수입, 김종규 저, 모아북스, 2012

앞으로 5년, 빚 없는 사람만이 살아남는다, 백정선, 김의수 저, 비즈니스북스, 2017

네트워크 마케팅의 또 다른 이름, 회원 직접 판매, 도서출판 LINE, 2016